Hans Christian Lindau

Spanische Literatur im Spiegel von Prüfungstexten

Band 2: Das 20. Jahrhundert

Schmetterling Verlag

Die Deutsche Bibliothek – CIP-Einheitsaufnahme

Spanische Literatur im Spiegel von Prüfungstexten / Hans
Christian Lindau. – Stuttgart: Schmetterling Verl.
Bd. 2: Das 20. Jahrhundert. – 1. Aufl.. – 1999
ISBN 3-89657-712-3

Schmetterling Verlag
GbR Jörg Hunger und Paul Sandner
Lindenspürstr. 38b
70176 Stuttgart
Der Schmetterling Verlag ist Mitglied von aLiVe

ISBN 3-89657-712-3
1. Auflage 1999
Printed in Germany
Alle Rechte vorbehalten
Satz und Reproduktionen: Schmetterling Verlag
Druck: GuS-Druck GmbH, Stuttgart
Binden: IDUPA, Owen

La literatura nos enseña
a mirar dentro de nosotros
y mucho más lejos del alcance
de nuestra mirada.
Es una ventana y
también un espejo.

Antonio Muñoz Molina.

Vorwort

Die Leitideen des ersten Bandes gelten auch für den vorliegenden, zweiten Band zur spanischen Literatur im Spiegel von Prüfungstexten: Knapp dreißig exemplarische Textauszüge, versehen mit 'Anotaciones' und Fragen, die den Schritten des 'comentario dirigido' folgen, überwiegend zielsprachig ausformulierte Erwartungshorizonte sowie ein informativer bio-bibliographischer Anhang als Anregung für weitere Studien strukturieren die einzelnen Kapitel, die in ihrer Gesamtheit einen repräsentativen Querschnitt durch die Literatur Spaniens im 20. Jahrhundert bilden.

Sinnvoll und anwenderfreundlich für Schüler und Studenten schien mir ferner ein **Glossar** zu sein, das als Wörterbuch en miniature für ca. 270 Fachtermini bei literaturwissenschaftlichen Interpretationen und Textkommentaren Hilfestellung leisten kann. Es will keinesfalls mit einem *Diccionario práctico del comentario de textos literarios* von Rafael del Moral oder gar mit einem *Diccionario de términos literarios* von Demetrio Estébanez Calderón konkurrieren, kann aber durchaus nützlich sein für das Verständnis und den korrekten Gebrauch zielsprachiger Fachbegriffe. Einer kurzen Definition folgt in der Regel ein Beispiel aus den Textauszügen sowie ein Verweis auf die jeweilige(n) Fundstelle(n) in den beiden Bänden.

Abgerundet wird die zweibändige *Spanische Literatur im Spiegel von Prüfungstexten* durch eine allgemeine **Bibliographie von Textkommentaren** zur spanischen Literatur ab 1978, wobei schwerpunktmäßig Werke aus den 90er Jahren Berücksichtigung fanden, und eine Übersicht über die wichtigsten **spanischen Literaturgeschichten**.

Ein ganz herzlicher Dank gebührt Herrn Fernando Lalana Lac, Lehrer für Religion, Französisch und Spanisch am Kardinal-von-Galen Gymnasium in Mettingen und Verfasser zahlreicher Lehrwerke, für seine sehr sorgfältige Durchsicht des Manuskripts.

Zu Dank verpflichtet bin ich ebenfalls meinem Vater, der mit vielen Illustrationen an der graphischen Gestaltung des Buches mitgewirkt hat.

Hans Christian Lindau   Wuppertal, im September 1998

Generación del 98 y Modernismo

Generación del 27

Literatura bajo el franquismo

Literatura de la libertad

Joaquín Costa: *Oligarquía y caciquismo*
(1902)

Aquella grandiosa epopeya política que los Reyes Católicos y Cisneros realizaron sobre la materia viva de un pueblo, labrando casi de improviso la primera nación de su tiempo, agotó su ciclo en poco más de 50 años: último cuarto del siglo XV y primero del XVI.

05 Ahí puede decirse que acabó nuestro papel como órgano de progreso en la historia del mundo: si la humanidad no hubiese tenido otros órganos que nosotros, apenas si habría adelantado un paso: con corta diferencia sería hoy lo que era en los días del emperador Carlos V. Por causas todavía no bien quilatadas, la evolución del

10 organismo nacional español se paralizó tan por completo, que se diría un sueño cataléptico, del cual ha vuelto al cuarto siglo, como Don Quijote de su locura, para verse morir. Dos veces se ha intentado sacar a España de su inmovilidad y restituirla a la corriente de la civilización europea; la primera, en tiempo de Carlos III [...]; la

15 segunda en tiempo de Isabel II [...]. Entrambas tentativas fracasaron, desembocando la primera en la batalla de Trafalgar y luego en el Congreso de Viena, en que España acabó de perder su rango de primera potencia, que todavía por la ley del movimiento adquirido conservaba, para pasar a categoría de nación de segundo orden; y

20 desenlazándose la segunda en la batalla de Santiago de Cuba y en la Conferencia hispano-yankee de París, en que España ha acabado de perder su categoría de nación de segundo orden para descender al rango de tercera. [...]

Tenemos una agricultura de siglo XV, agricultura del sistema de

25 año y vez, cuando no de tres hojas, por falta de abonos minerales, del riego natural por las nubes, cuando a las nubes les agrada, no cuando al labrador le conviene, de las cinco o seis simientes de cosecha por cada una enterrada; agricultura del arado romano, del gañán analfabeto, del transporte a lomo por falta de caminos, de la

30 rogativa por falta de riego artificial, del dinero al doce por ciento, de la bárbara contribución de consumos, del cosechero hambriento, inmueble, rutinario, siervo de la hipoteca y del cacique; y esta agricultura, si pudo sostener un Estado barato, como eran los del siglo XV, en manera alguna puede sostener un Estado caro como

35 son los de nuestro tiempo, así en armamentos terrestres, buques de guerra y movilización de ejército, como en diplomacia, colonias, obras públicas, tribunales, investigación científica, exploraciones geográficas, instrucción primaria, enseñanza técnica y profesional, fomento del arte y de la producción, beneficencia, reformas

40 sociales...

De igual modo, tenemos maestros y escuelas del siglo XV, impotentes para formar generaciones de hombres que puedan competir en ningún terreno con aquellas otras generaciones formadas por las escuelas y los maestros del siglo XIX que tienen, v. gr., los ingle-
45 ses y los yankees. [...] y como tenemos una escuela de siglo XV, impotente para proveer de sabios, de estadistas, de industriales, de inventores, de marinos, de generales, a una nación de siglo XX; tenemos tribunales de siglo XV [...], impotentes para proveer de libertad a un Estado constitucional de siglo XX, quiero decir, para
50 sobreponerse al feudalismo oligárquico y reprimirlo, sometiéndolo al imperio de la ley, para asegurar el triunfo de la igualdad y de la justicia. [...] Dada la forma oligárquica de nuestro Estado, y dado el atraso moral del español, los tribunales no pueden ser cosa distinta de lo que son; y mientras los tribunales no dejen de ser lo que
55 son, con la extirpación del caciquismo y la reforma interior del español, España no será un pueblo medianamente libre ni habrá salido del caos feudal que precedió al reinado de los Reyes Católicos y rebrotó, limitada la apariencia, en el de sus sucesores.

Anotaciones:

01: conjunto de acciones dignas de ser contadas (fig.); 01: Isabel de Castilla (1474 - 1504) y Fernando de Aragón (1479 - 1516); 01: Cardenal Cisneros (*1436 - 1517), franciscano, servidor de los Reyes Católicos, arzobispo de Toledo y confesor de la Reina Isabel, fundador de la Universidad de Alcalá de Henares (1509), inquisidor general; 09: 1516 - 1556; 09: comprobadas; 11: hipnótico; 14: 1759 - 1788; 15: 1844 - 1868; 16: 1805; 17: 1815; 20: contienda armada entre España y los Estados Unidos, en 1898; 21: Tratado de París, del 10 de diciembre de 1898, que obliga a España a conceder la independencia a Cuba; 25: de tres años; 27: semillas; 44: verbigracia: por ejemplo

Tareas:

1. ¿Cuáles son las ideas centrales de este extracto?
2. Describa el pensamiento de Costa en el contexto histórico-político del Regeneracionismo.
3. Comente el ideario de Costa teniendo en cuenta la situación de España a principios del siglo XX.

Erwartungshorizont

1.   ¿Cuáles son las ideas centrales de este extracto?

Costa konstatiert mit Blick auf die historische Entwicklung Spaniens seit den Reyes Católicos im 15. Jahrhundert eine **Rückständigkeit** des Landes, die ihn angesichts früherer Größe erschrecken läßt. Spanien ist nämlich seines Erachtens aufgrund eines langandauernden "sueño cataléptico" (Z. 11) **weltpolitisch** in eine derartige **Bedeutungslosigkeit** zurückgefallen, daß es nach der Schlacht von Trafalgar und dem Wiener Kongreß nicht nur seinen Rang als "primera potencia" (Z. 18) eingebüßt hat, sondern in der Folge der Ereignisse des **'año del desastre' 1898** nach der **Niederlage im Kubakrieg** gegen die USA und dem Friedensvertrag von Paris gar in eine **drittklassige Kategorie** zurückgestuft wurde (Z. 20ff.). Bei der **Suche nach den Gründen** für die spanische Rückständigkeit im Vergleich zu anderen europäischen Ländern stößt Costa auf **drei Faktoren**, denen er entscheidende Bedeutung beimißt, wie aus dem zweiten Textteil zu entnehmen ist. Eine **heruntergekommene Landwirtschaft** (Z. 24 - 40), ein **desolates Schul- und Bildungswesen** (Z. 41 - 45) sowie eine **Justiz**, die diesen Namen eigentlich gar nicht verdiene (Z. 47 - 52), eingebettet in ein von **Oligarchie und Bonzentum** dominiertes Staatsgebilde werfen Spanien in ein **feudales Chaos** zurück, wie es vor und zeitweise auch nach den Reyes Católicos geherrscht habe (Z. 52 - 58).

2.   Describa el pensamiento de Costa en el contexto históricopolítico del Regeneracionismo.

Partiendo de este análisis de la situación actual de España Costa trata de **esbozar reformas** cuyas palabras claves son **'escuela' y 'despensa'**. Estos dos términos simbolizan un sistema de formación y educación efectivo por una parte y una agricultura moderna por otra. Sin estas reformas el pueblo español no podrá **superar el feudalismo oligárquico** ni **liberarse del caciquismo** que predomina a principios del siglo XX.
En este conjunto de ideas de Joaquín Costa el **concepto de Europa** juega un papel importantísimo. El aragonés es un **europeizante** que quiere levantar a España al nivel europeo. Y esto lleva consigo una **adaptación al mercado competitivo** y una adhesión a la **revolución industrial**. Costa **aboga por la incorporación de España a Europa**; sin embargo, esta integración no significa que España desestime su identidad nacional. Por eso el autor distingue claramente - con respecto a la **europeización indispensable** - entre **exigencias interiores y exteriores**. En el nivel de motivos interiores **Europa equivale a libertad, justicia, cultura y bienestar** y España debe adaptarse a estos ideales. En el nivel de motivos ex-

teriores hay que mencionar la **intolerancia religiosa**, la retrógrada dinastía de los Borbones y la persistente **esclavitud de los negros**. Todo ello se opone a los sentimientos del mundo civilizado. España tiene que **dejar de ser un país semiafricano** para poder realizar su adhesión a Europa. Costa piensa que una **revolución desde el poder** está justificada. A su modo de ver, hace falta una **'política quirúrgica'** o incluso un **'cirujano de hierro'** para restaurar al país. Esta terminología, sin embargo, no implica una dictadura, como se podría concluir de sus pensamientos. Lo que sí postula es una 'mano fuerte' porque en su opinión España necesita - temporalmente - una dictadura **ideológicamente neutral**, que subordine las ideas a la eficacia para salvar a España de la situación catastrófica en la que se encuentra. Costa propone **reformas agrarias y educativas**, exige una **infraestructura moderna** y una **justicia adecuada** y está a favor del - como él mismo lo llama - **'selfgovernment local'** que incluye también el **referéndum**. Su **ideal político** es un **autoritarismo neoliberal** que sustituya el sistema parlamentario español de finales del siglo XIX con el fin de alcanzar un **régimen europeo de libertad**.

3. **Comente el ideario de Costa teniendo en cuenta la situación de España a principios del siglo XX.**

So **notwendig** die **Postulate Costas** sind, und so plausibel sie in ihrer strukturellen Abhängigkeit klingen, so **überstürzt** wirken sie als **Soforthilfe** zur schnellen Lösung **vielschichtiger Probleme** im Spanien um die Jahrhundertwende. Zwar bietet er in einem kritischen Augenblick Lösungsvorschläge an, die quasi zum **nationalen Credo** werden und den **Regeneracionismo populär** machen, doch muß kritisch angemerkt werden, daß die Maßnahmen mitunter reichlich **naiv und utopisch** anmuten, weil **entscheidende Voraussetzungen** zu ihrer Realisierung einfach **nicht gegeben** sind. **Politisch amateurhaft** versuchen die Erneuerer um Costa, nationale Probleme zu lösen, **ohne konstruktive politische Alternativen** zu Oligarchie und Bonzentum anzubieten. Sie wollen die Hegemonie der Oligarchen brechen, aber de facto nicht das System abschaffen. Wer nach dem 'cirujano de hierro' ruft bzw. eine Revolution von oben befürwortet, billigt dem Volk **keine politische Mündigkeit** zu. Zwischen zwei Stühlen sitzend - kapitalistische Bourgeoisie einerseits, Proletariat andererseits - zeigt sich die Unfähigkeit der 'Erneuerer', die Ebene **moralisierender Kritik** zu verlassen. Zugute halten muß man ihnen allerdings, daß sie **Mißstände der Restaurationspolitik** lautstark **publik machen**, nachhaltig die **98er Generation beeinflussen**, **Vorreiter** mit Blick auf den **Europagedanken** sind und bei aller Utopie oft praxisnäher argumentieren als einige der noventayochistas, die sich angesichts des ausbleibenden Umschwungs auf weniger effiziente, aber intellektuell leichter handhabbare Positionen zurückziehen.

Vida y obras de Joaquín Costa

(Monzón, **Huesca, 1846** - Graus, **Huesca, 1911**). Político republicano, jurista, historiador, sociólogo y filósofo. **Preocupado por los problemas españoles**, se puede considerar como uno de los escritores de mayor influencia en la llamada Generación del 98. Partidario de la **europeización de España**, fue pieza fundamental del movimiento conocido con el nombre de *regeneracionismo*.

En el año **1901** entró en la **Academia de Ciencias Morales y Políticas**, pronunciando un interesantísimo discurso titulado «El problema de la ignorancia del Derecho como culpa y sus relaciones con el estatus individual con referéndum y con la costumbre». [...]
La **pérdida** de las **colonias españolas** le produjo tan fuerte impresión, que se decidió a salir de su retraimiento, haciendo un llamamiento a las entidades agrícolas y a las clases neutras del país a fin de constituir la *Liga Nacional de Productores*. [...]
Estudió también el **problema nacional** en toda su extensión, y él, que ya lo había analizado en cada rama de la actividad individual, lo encontró en su raíz y en su desarrollo, sintetizando todo su planteamiento ideológico en las conferencias dadas en el **Ateneo de Madrid** sobre el tema **«Oligarquía y caciquismo»**. Lo esencial de la obra de Costa estriba en ser partidario de lo que se podría llamar *esencia de España*, propugnando la destrucción de los vicios y corruptelas de la política española para poder construir una nueva España, libre de malversaciones y nocivas actitudes. Conseguidos tales propósitos sería fácil encontrar con los verdaderos y genuinos valores de España.

Cuando Costa habla de **europeización**, lo hace, como diría Azorín, **no** en el sentido de **borrar todo lo español**, sino en el de **encauzar lo** genuinamente **español** en aquellos **cánones, reglas y moldes** que pueden ser comunes a todos los **pueblos civilizados**.

(aus: *Diccionario de literatura española e hispanoamericana*, dirigido por Ricardo Gullón, Madrid 1993, S. 383 - 384.)

Bibliografía

> Costa, Joaquín: *Oligarquía y caciquismo* (1902), in: *Obras de Joaquín Costa*, 4, Guara Editorial, Zaragoza 1982, S. 207, 210 - 211.
> Tierno Galván, E.: *Costa y el regeneracionismo*, Barcelona 1962.
> Pérez de la Dehesa, R.: *El pensamiento de Costa y su influencia en el 98*, Madrid 1966. (*)
> Fernández Clemente, E.: *Educación y revolución en Joaquín Costa*, Madrid 1969.
> Tuñón de Lara, M.: *Costa y Unamuno en la crisis de fin de siglo*, Madrid 1974. (*)
> Ortí, A.: "Estudio introductorio", in: Costa, Joaquín: *Oligarquía y caciquismo como la forma actual de gobierno de España. Urgencia y modo de cambiarla*, Madrid 1976, I, S. 9 - 287; II, S. 9 - 30.
> Maurice, J.; Serrano, C.: *Joaquín Costa: crisis de la Restauración y populismo (1875 - 1911)*, Madrid 1977.
> Cheyne, G. J. G.: *El legado de Costa*, Zaragoza 1984.
> Gil Novales, A.: "Joaquín Costa: de la crisis finisecular al socialismo", in: *Annales*, 3, (1986), S. 19 - 30.
> Cheyne, G. J. G.: *¿Por qué fue importante Costa?*, Huesca 1987.
> Frías Corredor, C.: "Primeras campañas políticas de Costa (1891 - 1896)", in: *Anales de la Fundación de J. C.*, 5, (1988), S. 121-136.
> Franzbach, M.: "Costa und der Umkreis der 'Regenerationisten'", "Costas Plädoyer für die Europäisierung Spaniens" und "Costas Einfluß auf den Europagedanken der 98er Generation", in: Ders.: *Die Hinwendung Spaniens zu Europa - die generación del 98*, Darmstadt 1988, S. 58 - 66. (*)
> Fernández Clemente, E.: *Estudios sobre J. Costa*, Zaragoza 1989.
> Gil Novales, A.; Cheyne, G. J. G. (Hg.): *Ensayos sobre Joaquín Costa y su época*, Huesca 1992.
> Domínguez, J. M^a.: "El Regeneracionismo", in: *Ecos de España*, 4/ 1995, S. 40. (*)
> Lindau, H. C.: *Die Generación del 98 im Spanischunterricht. Regeneracionismo, europeísmo, casticismo: Die Spanienproblematik um die Jahrhundertwende in Essayistik und Lyrik*, Bonn 1997, zu Joaquín Costa S. 28 - 39. (*)
> Neuschäfer, H. -J.: "Vom Krausismus zur Generation von 98: die Auseinandersetzung über die Erneuerung Spaniens", in: Ders. (Hg.): *Spanische Literaturgeschichte*, Stuttgart 1997, S. 305 - 314.
> Domínguez, J. M.^a.: "Historias de la Historia - 1898", in: *Ecos de España y Latinoamérica*, 1 / 1998, S. 49.
> Bernecker, W. L.: "La crisis de 1898 en España", in: *Hispanorama*, 80, (1998), S. 14 - 23.

Pío Baroja: *Vieja España, patria nueva*
(1904)

Yo empiezo a considerar posible la redención de España; casi, casi creo que estamos en el momento en que esta redención va a comenzar.

Hemos purgado el error de haber descubierto América, de haberla
05 colonizado más generosamente de lo que cuentan los historiadores extranjeros con un criterio protestante imbécil, y tan fanático o más que el del católico. Hemos perdido las colonias. España ha sido durante siglos un árbol frondoso, de ramas tan fuertes, tan lozanas, que quitaban toda la savia al tronco. El sol no se ponía en
10 nuestros dominios; pero mientras en América iluminaba ciudades y puertos y monumentos construídos por los españoles, en España no alumbraba más que campos abandonados, pueblos sin vida, ruina y desolación por todas partes.

Se han perdido las colonias; se han podado las últimas ramas, y
15 España queda como el tronco negruzco de un árbol <u>desmochado</u>. Hay quien asegura que este tronco tiene vida; hay quien dice que está muerto. [...]

Los que esperamos y deseamos la redención de España, no la queremos ver como un país próspero sin unión con el pasado; la que-
20 remos ver próspera, pero siendo sustancialmente la España de siempre. [...]

Si tuviéramos una idea clara y exacta de lo que hemos sido; si conociéramos nuestra historia sin leyendas ni ficciones, no sólo en períodos anormales, sino en el período normal de la vida, podría-
25 mos comprender fácilmente lo que podemos ser. [...] No sabemos lo que era España en la época más típica suya, en los siglos XV y XVI; queremos hacer vivir su espíritu. ¿Cómo, si no lo hemos descubierto todavía? [...]

Para mí, uno de los mayores males de España es el espíritu de ro-
30 manticismo en política. Que se sea romántico en la poesía, no está mal; que un hombre sea romántico en la vida, allá se las haya; pero que un Gobierno, un poder cualquiera trate de falsear la verdad con idealismos y perturbe así los intereses de mucha gente, ¡no, eso es una locura! [...]

35 En ese estado de dogmatismo en que nos empezamos a encontrar ahora, la única política beneficiosa sería la absolutamente experimental. España podría llegar a ser algo con una política así, antirromántica y positiva.

Aquí se debían estudiar lo mejor posible las cualidades de una pro-
40 vincia o de una región, sus aspiraciones y sus necesidades y, según
el resultado, darles una manera de regirse más o menos autonómi-
ca. El terruño sería la base del plan de vida en la aldea; la industria
y el comercio, en la ciudad. [...]
Habría que imposibilitar a todos estos políticos de oficio, ambicio-
45 sos, sin talento, que llegan al Poder después de una serie inacaba-
ble de líos y chanchullos públicos y privados; arrinconar a tanto
general de salón, a tanto demócrata parlanchín, a tanto escritor
abyecto, a tanto gomoso de la política.
Si el país necesita entenebrecer su vida, oscurezcámosla. Si necesi-
50 ta un buen tirano, busquémosle. [...]
Para el individuo, mejorarse, educarse, perfeccionarse y, como
consecuencia, gozar todo lo más posible, éste debe ser su fin; para
el Estado, mejorar, educar, perfeccionar la sociedad. Y eso sólo se
podría alcanzar con una política experimental, que en España se
55 traduciría a un mínimo de ley y a un máximo de autoridad.

Anotaciones:

15: cortado, mutilado
42: trozo de tierra
46: acto o maniobra realizados por una o varias personas con el fin de
beneficiarse a sí mismas
48: ruin, vil
48: acicalado, peripuesto, señorito
49: oscurecer, ensombrecer

Tareas:

1. Resuma el texto describiendo su estructura.
2. Indique el género del texto especificando sus características.
3. ¿Cuál es la actitud de Pío Baroja frente al pasado de la nación española?
4. Analice las ideas de Baroja acerca de la *redención* de España en el contexto de la llamada Generación del 98.

Erwartungshorizont

1.   Resuma el texto describiendo su estructura.

In dem 1904 erschienenen Artikel "Vieja España, patria nueva" kommen Barojas **politische Überzeugungen** sowie seine **Reflexion über die Regeneration Spaniens** klar zum Ausdruck.

Im ersten Teil betont er, daß das **kolonialistische Abenteuer Amerika** endgültig ad acta gelegt worden sei. Dazu verwendet er als Illustration das Bild eines Baumes, dem Spanien gleiche. Geblieben ist nach dem Verlust der Kolonien von dem ehemaligen "árbol frondoso" (Z. 8) nur der Stamm, und die zentrale Frage ist, ob je wieder Äste und Blätter sprießen werden (Z. 14 - 17).

Spanien, so Barojas Postulat, müsse sich schnellstens erholen, dürfe dabei jedoch seine **traditionelle Identität nicht ignorieren** (Z. 19 - 21). Voraussetzung hierfür ist allerdings die genaue Kenntnis Spaniens im 15. und 16. Jahrhundert, der "época más típica suya" (Z. 26), wohingegen Baroja die Politik im 19. Jahrhundert negativ einschätzt (Z. 29 - 34).

An die Epoche der historischen Regionen Spaniens im 15. Jahrhundert anknüpfend, fordert er daher eine Dezentralisierung der Politik mit dem Ziel, den jeweiligen Charakteristika der einzelnen Regionen im Sinne einer **Autonomen Regierung und Verwaltung** Rechnung zu tragen (Z. 39 - 43). Damit verbunden ist für den Basken die **Beseitigung korrupter Berufspolitiker** (Z. 44 - 48) und die Erwägung eines "buen tirano" (Z. 50), der zeitweise die Geschicke des Landes lenkt.

2.   Indique el género del texto especificando sus características.

"Vieja España, patria nueva" es un **ensayo**, un género literario de **estructura libre**, en el cual el autor escribe sobre **temas variados** en un **estilo personal**. No se presentan ni argumentos científicamente exactos ni conclusiones irrefutables; más bien se trata de una **presentación de la opinión del autor** o una **discusión sobre problemas** iniciadas por una hipótesis individual. En este texto la hipótesis está contenida en la afirmación de Baroja al hablar de la "posible [...] redención de España" (l. 1).

Los autores de la Generación del 98 emplean preferentemente este género literario para expresar su **preocupación por la patria**. Baroja, un miembro de este grupo de intelectuales, analiza acontecimientos pasados de la historia de España y trata de encontrar el **espíritu español** para poder hacer propuestas con objeto de **superar la crisis finisecular**.

Su preocupación personal por el porvenir del país a causa de la política fracasada del siglo XIX caracteriza el tono y el estilo del vasco (ll.29-48). **Llamamientos emocionales** al final del escrito (ll. 49 - 50) y **soluciones individuales** (ll. 51 - 55) al problema de España determinan el carácter subjetivo del ensayo barojiano.

3. **¿Cuál es la actitud de Baroja frente al pasado de la nación española?**

Das **Verhältnis Barojas zur Vergangenheit** des Landes ist **gespalten**. Der **negativen Einstellung** des Basken **zum 19. Jahrhundert** steht eine **positive Einschätzung des 15. wie 16. Jahrhunderts** gegenüber. Diesen Zeitraum, speziell den der Vereinigung der Königreiche Castilla und Aragón unter den Reyes Católicos, bezeichnet er als die **typischste** Epoche des Landes, das mit dem Zusammenschluß der historischen Regionen die Voraussetzung dafür schaffte, zu Europas erstem Staat moderner Prägung zu werden. An diese Zeit gilt es anzuknüpfen, denn die **Gesundung** des Landes müsse sich vornehmlich auf dem Boden **traditioneller Werte** vollziehen, die Spanien zu einem "país próspero" (Z. 19) machten. Deshalb ist es von vorrangiger Bedeutung, den "espíritu de romanticismo en política" (Z. 29 - 30) des 19. Jahrhunderts zu tilgen, politischen Scharlatanen das Handwerk zu legen (Z. 44 - 48) und der korrupten Politik des gerade vergangenen Jahrhunderts eine Absage zu erteilen.

4. **Analice las ideas de Baroja acerca de la *redención* de España en el contexto de la llamada Generación del 98.**

Todos los noventayochistas se preocupan por el futuro de la nación española y buscan soluciones a la crisis finisecular. Estas soluciones carecen frecuentemente de reflexiones socioeconómicas, son más bien el reflejo de su pensamiento filosófico-moral o histórico-político. Baroja también concentra sus ideas en torno a la *redención* del país en **reflexiones políticas y morales**. Basándose en la España tradicional - "sustancialmente la España de siempre" (ll. 20/21, véase también el título) - **propone como única política beneficiosa** "la absolutamente experimental", "antirromántica y positiva" (ll. 36 - 38). Tampoco descarta la necesidad de un "buen tirano" (l. 50) para poder superar la crisis actual. Sin embargo, **lo que no hace** - siendo literato teórico - es **desarrollar una estrategia** que tenga como fin mejorar la **situación económica de las masas**. Sus **ideas regeneracionistas** en los últimos párrafos serían más convincentes si ofreciera un **sólido concepto económico** en el que se fundamentasen sus pensamientos idealizados.

Biografía de Pío Baroja

(**San Sebastián, 1872 - Madrid, 1956**) Vivió con su familia, durante la infancia, en diversas ciudades españolas. Estudió **Medicina** en Madrid y Valencia, y se doctoró con la tesis *El dolor. Estudio de psicofísica*, que publicó en 1896. Tras pasar dos años en Cestona (Guipúzcoa), donde ejerció como médico, regresó a **Madrid** para regentar una panadería heredada de una tía de su madre.

Entra entonces [1900] en contacto con el mundo literario y publica sus primeros libros. En este mismo año **colabora en publicaciones** como *El Globo*, *El País*, *Germinal*, *Vida Nueva*, *Alma Española*, *Revista Nueva*, *Juventud*, y *El Liberal* y **conoce a** varios escritores, entre ellos a **Maeztu y Azorín**, autor con el que mantendrá una larga amistad.

A partir de esta época inicia una **intensa labor literaria** que le lleva a abandonar otro tipo de actividades. [...] Durante la Primera Guerra Mundial fue el único escritor que en la revista *España* defendió una **postura germanófila**. [...] Desde 1933 reanuda su **actividad periodística**, y escribe para el diario *Ahora*. Ingresó en la **Real Academia Española**, en 1935, con un discurso sobre «La formación psicológica de un escritor». [...]
[Después de la Guerra Civil] continuará su vida apacible, de silencioso testigo, lejos de cualquier actividad pública, hasta su muerte.

(aus: *Diccionario de literatura española e hispanoamericana*, dirigido por Ricardo Gullón, Madrid 1993, S. 144.)

Bibliografía

> Baroja, Pío: *Vieja España, patria nueva* (1904), in: *Obras Completas*, V, Madrid 1948, S. 29 - 34.
> Iglesias, C.: *El pensamiento de Baroja. Las ideas centrales*, México 1963.
> López Estrada, F.: *Perspectiva sobre Pío Baroja*, Sevilla 1972.
> Criado de Miguel, I.: *Personalidad de P. Baroja*, Barcelona 1974.
> Shaw, D. L.: "Baroja: angustia, acción y ataraxia", in: Ders.: *La generación del 98* (1978), Madrid 1989, S. 131 - 165.
> Ginsberg, J.: "In Search of a Voice: Baroja's Early Writings and Political Career", in: *Revista de Estudios Hispánicos*, 15, (1981), S. 221 - 232.
> Alonso, C.: *Intelectuales en crisis. Pío Baroja, militante radical (1905 - 1911)*, Alicante 1985.
> Juan i Tous, P.: "Vom Ich-Kult zur vaterländischen Empörung: Baroja und der individualistische Anarchismus um die Jahrhundertwende", in: San Miguel, A.; Schwaderer, R.; Tietz, M. (Hg.): *Romanische Literaturbeziehungen im 19. und 20. Jahrhundert*, Tübingen 1985, S. 169 - 184.
> López-Marrón, J. Mª.: *Perspectivismo y estructura en Baroja,* Madrid 1985.
> Caro Baroja, P. (Hg.): *Guía de Pío Baroja. El mundo barojiano*, Madrid 1987.
> Bello Vázquez, F.: *Lenguaje y estilo en la obra de Pío Baroja*, Salamanca 1988.
> Fox, E. I.: "Pío Baroja: hacia un estudio dialéctico de novela y realidad", in: Ders.: *Ideología y política en las letras de fin de siglo (1898)*, Madrid 1988, S. 177 - 207.
> Juan i Tous, P.: "Ciencia frente a Historia: sobre el trasfondo anarquista del anticatalanismo barojiano", in: *Romanistik in Geschichte und Gegenwart*, 24, (1989), S. 147 - 158.
> Lasagabaster, J. Mª. (Hg.): *Pío Baroja. Actas de las III Jornadas Internacionales de Literatura (San Sebastián 1988)*, San Sebastián 1989.
> Navajas, G.: *Pío Baroja*, Barcelona 1990.
> Fernández García, Mª. N.: "Lo grotesco en Baroja", in: *Actas del X Congreso de la Asociación Internacional de Hispanistas, Barcelona 1989*, Barcelona 1992, II, S. 1741 - 1750.
> Lindau, H. C.: *Die Generación del 98 im Spanischunterricht. Regeneracionismo, europeísmo, casticismo: Die Spanienproblematik um die Jahrhundertwende in Essayistik und Lyrik*, Bonn 1997.
> Juárez Medina, A.: "La sociedad del 98", in: *Hispanorama*, 80, (1998), S. 9 - 14.

Jacinto Benavente:
Los intereses creados (1907)

Acto segundo. Cuadro tercero. Escena IX

Pantalón y Hostelero. - ¡Silvia!

Capitán y Arlequín. - ¡Juntos! ¡Los dos!

Polichinela. - ¿Conque era cierto? ¡Todos contra mí! ¡Y mi mujer y mi hija con ellos! ¡Todos conjurados para robarme! ¡Prended a
05   ese hombre, a esas mujeres, a ese <u>impostor</u>, o yo mismo...!

Pantalón. - ¿Estáis loco, señor Polichinela?

Leandro. - *(Bajando al proscenio en compañía de los demás.)* Vuestra hija vino aquí creyéndome malherido acompañada de doña Sirena, y yo mismo corrí al punto en busca de vuestra esposa para
10   que también la acompañara. Silvia sabe quién soy, sabe toda mi vida de miserias, de engaños, de bajezas, y estoy seguro que de nuestro sueño de amor nada queda en su corazón... Llevadla de aquí, llevadla; yo os lo pido antes de entregarme a la justicia.

Polichinela. - El castigo de mi hija es cuenta mía; pero a ti... ¡Pren-
15   dedle digo!

Silvia. - ¡Padre! Si no le salváis, será mi muerte. Le amo, le amo siempre, ahora más que nunca. Porque su corazón es noble y fué muy desdichado, y pudo hacerme suya con mentir, y no ha mentido. [...]

20   Doctor. - Señor Polichinela, nada os estará mejor que casarlos. [...]

Crispín. - Y en mi señor no hubo más falta que carecer de dinero, pero a él nadie le aventajará en nobleza..., y vuestros nietos serán caballeros..., si no dan en salir al abuelo...

Todos. - ¡Casadlos! ¡Casadlos!

25   Pantalón. - O todos caeremos sobre vos.

Hostelero. - Y saldrá a relucir vuestra historia... [...]

Polichinela. - Cásense enhoramala. Pero mi hija quedará sin dote y desheredada... Y arruinaré toda mi hacienda antes de que ese bergante...

30   Doctor. - Eso sí que no haréis, señor Polichinela.

Pantalón. - ¿Qué disparates son éstos?

Hostelero. - ¡No lo penséis siquiera!

Arlequín. - ¿Qué se diría?

Capitán. - No lo consentiremos. [...]

35   Señora de Polichinela. - ¡Mi hija en la miseria! ¡Ese hombre es un verdugo! [...]

Doctor. - ¡No ha de ser! Que el señor Polichinela firmará aquí mismo espléndida donación, [...]. Y vosotros, jóvenes enamorados...,

resignaos con las riquezas, que no conviene extremar escrúpulos
40 que nadie agradece.

Pantalón. - *(A Crispín)* ¿Seremos pagados?

Crispín. - ¿Quién lo duda? Pero habéis de proclamar que el señor
Leandro nunca os engañó... Ved cómo se sacrifica por satisfaceros
aceptando esa riqueza que ha de repugnar sus sentimientos.

45 Pantalón. - Siempre le creímos un noble caballero.

Hostelero. - Siempre.

Arlequín. - Todos lo creímos.

Capitán. - Y lo sostendremos siempre.

Crispín. - Y ahora, Doctor, ese proceso, ¿habrá tierra bastante en
50 la tierra para echarle encima?

Doctor. - Mi previsión se anticipa a todo. Bastará con puntuar de-
bidamente algún concepto... Ved aquí: donde dice... "Y resultando
que si no declaró...", basta una coma, y dice: "Y resultando que sí,
no declaró..." Y aquí: "Y resultando que no, debe condenársele...",
55 fuera la coma, y dice: "Y resultando que no debe condenársele..."

Crispín. - ¡Oh admirable coma! ¡Maravillosa coma! ¡Genio de la
Justicia! ¡Oráculo de la Ley! ¡Monstruo de la Jurisprudencia! [...]

Polichinela. - Sólo impondré una condición: que este pícaro deje
para siempre de estar a tu servicio. [...]

60 Crispín. - Para salir adelante con todo, mejor que crear afectos e
crear intereses...

Leandro. - Te engañas, que sin el amor de Silvia nunca me hubiera
salvado.

Crispín. - ¿Y es poco interés ese amor? Yo di siempre su parte a
65 ideal y conté con él siempre. Y ahora acabó la farsa.

Anotaciones: 05: se aplica a la persona que, con malos fines, se hace
pasar por quien no es, o que engaña presentando como propio lo que es
ajeno; farsante, falsario, tramposo

Tareas:

1. Resuma los puntos centrales de esta escena situándola en la estructura de *Los intereses creados*.
2. Caracterice el género literario de la pieza de Benavente.
3. Analice a los personajes y explique sus funciones.
4. Interprete el sentido y la intención de la obra.

17

Erwartungshorizont

1. Resuma los puntos centrales de esta escena situándola en la estructura de *Los intereses creados*.

Es handelt sich bei dem vorliegenden Auszug um die **Schlußszene** des Stücks, in der alle Personen auf der Bühne erscheinen, und die - nach Überwindung einiger Hindernisse - zu einem für alle Beteiligten glücklichen Ende führt.

Die Spitzbuben **Crispín** und **Leandro** waren eingangs in eine **fiktive** Stadt gekommen, um dort ihr **Glück zu machen**. Indem sie sich als Edelmann und Diener ausgaben, war es ihnen gelungen, trotz - oder besser wegen - ihres **unverschämt-arroganten Auftretens** bei jedermann **Kredite** zu bekommen. Als der Kreditrahmen gesprengt zu werden drohte, blieb als **Lösung** nur die **Hochzeit** Leandros mit der Tochter und Alleinerbin des steinreichen Polichinela. Da sich Silvia und Leandro jedoch **tatsächlich** lieben (vgl. Z. 7 - 19), und der gerissene Crispín es geschickt verstanden hatte, sich sein Wissen um Polichinelas dunkle Vergangenheit zunutze zu machen, sieht dieser sich jetzt genötigt, widerstrebend in die Hochzeit einzuwilligen (Z. 20 - 29). Hiervon **profitieren** nun die Gläubiger Leandros ebenso wie das Gericht, mit dessen Hilfe Polichinela vergeblich versucht hatte, sich Leandro vom Leibe zu halten. Aufgrund einer Reihe **raffiniert ausgeklügelter Manipulationen** werden somit letztendlich **sämtliche Interessen** aller Figuren **gewahrt**, und das Stück schließt, wie bereits erwähnt, in offenkundiger Harmonie.

2. Caracterice el género literario de la pieza de Benavente.

Como ya lo indica la última frase de Crispín, *Los intereses creados* de Benavente es una **farsa**. La farsa es una **pieza teatral** relativamente **breve**, aunque su extensión puede variar. Está caracterizada por **elementos cómicos y satíricos** mediante los cuales el autor critica vicios humanos, aspectos grotescos o ridículos de los personajes o el comportamiento y las costumbres de ciertos representantes de la sociedad en general. Esto ocurre también en esta pieza. En el prólogo, recitado por Crispín, Benavente dice que se trata de "una **farsa** *guiñolesca*, de asunto disparatado, sin realidad alguna" y que los personajes son "las mismas grotescas máscaras de aquella comedia de Arte italiano". Y es verdad que con Pantalón, Arlequín, El Capitán, El Doctor, Polichinela, etc. alude a la **clásica configuración** de actores de la *Commedia dell'Arte*. Sin embargo, el espectador se dará pronto cuenta de que la afirmación: "cuanto en ella [la farsa] sucede no pudo suceder nunca" induce intencionadamente a errores, porque las "niñerías" con que "los viejos polichinelas pretenden hoy divertiros" son mucho menos ingenuas de lo que parece a primera vista.

18

3. Analice a los personajes y explique sus funciones.

Los personajes de *Los intereses creados*, en general, no son caracteres individuales sino más bien **tipos de la sociedad** que **personifican rasgos humanos** o que tienen una **función simbólica**.

Los **protagonistas**, Crispín y Leandro, representan dos facetas de un solo personaje: **Crispín** es un **pícaro astuto**, sin escrúpulos, que sabe perfectamente cómo aprovechar al máximo ciertas circunstancias. Ha comprendido qué hay que hacer para 'crear intereses' y para manipular a otros cuando se quiere conseguir sus objetivos. En contraposición a él, **Leandro** personifica la **conciencia humana**. Es verdad que en la mayoría de los casos está de acuerdo con lo que hace su criado, pero de vez en cuando tiene remordimientos. En la escena final se ve claramente que su amor es auténtico y no fingido. Se ha arrepentido y por eso ha recuperado su estado de honor (ll. 7 - 19).

Polichinela representa al **caciquismo** y simboliza los vicios del capitalismo egocéntrico; a diferencia de él, su **mujer** personifica los **escrúpulos** de este caciquismo. El **hostelero** es un típico representante de la capa social media que trata de sobrevivir en la ciudad. El **capitán** es un **oportunista** que sirve a los poderosos; su 'pareja' es **Arlequín**, un **intelectual cobarde** que no se atreve a oponerse a la opinión pública. El **Doctor y su secretario** personifican la **corrupción de la justicia** contemporánea y también la burocracia hinchada (v. ll. 49 - 57). **Pantalón**, prestando dinero a muchos 'clientes', representa la **avaricia** del hombre. Sólo **Silvia** se distingue fundamentalmente de todos estos caracteres mayoritariamente viciosos. Posee valores que los demás no tienen: **discreción, amor y sinceridad**.

4. Interprete el sentido y la intención de la obra.

So unschuldig sich Benaventes Stück mit den angesprochenen Kindereien einer scheinbar zeitlosen Komödie eingangs geben mag, und so erheiternd die exzerpierte und viele andere Szenen ob ihrer Komik wirken mögen - hinter der Farce steckt eine **zynisch-satirische Aussageabsicht**. Benavente stellt die **Egozentrik** der auftretenden Figuren zur Schau und kritisiert so - aufgrund ihres symbolhaften Charakters - die **zeitgenössische Gesellschaft**, deren karikaturhaft verzerrtes Abbild er konzipiert. Das Streben nach **materiellem Zugewinn** (man beachte die Doppeldeutigkeit von 'intereses': Interessen / Zinsen) macht er als Hauptübel der Restaurationsgesellschaft im Kapitalismus um die Jahrhundertwende aus, da angesichts **individuellen Profitdenkens** jegliche moralisch-ethische Bedenken hintangestellt werden. Dies zeigt sich besonders in der Schlußszene: Aus Geldgier werden Gerichtsprotokolle gefälscht, Lügen Heuchelei und Raffgier bestimmen das Bild.

Vida y obras de Jacinto Benavente

El famoso dramaturgo español contemporáneo, cuyas obras han alcanzado incontables representaciones y le valieron el **Premio Nobel en 1922, nació** en **Madrid** en **1866** y **falleció** también en **Madrid** en **1954**.

Se estrenó como poeta y cuentista en 1893. Del año siguiente data su **primer drama**, *El nido ajeno*, que anunciaba ya una personalidad original.

Desde aquella fecha hasta su muerte, Benavente fue dando a los escenarios una serie casi innumerable de piezas, a razón de dos o tres por año. Esta **asombrosa fecundidad** no ha dejado de dañar en ocasiones la calidad de su obra. Con todo, la **importancia histórica y artística** del teatro benaventino es incuestionable: ha logrado renovar la escena española y aportar a ella cualidades de **veracidad, ironía, penetración psicológica**, finura de matices y cierto transcendentalismo moral. [...]

El espíritu de Benavente, inquieto y curioso, se ha asomado a los más diversos géneros, abordando con la misma fortuna la **comedia de costumbres burguesas**, la de **ambiente rural**, la **sátira social**, la **pieza idealista** o **fantástica**.

A esos diversos géneros corresponden sus más famosos títulos: *La Malquerida - La noche del sábado, La fuerza bruta - Lo cursi, Al fin, mujer - La honradez de la cerradura, La comida de las fieras - Al natural, Rosas de otoño - Pepa Doncel, Titania - La infanzona* y *Campo de armiño - La ciudad alegre y confiada*. [...]

La comedia señalada unánimamente como su obra maestra es *Los intereses creados*. En ella se unen los personajes de la «commedia dell'arte» italiana con las características del tradicional teatro español, a lo largo de una fábula profunda bajo su ligereza, dialogada con todo ingenio y donaire.

(aus Klappentext zu: Jacinto Benavente: *Los intereses creados*, Colección Austral, 34, Madrid [23]1979.)

Bibliografía

> Benavente, Jacinto: *Los intereses creados* (1907), Colección Austral, 34, Madrid ²³1979, S. 79 - 83.

> Vila Selma, J.: "Notas en torno a 'Los intereses creados' y sus posibles fuentes", in: *Cuadernos hispanoamericanos*, 243, (1970), S. 588 - 611. (*)

> López Herrera, A.: "La sátira, denominador común del teatro benaventino", in: *Anales de la Universidad de Murcia*, 29, (1970/71), S. 141 - 165.

> Young, R.: "'Los intereses creados': Nota estilística", in: *Nueva Revista de Filología Hispánica*, 21, (1972), S. 392 - 399.

> Sheehan, R. L.: *Benavente and the Spanish Panorama 1894 -1954*, Chapel Hill 1976.

> González López, E.: "El teatro de fantasía de Benavente", in: *Cuadernos hispanoamericanos*, 320 - 321, (1977), S. 308 - 326. (*)

> George, D.: "The 'commedia dell'arte' and the Circus in the Work of J. B.", in: *Theatre Research International*, 6, (1981), S. 92-109.

> Dufour, G.: "Note sur le personnage de 'Leandro' dans 'Los intereses creados' de Jacinto Benavente", in: *Cahiers d'Études Romanes*, 7, (1982), S. 85 - 91.

> Martínez Fernández, I.: "Sobre la originalidad de los primeros dramas benaventinos", in: *Anuario de Estudios Filológicos*, 5, (1982), S. 85 - 96. (*)

> Buero Vallejo, A.: "'Los intereses creados', todavía", in: *Serta Philológica Fernando Lázaro Carreter II*, Madrid 1983, S. 107 - 112.

> Ortiz Griffin, J.: "Benavente finisecular", in: *Anuario de Letras*, Mexiko 1984, S. 135 - 158.

> Penuel, A. M.: "Form, function and Freud in Benavente's 'Los intereses creados'", in: *Hispanófila*, 84, (1985), S. 71 - 82.

> Pörtl, K.: "Jacinto Benavente. Los intereses creados", in: Roloff, V./ Wentzlaff-Eggebert, H. (Hg.): *Das spanische Theater vom Mittelalter bis zur Gegenwart*, Düsseldorf 1988, S. 287 - 298. (*)

> Cardona, R.: "El poder de la palabra en 'Los intereses creados'", in: *Actas del IX Congreso de Hispanistas*, Frankfurt 1989, S. 195-200.

> Lucea, J.: "Jacinto Benavente. 'Los intereses creados'. Escena IX", in: Pedraza Jiménez, F. B.; Rodríguez Cáceres, M. u. a. (coord.): *Textos Literarios Comentados*, Pamplona 1992, S. 301 - 312. (*)

> Wittschier, H. W.: "Bühnenkunst. Von freier nationaler Entfaltung zu staatlicher Instrumentalisierung und Knebelung", in: Ders.: *Die spanische Literatur*, Tübingen 1993, S. 295 - 312, bes. 296f. (*)

> Neuschäfer, H.- J.: "Realismus und Naturalismus: die Literatur der Restaurationszeit", in: Ders. (Hg.): *Spanische Literaturgeschichte*, Stuttgart 1997, S. 272 - 305; zu *Los intereses creados*, S. 304f. (*)

21

Salvador Rueda:
La procesión de la Naturaleza (1908)

El cisne

Como góndola que viene de las islas del ensueño
adelanta el cisne blanco de inviolada vestidura;
un hostiario milagroso se creyese su figura
donde guarda el sol las hostias virginales de que es dueño.

05   Oración de plumas finge su ropón casto y sedeño,
metafísico es el traje que lo viste de blancura,
y desfila la Belleza bajo el arco de hermosura
de su lírica garganta de que Dios hizo el diseño.

Cual sus manos conmovidas junta y abre el sacerdote,
10   abre y cierra tus dos alas, y tu misa ¡oh cisne! flote
sobre el haz de tu plumaje de alabastro y de carrara.

Con tu pico alza la Forma por encima de tu cuello,
tú, Ministro de lo blanco, tú, Ministro de lo bello,
cual si alzases a la luna de los mármoles de un ara.

Tareas:

1.   ¿Cuál es el tema de la poesía?
2.   Caracterice el género de "El cisne" describiendo su estructura formal y la métrica.
3.   Analice los recursos estilísticos y el lenguaje empleados por Rueda.
4.   Interprete el poema partiendo del Modernismo y mencione las características de este movimiento literario.

Erwartungshorizont

1. ¿Cuál es el tema de la poesía?

Thema des Gedichts "El cisne" von Salvador Rueda ist die **perfekte Schönheit eines Schwans**, die in immer neuen Facetten besungen und verherrlicht wird.

Wie eine **Gondel**, die von fernen, verzauberten Inseln kommt, gleitet der Schwan in seinem **makellosen, weißen Federkleid** majestätisch dahin (V. 1 - 2). Seine Gestalt wird mit einem Gefäß für **Hostien** in Verbindung gebracht (V. 3 - 4), sein keusches und seidiges Gefieder gar auf eine **metaphysische Ebene** gehoben (V. 5 - 6). Als **personifizierte Schönheit** defiliert er am Betrachter vorbei, sein geschwungener Hals wurde schließlich von **Gott** selbst entworfen (V. 7 - 8).

Sein **Flügelschlagen** geht auf im **religiösen Bild** eines Priesters, der seine Hände öffnet und schließt wie beim Zelebrieren einer Messe (V. 9 - 10), und erneute Vergleiche seines Gefieders mit **Alabaster** und **Carraramarmor** schließen das erste Terzett ab. Im zweiten wird der Schwan letztendlich als "Ministro de lo blanco" und "Ministro de lo bello" stilisiert und apostrophiert (V. 13), der seinen Schnabel einer Hostie der Schönheit gleich emporreckt.

2. Caracterice el género de "El cisne" describiendo su estructura formal y la métrica.

Se trata de un **soneto**, un poema compuesto por **catorce versos** que se agrupan en dos **cuartetos** y dos **tercetos**. Todos los versos terminan en palabras **llanas**. Las **rimas** de los cuartetos tienen el esquema ABBA ABBA (**rimas abrazadas**). La combinación de las rimas de los tercetos es CCD EED (**rimas en pareado**). Todas las rimas son **consonantes** lo que significa que a partir de la **última vocal acentuada** las consonantes y las vocales son **idénticas**.

Salta a la vista la **largura de los versos** que componen este soneto. Salvador Rueda utiliza **hexadecasílabos** (= versos de 16 sílabas) que expresan la **lentitud majestuosa** con la cual se mueve el cisne. Esta majestuosidad está subrayada también por el **ritmo impar o trocaico** que caracteriza la poesía.

3. Analice los recursos estilísticos y el lenguaje empleados por Rueda.

Uno de los recursos estilísticos más importantes que Salvador Rueda utiliza en este poema es la **comparación**. Compara, por ejemplo, al cisne con una góndola (v. 1) que viene de islas lejanas. Cuando el cisne abre y cierra sus alas se parece a un sacerdote que celebra la misa (vv. 9 - 10).

También hay algunas **personificaciones** en este soneto que sirven para intensificar la impresión del aspecto exterior del cisne. "Desfila la Belleza" (v. 7), es un "Ministro de lo blanco" o "de lo bello" (v. 13), escribe el autor malagueño.

A lo largo de todo el soneto Rueda describe la belleza de este animal subrayando su blancura. Por ello emplea muchos **adjetivos**, jugando el concepto "blanco". Aparece directamente ("el blanco cisne", v. 2; "blancura", v. 6; "Ministro de lo blanco", v. 13) o en forma de imágenes que sugieren y evocan la idea de blanco ("inviolada vestidura", v. 2; "hostias virginales", v. 4; "ropón casto y sedeño", v. 5; "de alabastro y de carrara", v. 11).

De esta forma, el cisne, metafóricamente glorificado, se convierte en algo **sobrenatural** que representa no sólo la **belleza suprema** sino también valores inmaculados y una **pureza perfecta**. Simboliza un ser sagrado, creado y diseñado por Dios (v. 8). De ahí que muchas cualidades del cisne tienen que ver con **conceptos religiosos** ("hostiario milagroso", v. 3; "oración de plumas", v. 5; las "dos alas" son como las "manos conmovidas" de un sacerdote, vv. 9 - 10).

Otros medios estilísticos son los - ya mencionados - **largos versos** y el **ritmo pausado** que ponen de relieve la nobleza del cisne al desfilar como la belleza personificada. En este conjunto de ideas no se pueden pasar por alto los **encabalgamientos suaves** que usa Rueda para intensificar los movimientos ondulantes, mayestáticos y armónicos del cisne: "y desfila la Belleza bajo el arco de hermosura / de su lírica garganta de que Dios hizo el diseño." (vv. 7 - 8); "y tu misa ¡oh cisne! flote / sobre el haz de tu plumaje de alabastro y de carrara." (vv. 10 - 11).

En el curso de todo el poema Salvador Rueda emplea un **lenguaje culto y rebuscado**, de intenciones predominantemente **estéticas**. Busca **expresiones selectas** y términos **sensuales**, al servicio de la **belleza**, cuya exaltación es su **meta principal**. No es el lenguaje cotidiano de la mayoría de los lectores sino un **lenguaje minoritario**, con imágenes exóticas y poco frecuentes. El **estilo** es eminentemente **artificial** y **poético**.

4. Interprete el poema partiendo del Modernismo y mencione las características de este movimiento literario.

El **Modernismo** es un movimiento literario que comprende aproximadamente las tres décadas entre **1888** (publicación de *Azul* de Rubén Darío) y **1916** (muerte de Darío). Las escuelas literarias más importantes de aquel tiempo ejercen su influencia en él: el **Simbolismo** (Baudelaire, Verlaine), el **Parnasianismo** (Gautier, Leconte de Lisle) y el **Prerrafaelismo** (Morris, Swinburne), entre otras.

Estas influencias se caracterizan por su **universalismo**. En verdad, el Modernismo no es un movimiento originariamente español sino más bien de procedencia **hispanoamericana**, lo que expresa cierta independencia cultural de las antiguas colonias de España. A partir de la llegada a España del nicaragüense Rubén Darío en 1892, el Modernismo encuentra también en la Península un eco considerable, aunque ya hay **precursores de la corriente española** como Ricardo Gil y Salvador Rueda en los cuales se realiza la transición del Postromanticismo al Modernismo.

Como características importantes podemos mencionar: **un carácter heterogéneo**, con tendencias opuestas, por ejemplo arte puro frente al arte comprometido, paganismo frente a cristianismo, sensualismo frente a la angustia metafísica; ansias de **renovación y libertad** en todas sus formas (temas, métrica, estilo, lenguaje, etc.); un **espíritu aristocratizante y precioso** que está estrechamente relacionado al cultivo del arte puro y a la finalidad preferentemente estética. A los modernistas les une una **actitud cosmopolita** y desarraigada. La búsqueda de un **mundo exótico** es para ellos una forma de **evasión de la realidad prosaica** del entorno cotidiano. En este contexto de ideas crean mediante la fuerza de la palabra un **mundo** a veces **irreal, fantástico, idealizado, lleno de belleza**. Sus versos se caracterizan por una rica **musicalidad** y una **métrica flexible**.

Aún más que en la temática se muestra la ruptura del Modernismo con las tradiciones literarias anteriores en el **lenguaje**. Se nota en los poetas modernistas un **culto a la palabra** que se expresa en un **vocabulario exquisito**, exotismos, nombres mitológicos y una adjetivación llena de sugestiones. La evocación de sensaciones a través de sinestesias y metáforas plásticas juega un papel importantísimo igual que la renovación formal con metros poco frecuentes (como p. e. el hexadecasílabo).

Muchos de los elementos mencionados se encuentran también en la poesía de Rueda. El cisne como personificación de la belleza suprema simboliza la búsqueda de un **modelo de perfección**. Ya no se trata de un animal vivo como lo podemos encontrar en un estanque o a orillas de un río, sino más bien de una **idealización de la naturaleza** en la cual todos los aspectos poéticos están integrados: temática metafísica, lenguaje artificial, evocación de sensaciones (color, formas), musicalidad de los versos e interdependencia perfecta entre la forma exterior y el contenido.

Vida y obras de Salvador Rueda

Salvador Rueda Santos nació el 2 de diciembre de **1857** en Benaque, pequeña aldea perteneciente al municipio de Macharavialla, en la provincia de **Málaga**. Hijo de pobres labradores, pasó sus primeros años en su pueblo natal, ayudando ya desde niño a sus padres en las labores del campo. [...] Teniendo en cuenta las circunstancias expuestas, la **formación** que Rueda pudo recibir en estos sus años de niñez y adolescencia no hubo de ser más que **rudimentaria**. [...]

Las escasas posibilidades de vida que se presentaban en su pueblo natal obligaron al joven, cuando tenía unos quince años, a trasladarse a Málaga en **busca de trabajo**, donde estuvo primero de aprendiz en una guantería, pasando después a ser corredor de guías de un banco. En los años siguientes se daría pronto el **cambio de rumbo de sus actividades**. [...] Rueda fue ganándose cierta fama como **escritor** y corno **poeta** con la publicación de algunos artículos y varias poesías que reuniría después junto a otras nuevas en su primer libro *Renglones cortos* [1880], así como por la obtención de algunos **premios en concursos literarios** malagueños. [...] Los deseos de Salvador Rueda de visitar las **tierras hispanoamericanas**, donde contaba con **gran número de admiradores**, se vieron cumplidos, consiguiendo permiso por Real Orden del 10 de diciembre de 1909 para viajar a Cuba con el cometido de estudiar la organización de los Archivos, viaje que emprendió a finales del mismo año, siendo objeto de **grandes homenajes**. [...] En **viajes posteriores**, cuatro en total, visitó con prolongadas estancias, La Argentina, El Brasil, Filipinas, Méjico, entre otros países, reintegrándose a su trabajo de **archivero**, primero algún tiempo en Madrid, y desde 1919 en la **Biblioteca Provincial de Málaga**. En Málaga residiría hasta su **muerte**, ocurrida el 1 de abril del año **1933**.

[Sus obras líricas más importantes son: *Cuadros de Andalucía*, 1883; *En tropel*, 1892; *Piedras preciosas*, 1900; *Fuente de salud*, 1906; *La Procesión de la Naturaleza. Poema. El poeta futuro*, 1908; *Cantando por ambos mundos*, 1914; *El poema del beso*, 1932.]

(aus Fuente, B. de la: *El modernismo en la poesía de Salvador Rueda*, Frankfurt a. M. 1976, S. 23 - 25.)

Bibliografía

> Rueda, Salvador: "El cisne", in: *La procesión de la Naturaleza*, Madrid 1908, S. 33.

> Martínez Cachero, J. Mª.: "Salvador Rueda y el Modernismo", in: *Boletín de la Biblioteca Menéndez Pelayo*, 34, (1957), S. 41 - 61.

> Vázquez Otero, D.: *Salvador Rueda*, Madrid 1960.

> Gullón, R.: *Direcciones del modernismo* (1963), Madrid 1990. (*)

> Ferreres, R.: "Diferencias y coincidencias entre Salvador Rueda y Rubén Darío", in: *Cuadernos Hispanoamericanos*, 169, (1964), S. 39 - 44.

> Siebenmann, G.: *Die moderne Lyrik in Spanien*, Stuttgart 1965.

> Schulman, I.: *Génesis del modernismo. Martí, Nájera, Silva, Casal*, México / Washington 1966.

> Prados y López, M.: *Salvador Rueda, renovador de la métrica*, Málaga 1967.

> Figueroa Amaral, E.: "El cisne modernista", in: Castillo, H. (Hg.): *Estudios críticos sobre el modernismo*, Madrid 1968, S. 299 - 315.

> D'Ors, M.: *La sinfonía del año de Salvador Rueda*, Pamplona 1973.

> Fuente, B. de la: *El modernismo en la poesía de Salvador Rueda*, Frankfurt a. M. 1976. (*)

> Mainer, J.- C.: *Modernismo y 98*, *(HCLE, 6)*, Barcelona 1980. (*)

> Cardwell, R. A.: "Rubén Darío y Salvador Rueda: dos versiones del Modernismo", in: *Revista de Literatura*, 45, (1983), S. 55 - 72.

> Carnero, G.: "Salvador Rueda: teoría y práctica del Modernismo", in: *Anales de Literatura Española*, 4, (1985), S. 63 - 96. (*)

> Allegra, G.: *El reino interior: premisas y semblanzas del modernismo en España*, Madrid 1986.

> Schulman, I. (Hg.): *Nuevos asedios al modernismo*, Madrid 1987.

> Carnero, G. (Hg.): *Actas del Congreso Internacional sobre el modernismo español e hispanoamericano* (1985), Córdoba 1987.

> Marini-Palmieri, E.: *El modernismo literario hispanoamericano*, Buenos Aires 1989.

> Fuente, B. de la: "Salvador Rueda. Los pavos reales", in: Tietz, M. (Hg.): *Die spanische Lyrik der Moderne*, Frankfurt 1990, S. 66-79.

> Litvak, L.: "Temática de la decadencia en la literatura española de fines del siglo XIX", in: Dies.: *España 1900. Modernismo, anarquismo y fin de siglo*, Barcelona 1990, S. 245 - 253.

> Cardwell, R. A.; McGuirk, B. (Hg.): *¿Qué es el modernismo? Nueva encuesta, nuevas lecturas*, Boulder 1993.

> Mainer, J.- C.: *Modernismo y 98*, *(HCLE, 6/1)*, Barcelona 1994.(*)

> Estébanez Calderón, D.: "Modernismo", in: Ders.: *Diccionario de términos literarios*, Madrid 1996, S. 685 - 689. (*)

Antonio Machado: *A orillas del Duero* (1910)

Mediaba el mes de julio. Era un hermoso día.
Yo, solo, por las quiebras del <u>pedregal</u> subía,
buscando los <u>recodos</u> de sombra, lentamente.
A trechos me paraba para <u>enjugar</u> mi frente
05   y dar algún respiro al pecho <u>jadeante</u>;
o bien, <u>ahincando el paso</u>, el cuerpo hacia adelante
y hacia la mano diestra vencido y apoyado
en un bastón, <u>a guisa</u> de pastoril <u>cayado</u>,
trepaba por los cerros que habitan las rapaces
10   aves de altura, <u>hollando</u> las hierbas montaraces
de fuerte olor - <u>romero</u>, <u>tomillo</u>, <u>salvia</u>, <u>espliego</u> -.
Sobre los agrios campos caía un sol de fuego.

Un buitre de anchas alas con majestuoso vuelo
cruzaba solitario el puro azul del cielo.
15   Yo divisaba, lejos, un monte alto y agudo,
y una redonda loma cual <u>recamado</u> escudo,
y <u>cárdenos</u> <u>alcores</u> sobre la parda tierra
- <u>harapos</u> esparcidos de un viejo <u>arnés</u> de guerra -,
las <u>serrezuelas</u> calvas por donde tuerce el Duero
20   para formar la corva <u>ballesta</u> de un arquero
en torno a Soria. - Soria es una <u>barbacana</u>,
hacia Aragón, que tiene la torre castellana -.
Veía el horizonte cerrado por colinas
oscuras, coronadas de robles y de encinas;
25   desnudos <u>peñascales</u>, algún humilde prado
donde el <u>merino</u> pace y el toro, arrodillado
sobre la hierba, <u>rumia</u>; las márgenes del río
lucir sus verdes álamos al claro sol de estío,
y, silenciosamente, lejanos pasajeros,
30   ¡tan diminutos! - carros, jinetes y arrieros -,
cruzar el largo puente, y bajo las arcadas
de piedra ensombrecerse las aguas plateadas
del Duero.
            El Duero cruza el corazón de roble
de Iberia y de Castilla.
                ¡Oh, tierra triste y noble,
35   la de los altos llanos y yermos y roquedas,
de campos sin arados, regatos ni arboledas;
<u>decrépitas</u> ciudades, caminos sin mesones,

y atónitos palurdos sin danzas ni canciones
que aún van, abandonando el mortecino hogar,
40 como tus largos ríos, Castilla, hacia la mar!

Castilla miserable, ayer dominadora,
envuelta en sus andrajos desprecia cuanto ignora.
¿Espera, duerme o sueña? ¿La sangre derramada
recuerda, cuando tuvo la fiebre de la espada?
45 Todo se mueve, fluye, discurre, corre o gira;
cambian la mar y el monte y el ojo que los mira.
¿Pasó? Sobre sus campos aún el fantasma yerra
de un pueblo que ponía a Dios sobre la guerra.

La madre en otro tiempo fecunda en capitanes,
50 madrastra es hoy apenas de humildes ganapanes.
Castilla no es aquella tan generosa un día,
cuando Myo Cid Rodrigo el de Vivar volvía,
ufano de su nueva fortuna, y su opulencia,
a regalar a Alfonso los huertos de Valencia;
55 o que, tras la aventura que acreditó sus bríos,
pedía la conquista de los inmensos ríos
indianos a la corte, la madre de soldados,
guerreros y adalides que han de tornar, cargados
de plata y oro, a España, en regios galeones,
60 para la presa cuervos, para la lid leones.
Filósofos nutridos de sopa de convento
contemplan impasibles el amplio firmamento;
y si les llega en sueños, como un rumor distante,
clamor de mercaderes de muelles de Levante,
65 no acudirán siquiera a preguntar: ¿qué pasa?
Y ya la guerra ha abierto las puertas de su casa.

Castilla miserable, ayer dominadora,
envuelta en sus harapos desprecia cuanto ignora.

El sol va declinando. De la ciudad lejana
70 me llega un armonioso tañido de campana
- ya irán a su rosario las enlutadas viejas -.
De entre las peñas salen dos lindas comadrejas;
me miran y se alejan, huyendo, y aparecen
de nuevo, ¡tan curiosas! ... Los campos se oscurecen.
75 Hacia el camino blanco está el mesón abierto
al campo ensombrecido y al pedregal desierto.

Anotaciones:

02: terreno cubierto de piedras sueltas
03: ángulo o curva que forman los ríos, los caminos, etc.
04: quitar a algo la humedad que tiene, secar
05: que respira con dificultad debido al cansancio físico
06: apresurarse, esforzarse, darse prisa, ir más rapidamente
08: a modo de
08: bastón corvo por la parte donde se agarra
10: transitar un lugar dejando huellas
11: Rosmarin
11: Thymian
11: Salbei
11: Lavendel
16: adornado
17: dunkelviolett
17: pequeña elevación de terreno, cerro, colina
18: trozos de un vestido roto
18: conjunto de armas, Kriegsharnisch
19: sierras pequeñas, montañas
20: artefacto bélico para lanzar flechas pesadas, Armbrust
21: abertura en un muro para disparar
25: lugar cubierto de peñascos
26: raza de carneros de lana muy apreciada
27: masticar de nuevo un alimento
37: vetusto, senil, caduco, decadente
38: se dice de las personas del campo, aldeano, tosco
39: aquí fig.: se aplica a lo que no tiene viveza, apagado
42: trozo de tela viejo o sucio, prenda de ropa muy usada
53: orgulloso, satisfecho con lo que se posee, se ha conseguido
55: decisión y energía con que se realiza algo que requiere esfuerzo
58: persona que hace de caudillo de gente de guerra
72: Wiesel

Tareas:

1. Analice la estructura de la poesía buscando subtítulos para cada una de sus partes.
2. Interprete el contenido de "A orillas del Duero" partiendo del análisis de su estructura.
3. Comente el poema de Antonio Machado y sitúelo en el contexto histórico-literario de la Generación del 98.

Erwartungshorizont

1. **Analice la estructura del poema buscando subtítulos para cada una de sus partes.**

En el poema se pueden distinguir a primera vista **ocho partes**, de extensión irregular, cuyos subtítulos podrían ser los siguientes: a) **subida** de un 'yo' literario a una montaña cerca del Duero en una tarde de julio (vv. 1 - 12); b) **contemplación** del paisaje desde arriba (vv. 13 - 33); c) paso del **río Duero** por Castilla (vv. 33 - 34); d) **reflexión** sobre la **historia de Castilla** (vv. 34 - 40); e) **reflexión** sobre la **decadencia** del país (vv. 41 - 48); f) **pasado glorioso** (vv. 49 - 66); g) **miseria** reinante a principios del siglo XX (vv. 67 - 68); h) **descenso** del 'yo' literario (vv. 69 - 76).

2. **Interprete el contenido de "A orillas del Duero" partiendo del análisis de su estructura.**

Antonio Machado comienza su poesía con una **descripción del ambiente** (julio, hermoso día, pedregal, hierbas montaraces de fuerte olor) con ayuda de la cual el lector puede imaginarse muy bien la subida fatigosa del 'yo', es decir, del poeta mismo. A causa de esta descripción plástica el **paisaje** parece **real, palpable y concreto**.

Desde arriba el poeta mira el vuelo de un buitre (v. 13) e inmediatamente después **contempla el paisaje** desde la misma perspectiva, la de un pájaro. Se nota que este paisaje de la provincia de Soria no tiene nada que ver con un 'locus amoenus' de la literatura bucólica, al contrario. Su carácter es más bien **tosco, duro, heroico** y hasta sublime: parda tierra; colinas oscuras, coronadas de robles y de encinas; desnudos peñascales; Soria es una barbacana; humilde prado, etc.. En todas estas líneas de la segunda parte el lector percibe la **admiración** de Machado por el paisaje soriano, relacionado estrechamente con el **pasado glorioso de Castilla**.

La mirada del poeta se detiene luego al ver **el río Duero**, la 'vena de vida' del país, que **simboliza su destino**.

Empleando una **antítesis (triste - noble**, v. 34) Antonio Machado deplora el **desarrollo histórico** de Castilla. Igual que el Duero los campesinos, los trabajadores, incluso los atónitos palurdos emigraron, abandonaron este paraje dejando un páramo seco y triste.

Partiendo de la descripción del paisaje, el poeta se concentra cada vez más en el **análisis de la causas de la decadencia** de Castilla utilizando otra **antítesis** en el próximo párrafo: **miserable - dominadora**. A partir de este momento la meditación de Machado sobre el destino castellano adquiere un tono bastante irónico (v. 42) ya que constata que la actitud de Castilla frente a lo desconocido se ha caracterizado desde siempre por cierta **arrogancia y desprecio**: "desprecia cuanto ignora". El poeta se pregunta a sí mismo qué es lo que quiere Castilla, qué hace. ¿Espera un futuro mejor? ¿Duerme sin darse cuenta de la realidad presente? ¿O sueña con un pasado glorioso? (v. 43)

En el sexto párrafo Machado habla sobre **personajes históricos** (el Cid, Alfonso VI) de la Reconquista o acontecimientos de suma importancia para España como por ejemplo la conquista de América. Lamentando que el país de los héroes de antaño y de los conquistadores gloriosos se haya convertido poco a poco en un país miserable, Machado diagnostica que la **Castilla de principios del siglo XX** se caracteriza por una **abulia** constatada ya por Ganivet en su Idearium español (vv. 61 - 66).

La repetición de los versos "Castilla miserable, ayer dominadora, / envuelta en sus harapos desprecia cuanto ignora." **finaliza la meditación** sobre el destino de Castilla y desemboca en otra descripción del paisaje soriano en la última parte del poema.

Utilizando el presente frente al imperfecto en los dos primeros párrafos (distancia) Machado inicia el descenso del monte. Las percepciones visuales y auditivas que le acompañan nos transmiten la impresión de una **tranquilización** nocturna, pero al mismo tiempo **la escena se oscurece** un poco ("ensombrecido", "pedregal desierto").

3.   **Comente el poema de Antonio Machado y sitúelo en el contexto de la Generación del 98.**

Wie schon nach wenigen Versen von Machados "A orillas del Duero" deutlich wird, handelt es sich nur **vordergründig** um eine **Landschaftsbeschreibung** der Gegend um das kastilische Soria, sondern vielmehr um eine **Spielart der Behandlung des Spanienproblems** um die Jahrhundertwende. Die einstmals so kriegerisch-heroische Region (escudo, arnés, ballesta, arquero, torre, fecunda en capitanes, etc.) wird mit einem **melancholischen** Unterton beschrieben, aus dem auch eine gewisse **Resignation** des Dichters spricht, wenn er an Gegenwart und Zukunft des Landes denkt. Die Sorge Machados ist um so begründeter, als auch mittlerweile zwölf Jahre nach dem 'año del desastre' **kaum wirksame Maßnahmen** ergriffen werden, um die Situation Spaniens zu bessern.

Indifferenz - "no acudirán siquiera a preguntar ¿qué pasa?" (V. 65) - verstärkt den Gegensatz zwischen dem ruhmreichen Gestern und dem dekadenten Heute im Jahre 1910; die Grenzen zwischen Melancholie und Pessimismus sind fließend. Gleichwohl spricht aus nahezu jedem einzelnen Vers **tiefe Liebe des Dichters zu seinem Vaterland**, der es als vorrangige **Pflicht** ansieht, nicht der vergangenen Größe des Landes nachzutrauern, sondern gerade wegen der akuten Misere Anstrengungen zu unternehmen, die Kastilien und Spanien Wege aus der Krise weisen.

Vida y obras de Antonio Machado

(**Sevilla 1875 - Collioure [Francia] 1939**). Poeta español. Vivió en Madrid y en Soria, ejerciendo de catedrático de francés. Murió exiliado en el sur de Francia, adonde se trasladó poco antes de terminar la guerra civil española. Perteneció a la **generación del 98** y creó una obra que abrió caminos a la poesía española del siglo XX.

En un primer periodo adoptó el estilo modernista, influido por los simbolistas franceses; a él corresponden *Soledades* (1903) y *Soledades, galerías y otros poemas* (1907).

En un periodo posterior escribió **Campos de Castilla (1912)**, de gran sobriedad expresiva, donde manifiesta su interés por el **paisaje castellano** y su **preocupación por el destino de España**.
Su etapa final fue de reflexión filosófica, con poemas breves muy intelectualizados.

En esta época realizó también su obra en prosa, en la que destaca *Juan de Mairena* (1936).

Su **estilo** persigue la **claridad de expresión**, en un deseo de hacerse entender y comunicar al lector sus pensamientos y emociones, y contiene abundantes símbolos para representar realidades como el curso del tiempo, la vida, etc. Para el **teatro** escribió, en colaboración con su hermano Manuel, *Juan de Mañara* (1927) y *La Lola se va a los puertos* (1930), entre otras obras. Utilizó en ocasiones los seudónimos Juan de Mairena y Abel Martín.

(aus: *Diccionario Enciclopédico Santillana*, dirigido por S. Sánchez Cerezo, Madrid 1992, S. 856.)

Bibliografía

> Machado, Antonio: *A orillas del Duero* (1910), in: *Poesías Completas*, Selecciones Austral, 1, Madrid 1980, S. 137 - 139.
> Predmore, R.: "La visión de Castilla en la obra de Antonio Machado", in: *Hispania*, 29, (1946), S. 500 - 506.
> Sánchez Barbudo, A.: *Los poemas de A. M.*, Barcelona 1967.
> López Landeira, R.: "'A un olmo seco'", in: *Romance Notes*, 86, (1972), S. 280 - 284.
> Aguirre, J. M.: *Antonio Machado, poeta simbolista*, Madrid 1973.
> Terry, A.: *Antonio Machado: Campos de Castilla* (Critical Guide to Spanish Texts, 8), London 1973. (*)
> Tuñón de Lara, M.: "La superación del 98 por Antonio Machado", in: *Bulletin Hispanique*, 77, (1975), S. 35 - 71.
> Guillén, C.: "Proceso y orden inminente en 'Campos de Castilla'", in: Ángeles, J. (Hg.): *Estudios sobre Antonio Machado*, Barcelona 1977, S. 195 - 216.
> Varela, J. L.: "Antonio Machado ante España", in: *Hispanic Review*, 45, (1977), S. 117 - 147.
> Sesé, B.: *Antonio Machado (1875 - 1939). El hombre. El poeta. El pensador*, Madrid 1980, 2 Bände. (*)
> Fernández Ferrer, A.: *Antonio Machado. «Campos de Castilla»*, Barcelona 1982.
> Beceiro, C.: *Antonio Machado, poeta de Castilla*, Valladolid 1984.
> Sesé, B.: *Claves de Antonio Machado*, Madrid 1989.
> Barbagallo, A.: *España, el paisaje, el tiempo y otros temas en la poesía de Antonio Machado*, Soria 1990. (*)
> Gabriele, J. P. (Hg.): *Divergencias y unidad: Perspectivas sobre la Generación del 98 y Antonio Machado*, Madrid 1990.
> Laitenberger, H.: "Antonio Machado. A orillas del Duero", in: Tietz, M. (Hg.): *Die spanische Lyrik der Moderne*, Frankfurt 1990, S. 118 - 129. (*)
> Berchem, T.; Laitenberger, H. (Hg.): *Estudios sobre Antonio Machado*, Münster 1992.
> Ávila, P. L. (Hg.): *Antonio Machado hacia Europa*, Madrid 1993.
> Lissorgues, I.: "Sevilla - Soria: dos paisajes del alma en la poesía de Antonio Machado", in: *Insula*, 580, (1995), S. 2 - 3 und 5.
> Lindau, H. C.: *Die Generación del 98 im Spanischunterricht. Regeneracionismo, europeísmo, casticismo: Die Spanienproblematik um die Jahrhundertwende in Essayistik und Lyrik*, Bonn 1997, zu Antonio Machado S. 170 - 181. (*)
> Caletti, E.: "Reflexiones sobre Antonio Machado: ¿Un poeta heideggeriano que piensa para el siglo XXI"?, in: *Hispanorama*, 80, (1998), S. 36 - 42.

José Martínez Ruiz, «Azorín»:
Lecturas españolas (1912)

Epílogo en Castilla

Quiero fechar *idealmente* estas páginas españolas en un viejo pueblo castellano; uno de esos pueblos que he intentado retratar en
mis libros. El campo se extiende ante mi vista; se halla en la primavera cubierto con el tapiz verde de los sembrados, roto acá y
05 allá por las hazas hoscas, negras, de los barbechos y eriazos; aparece en otoño desnudo, pelado, de un uniforme color grisáceo. No se
yerguen árboles en la llanura; no corren arroyos ni manan hontanares. El pueblo reposa en un profundo sueño...
Ningún lugar mejor que estos parajes para meditar sobre nuestro
10 pasado y nuestro presente. Causa de la decadencia de España han
sido las guerras, la aversión al trabajo, el abandono de la tierra, la
falta de curiosidad intelectual; convienen en ello - como habrá visto el lector - Saavedra Fajardo, Gracián, Cadalso, Larra. No hay
más aplanadora y abrumadora calamidad para un pueblo que la fal
15 ta de curiosidad por las cosas del espíritu; se originan de ahí todos
los males. Se origina de ahí la ausencia de examen, de comparación, de apreciación, de crítica. De crítica engendradora de adhesión y de repulsión, de entusiasmo y de hostilidad: entusiasmo y
hostilidad que remueven la inercia de los de abajo e impiden la
20 corrupción de los de arriba.
Esos españoles eminentes que hemos hecho desfilar por estas páginas, movidos estaban de una insaciable curiosidad intelectual; viajaron por Francia, Italia, Alemania, Inglaterra. Los que no salieron
de casa - como Gracián - sentíanse ansiosos por toda novedad filo
25 sófica o primor literario. La falta de curiosidad intelectual es la nota dominante en la España presente. ¿Cómo haremos para que interese un libro, un cuadro, un paisaje, una doctrina estética, una
manifestación nueva del pensamiento? Reposa el cerebro español
como este campo seco y este pueblo grisáceo. No saldrá España de
30 su marasmo secular mientras no haya millares y millares de hombres ávidos de conocer y comprender.

Nebreda, marzo de 1912.

Anotaciones:

04: paño grande, con dibujos u otros motivos artísticos, normalmente destinado a adornar las paredes
04: terreno sembrado
05: campo
05: áspero, también amenazador
05: campo que no se cultiva durante una o más temporadas para que se regenere
05: páramo
06: de erguirse: levantarse, encontrarse
07: brotar, nacer, salir un líquido de algún sitio
07: sitio en donde nacen fuentes o manantiales
14: de aplanar; aquí fig.: dejar abatido, postrar
14: de abrumar; representar algo una carga penosa para alguien; pueden abrumar las preocupaciones, el trabajo, los años, etc.
14: desastre, catástrofe, desgracia
17: de engendrar: causar, generar, producir, originar
19: falta de energía física o moral; pasividad, inacción
25: obra muy buena, perfecta

Tareas:

1. Resuma las ideas centrales del texto "Epílogo en Castilla" y exponga brevemente su estructura.

2. Indique el género del texto explicitándolo con características del mismo.

3. Explique los términos 'decadencia' (l. 10) y 'marasmo' (l. 30) en el contexto de este extracto azoriniano y en el de la Generación del 98.

4. Analice el mensaje del texto buscando su contexto histórico-literario.

Erwartungshorizont

1. **Resuma las ideas centrales del texto "Epílogo en Castilla" y exponga brevemente su estructura.**

Der klar in **drei** etwa gleich lange **Abschnitte** gegliederte "Epilog in Kastilien", der den Abschluß von Azoríns 1912 veröffentlichten *Lecturas españolas* bildet, enthält folgende **zentrale Gedanken**:
Ausgehend von einer für den Autor so typischen **Landschaftsbeschreibung Kastiliens** (ein altes kastilisches Dorf inmitten einer im Frühjahr noch grünen, im Herbst jedoch nackten, öden, grauen und aufgrund des Wassermangels baumlosen Landschaft) gelangt José Martínez Ruiz zu der Feststellung, die **spanische Bevölkerung** sei in einen tiefen **Schlaf** gesunken (Z. 7 - 8).
Schnell vollzogen ist im zweiten Absatz der Schritt von der **deskriptiven** zur **analytischen Ebene**, symbolisiert doch das erwähnte verschlafene kastilische Dorf die **materielle** und **mentale Dekadenz** einer ehemaligen Großmacht von Weltrang. Bei seiner **Ursachenforschung** für den Niedergang Spaniens wird Azorín unter Berufung auf Autoren vom 17. - 19. Jahrhundert (Saavedra Fajardo, Gracián, Cadalso, Larra) bald fündig: Viele Kriege, Abneigung gegen Arbeit, Landflucht, mangelnde intellektuelle Neugier (Z. 11 - 12), fehlende Kritikfähigkeit (Z. 16 - 17) aufgrund geistiger Stagnation sind verantwortlich für die Misere des Landes um die Jahrhundertwende.
Im dritten und letzten Teil des Textes stellt Azorín eben dieser **geistigen Lethargie** - "La falta de curiosidad intelectual es la nota dominante en la España presente." (Z. 25 - 26) - den unstillbaren Wissensdurst (Z. 22) der genannten Schriftsteller und Philosophen gegenüber, die im Gedankenaustausch mit anderen europäischen Nationen das geistige Klima Spaniens befruchteten. In der **mentalen Regeneration** liegt für ihn daher der Schlüssel zur Überwindung der momentanen Phase intellektueller Paralyse (Z. 26 - 31).

2. **Indique el género del texto explicitándolo con características del mismo.**

El texto es un extracto de un **ensayo**, un género literario de **estructura libre**, en el cual el autor escribe sobre **temas variados** en un **estilo personal**. No se presentan ni argumentos científicamente exactos ni conclusiones irrefutables; más bien se trata de una **discusión sobre problemas**, iniciada por una hipótesis personal. Los autores de la llamada Generación del 98 escriben preferentemente ensayos para **expresar su preocupación por España**.

Un ejemplo del **estilo subjetivo** del autor es la primera palabra del texto, "Quiero", o la formulación "ante mi vista" (l. 3) mediante las cuales Azorín se introduce personalmente. La posición personal se intensifica al principio del segundo párrafo cuando Azorín amplía la perspectiva: "Ningún lugar mejor que estos parajes para meditar sobre **nuestro** pasado y **nuestro** presente." (ll. 9 - 10). Así expresa que se entiende a sí mismo como un elemento del pueblo español, y se muestra afectado profundamente por el pasado y el presente de la historia española. Se siente responsable y trata de **analizar las causas de la decadencia** de España.

Estrictamente relacionada con la actitud personal está la **intención didáctico-moral** del artículo, dado que Martínez Ruiz quiere hacer también propuestas para superar la crisis. Es lógico que no conozca soluciones perfectas de los problemas. Sin embargo, su intento de **estimular a la reflexión** se evidencia en la pregunta: "¿Cómo haremos para que interese un libro, un cuadro, un paisaje, una doctrina estética, una manifestación nueva del pensamiento?" (l. 26 ss.). Su diagnóstico de parálisis mental del pueblo español como raíz de los males - "se originan de ahí todos los males" (l. 15s.) - subraya lo anteriormente dicho.

3. **Explique los términos 'decadencia' (l. 10) y 'marasmo' (l. 30) en el contexto de este extracto azoriniano y en el de la Generación del 98.**

Los dos términos 'decadencia' y 'marasmo' son palabras clave no sólo en el pensamiento azoriniano sino también en la ideología de toda la Generación del 98.
Martínez Ruiz explica la **decadencia** de España con **numerosas guerras**, que el país hacía a partir del siglo XVI a rivales para conseguir la hegemonía europea. Pero también una fuerte **aversión hacia el trabajo**, la **emigración de zonas rurales** y la **falta de flexibilidad mental** son, a su modo de ver, responsables de la decadencia mencionada. Para probar sus argumentos, se apoya en autores de gran reputación y filósofos conocidos de los siglos anteriores: Saavedra Fajardo y Gracián (s. XVII), Cadalso (s. XVIII) y Larra (s. XIX).

Sin embargo, Azorín no es el único autor español, cuyo pensamiento a principios del siglo XX está marcado por la preocupación por el futuro de España. Durante las décadas entre 1890 y 1910 **Ganivet, Unamuno, Maeztu** y otros buscan también causas que expliquen el retraso de su patria.

En este contexto, especialmente Unamuno utiliza el término **'marasmo'**, empleado asimismo por Azorín en este texto. Mediante la comparación en la que expresa que "el cerebro español reposa como el campo seco y el pueblo grisáceo" (ll. 28 - 29), Azorín continúa la imagen unamuniana del **estancamiento intelectual** en una gerontocracia patriarcal. Según él, un **pensamiento orientado hacia el progreso** debería sustituir la anemia mental del viejo sistema. Martínez Ruiz está convencido de que sólo el **afán de saber y el trabajo de investigación** de miles de jóvenes podrán superar el estado actual de parálisis progresiva (v. ll. 29 - 31).

4. **Analice el mensaje del texto buscando su contexto histórico-literario.**

Die **Botschaft** des azorinianischen Textes liegt in dem **Appell zur geistigen Erneuerung Spaniens**. So großen Anteil historisch-politische oder materielle Gründe an der Misere Spaniens haben, das nach dem Verlust der letzten überseeischen Kolonien 1898 im Krieg gegen die USA für alle Welt sichtbar auf dem Tiefpunkt einer schleichenden, jahrhundertelangen Dekadenz anlangt, so überzeugt sind Azorín und mit ihm praktisch alle zeitgenössischen 'autores preocupados' der 98er Generation, daß der **Kern des Problems im mentalen Bereich** liegt.

Die Suche Ganivets nach **'ideas madres, céntricas, redondas'**, die er der Abulie des spanischen Volkes entgegenstellen will, und das Bemühen Unamunos, in der 'intrahistoria' Spaniens **autochthone Kräfte** zur Regeneration aufzuspüren und mit kosmopolitischen Idealen einen kollektiven **'espíritu intracastizo' zu beleben**, zeugen ebenso davon wie Azoríns Bestreben, den spanischen Intellekt aus seiner Lethargie aufzurütteln.

Gedankenaustausch mit anderen europäischen Nationen ist dabei, wie Azorín unter Verweis auf die zitierten "españoles eminentes" (Z. 21) vergangener Jahrhunderte betont, von **fundamentaler Bedeutung**, wurzelt die geistige Stagnation der Spanier doch auch in der **Isolation des Landes** als Folge inquisitorischer Abschottung nach außen.

So korrekt und treffend derartige Beobachtungen Azoríns und anderer zeitgenössischer Autoren des 'fin de siglo' sind, so gewiß müssen sich die 98er allerdings auch den Vorwurf gefallen lassen, **allzuoft den Schwerpunkt auf die geistige Regeneration** des Landes gesetzt zu haben, die ihnen als Philosophen und Philologen natürlich näher lag als die Entwicklung **ökonomischer Ansätze** zur Belebung der Konjunktur. Diese wurden in Ermangelung profunder Kenntnisse volkswirtschaftlicher Zusammenhänge gern als **sekundär** betrachtet, demzufolge vernachlässigt und nur von **Costa**, dem 'padre del regeneracionismo', und **Maeztu** in seinem Essayband *Hacia otra España* intensiver behandelt.

Vida y obras de José Martínez Ruiz, «Azorín»

(Monóvar, **Alicante, 1873 - Madrid 1967**). [«Azorín» es el] seudónimo de José Martínez Ruiz, nacido en el seno de una **familia económicamente acomodada** e ideológicamente tradicional y **conservadora**.

Estudió en los **padres escolapios de Yecla**; en **1888** inició la carrera de **Derecho** en la Universidad de **Valencia**, donde entró en contacto con el **krausismo** a través de Eduardo Soler, catedrático de Derecho Político. [...]

Como **periodista**, comienza trabajando para *El País* y para *El Progreso*, con **polémicos artículos** de crítica social y de **tono anarquista**, que le acarrearon, a la vez, no pocos problemas y la simpatía de **Baroja** y **Maeztu**. [...] Muy pronto, sin embargo, se abre camino en los más importantes periódicos y revistas del momento. [...]

La **obra** de Azorín potencia, sobre todo, la imagen del **ensayista**. Y es que no sólo un número muy importante de sus libros son colecciones de ensayos, sino que además la técnica del ensayo tiñe todos los géneros experimentados por el alicantino. [...]

Lo más vivo del Azorín ensayista lo encontramos en sus **artículos de tema literario**, con títulos como *Lecturas españolas* (1912), *Clásicos y modernos* (1913), *Los valores literarios* (1914), *Al margen de los clásicos* (1915), *Lope en silueta* (1935), *Los clásicos redivivos. Clásicos futuros* (1945) y *Con Cervantes* (1947). [...] A él se debe [...] la **acuñación** de la etiqueta de «**Generación del 98**».

(aus: *Diccionario de literatura española e hispanoamericana*, dirigido por Ricardo Gullón, Madrid 1993, S. 126 - 127.)

40

Bibliografía

> Martínez Ruiz, José, «Azorín»: *Lecturas españolas*, (1912), Colección Austral, 36, Madrid [11]1976, S. 145 - 146.

> Fox, E. I.: *Azorín as a literary critic*, New York 1962.

> Blanco Amor, J.: "Azorín, espectador de la política y censor de políticos", in: *Homenaje a Azorín*, in: *Cuadernos Hispanoamericanos*, 226 - 227, (1968), S. 502 - 513.

> Blanco Aguinaga, C.: *Juventud del 98*, Madrid 1970, "Los primeros libros de «Azorín»", S. 115 - 164.

> Fox, E. I.: "Azorín y la coherencia (Ideología, política y crítica literaria)" (1973), in: Ders.: *Ideología y política en las letras de fin de siglo (1898)*, Madrid 1988, S. 95 - 120.

> Pérez López, M.: *Azorín y la literatura española*, Salamanca 1974. (*)

> Risco, A.: *A. y la ruptura con la novela tradicional*, Madrid 1980.

> García Lara, F.: "Azorín y la Historia", in: *Actes du premier Colloque International 'J. M. R.' (Azorín)*, Pau 1985, S. 311 - 320. (*)

> Pérez López, M.: "De Martínez Ruiz a Azorín: Aspectos de una crisis (1898 - 1899)", in: *Actes du premier Colloque Internacional 'José Martínez Ruiz' (Azorín)*, Pau 1985, S. 95 - 113.

> Ríos, J. A.: "Azorín ante Cadalso", in: *Actes du premier Colloque International 'José Martínez Ruiz' (Azorín)*, Pau 1985, S. 229-240.

> Pearsall, P.: "Azorín's Myth of the Generation of 1898: Toward an Aesthetic of Modernism", in: *Revista Canadiense de Estudios Hispánicos*, 11, (1986), S. 179 - 184.

> Lozano Marco, M. A.: "La originalidad estética de 'Los pueblos'". Introducción a la edición facsímil de Azorín, *Los pueblos (Ensayos sobre la vida provinciana)*, Alicante 1990, S. 7 - 32.

> Martínez del Portal, M.: "Martínez Ruiz ante la pérdida de las colonias", in: *Montearabí*, 8 - 9, (1990), S. 29 - 40. (*)

> Fox, E. I.: *Azorín: guía de la obra completa*, Madrid 1992.

> Fuentes Rojo, A.: "Azorín: Clásicos y Modernos", in: *Hauptwerke der spanischen und portugiesischen Literatur* (Kindlers Neues Literatur Lexikon), München 1995, S. 294 - 295. (*)

> Sánchez Ferrer, J. L.: "José Martínez Ruiz: La voluntad", in: Ders.: *Selectividad Literatura*. Madrid 1996, S. 107 - 110.

> Lindau, H. C.: *Die Generación del 98 im Spanischunterricht*, Bonn 1997, zu Martínez Ruiz S. 136 - 161. (*)

> Ibáñez, M.: "La invención de Azorín", in: *Ecos de España y Latinoamérica*, 1 / 1998, S. 43 - 44.

> Arilla, G.: "¿Existió realmente una generación del 98?", in: *Hispanorama*, 80, (1998), S. 23 - 30.

41

Juan Ramón Jiménez:
Platero y yo (1917)

La primavera

¡Ay, qué <u>relumbres</u> y olores!
¡Ay, cómo ríen los prados!
¡Ay, qué <u>alboradas</u> se oyen!

<u>Romance</u> popular

05 En mi <u>duermevela</u> matinal, me malhumora una endiablada <u>chillería</u>
de chiquillos. Por fin, sin poder dormir más, me echo, desesperado,
de la cama. Entonces, al mirar el campo por la ventana abierta, me
doy cuenta de que los que alborotan son los pájaros.
Salgo al huerto y canto gracias al Dios del día azul. ¡Libre concier-
10 to de picos, fresco y sin fin! La golondrina <u>riza</u>, caprichosa, su <u>gor-</u>
<u>jeo</u> en el pozo; silba el <u>mirlo</u> sobre la naranja caída; de fuego, la
<u>oropéndola</u> charla, de <u>chaparro</u> en chaparro; el <u>chamariz</u> ríe larga y
menudamente en la cima del eucalipto; y, en el pino grande, los
gorriones discuten <u>desaforadamente</u>.
15 ¡Cómo está la mañana! El sol pone en la tierra su alegría de plata y
de oro; mariposas de cien colores juegan por todas partes, entre las
flores, por la casa - ya dentro, ya fuera -, en el manantial. Por do-
quiera, el campo se abre en <u>estallidos</u>, en <u>crujidos</u>, en un <u>hervidero</u>
de vida sana y nueva.
20 Parece que estuviéramos dentro de un gran <u>panal</u> de luz, que fuese
el interior de una inmensa y cálida rosa encendida.

Anotaciones:

01: luces brillantes; 03: alba, amanecer; 04: poema formado por una serie
de versos octosílabos; 05: sueño agitado y que se interrumpe a menudo;
05: alboroto producido por chillidos de personas o animales, griterío;
10: formar en el cabello, papel, telas, etc., anillos, ondas, bucles; también
en sentido figurado: rizar las ideas; 10: gorgorito, trino ('Triller');
11: Amsel; 12: Pirol; 12: mata de encina o roble, de muchas ramas y de
poca altura; 12: Gartenzeisig; 14: desenfrenadamente; 18: explosión;
18: 'Krachen'; 18: movimiento y ruido de los líquidos cuando hierven, es
decir, cuando se calientan suficientemente; 20: conjunto de celdillas que
las abejas forman dentro de la colmena para depositar la miel

El perro atado

La entrada del otoño es para mí, Platero, un perro atado, ladrando limpia y largamente, en la soledad de un corral, de un patio o de un jardín, que comienzan con la tarde a ponerse fríos y tristes... Dondequiera que estoy, Platero, oigo siempre, en estos días que
05　van siendo cada vez más amarillos, ese perro atado, que ladra al sol de ocaso...

Su ladrido me trae, como nada, la <u>elegía</u>. Son los instantes en que la vida anda toda en el oro que se va, como el corazón de un avaro en la última onza de su tesoro que se arruina. Y el oro existe ape-
10　nas, recogido en el alma avaramente y puesto por ella en todas par- tes, como los niños cogen el sol con un pedacito de espejo y lo lle- van a las paredes en sombra, uniendo en una sola las imágenes de la mariposa y de la hoja seca...

Los gorriones, los mirlos, van subiendo de rama en rama en el na-
15　ranjo o en la acacia, más altos cada vez con el sol. El sol se torna rosa, malva... La belleza hace eterno el momento fugaz y sin lati- do, como muerto para siempre aún vivo. Y el perro le ladra, agudo y ardiente, sintiéndola tal vez morir, a la belleza...

Anotaciones:

07:　composición poética en la que se entonan lamentos por la muerte de alguien o por algún suceso triste

Tareas:

1.　¿De qué tratan los dos textos?
2.　Sitúe los fragmentos en el conjunto de *Platero y yo*.
3.　Analice los recursos estilísticos de ambos textos.
4.　Caracterice el género literario de *Platero y yo*.
5.　Interprete la obra en el contexto histórico-literario de la época.

Erwartungshorizont

1. ¿De qué tratan los dos textos?

Im ersten Text wird ein sonnendurchfluteter **Frühlingsmorgen** in Huelva, der **andalusischen Heimatprovinz** des Dichters, beschrieben. Geweckt vom Geschrei lärmender Kinder, das sich bald entpuppt als Vogelgezwitscher, schlägt die anfänglich schlechte Laune des noch schlaftrunkenen Erzählers angesichts der **Symphonie aus Farben, Vogelstimmen und Frühlingsdüften** im Setting eines klassischen **locus amoenus** schnell um in Begeisterung und Dankbarkeit gegenüber Gott für das Geschenk neuen Lebens.

Ein **jahreszeitliches Stimmungsbild** spiegelt auch der zweite Text, "El perro atado". Er ist geprägt von der **Melancholie eines Herbstnachmittags,** der assoziiert wird mit einem in der Einsamkeit eines Innenhofes angeketteten Hund. Dessen klagendes Gebell evoziert Schwermut angesichts der **Vergänglichkeit des Lebens.** Vergeblich muten die Versuche der Kinder an, Sonnenstrahlen mit einer Spiegelscherbe einzufangen und an schattige Wände zu bannen, vergeblich sind auch die Bemühungen der Vögel, sich an den letzten Sonnenstrahlen in den höchsten Baumwipfeln zu erwärmen - **Vitalitätsverlust** im Zeichen der Unaufhaltsamkeit des jahreszeitlichen Wandels ist allenthalben spürbar.

2. Sitúe los fragmentos en el conjunto de *Platero y yo*.

Los fragmentos son dos de en total 138 textos sueltos que componen esta obra de Jiménez; son los números XXV y LXXXVI. El conjunto de estos textos está estructurado en **tres niveles o ciclos cada vez más amplios**, que se refieren al curso de un día, de un año y de la vida humana.

El **primer extracto**, pues, pertenece a las **horas matinales** del día, a la **primera estación** del año y a la **juventud** del hombre, mientras que "El perro atado" representa **la tarde otoñal** de la **vejez humana.**

3. Analice los recursos estilísticos de ambos textos.

Los dos textos contienen gran cantidad de medios expresivos. En "La primavera" predominan **sinestesias**, es decir, procedimientos que consisten en la atribución de una sensación a un sentido que no le corresponde. Se trata ante todo de impresiones visuales y auditivas (ll. 2, 9 - 10, 18), pero algunas **imágenes** se dirigen también al olfato y al tacto (ll. 1, 21). Ejemplos de **onomatopeya** (una figura retórica que consiste en el hecho de que los elementos fónicos de una palabra reproducen acústicamente la realidad significada por ella) los encontramos en varias ocasiones: "chillería de chiquillos" (al mismo tiempo una **cacofonía**, ll. 5 - 6), "la oropéndola charla, de chaparro en chaparro" (l. 12, con **aliteraciones).**

Asimismo hay algunas **exclamaciones** que expresan la alegría del narrador en primera persona frente al maravilloso ambiente primaveral.

4.   Caracterice el género literario de *Platero y yo*.

Platero y yo - con el subtítulo *Elegía andaluza* - es un **poema escrito en prosa**. Después de la lectura de sólo dos fragmentos se puede ver que el **lenguaje** es eminentemente **lírico y expresivo**; hay largos periodos melódicos, muchas metáforas, gran flexibilidad en el uso de la sintaxis y adjetivos abundantes y de enorme expresividad.
En el curso de un año que pasa con su borriquito - desde la primavera hasta el invierno - el poeta habla con Platero y le comunica sus pensamientos, sentimientos y conclusiones de obervaciones. El amo instruye a su burro, y así este libro, dirigido principalmentc a los niños, se convierte en **pedagogía lírica con fines didácticos**.

5.   Interprete la obra en el contexto histórico-literario de la época.

Im Mittelpunkt des Büchleins steht sicherlich die **Beziehung** zwischen dem **Herrn** und seinem **Eselchen Platero**, der nach den christlichen Idealen seines Besitzers unterwiesen wird. Gleichwohl ist es für ein tiefergehendes Verständnis von *Platero y yo* notwendig, das Werk auf einer anderen Ebene als der eines Kinderbuches zu lesen, auch wenn es als solches weltweit bekannt geworden ist.
Zwischen 1907 und 1916 verfaßt, entwirft Jiménez mit diesen kleinen Geschichten, die nur vordergründig eine heile Welt reflektieren, eine **Utopie** inmitten einer Phase bedrückender Dekadenz, die das Spanien des frühen 20. Jahrhunderts kennzeichnet. Das Land befindet sich in der Periode des Übergangs von einer kränkelnden **Restaurationsgesellschaft** zu einer noch zu definierenden, modernen Gesellschaft. In einem von sozialer Ungerechtigkeit (Kriegsgewinnler der Bourgeoisie, Massenarmut, sinkende Reallöhne) und politischer Korruption dominierten Ambiente konzipiert Jiménez die **Vision eines Lebens voller Harmonie, christlicher Nächstenliebe und Freundschaft**.
Diese Idealisierung basiert - im Vertrauen auf eine moralisch intakte Jugend - auf dem Glauben an eine bessere Zukunft, in der die **Regenerationsgedanke**n eines Giner, Costa oder Unamuno in die Tat umgesetzt werden sollen. Hinsichtlich des Stils und des Sprachduktus dem **Modernismus** nahestehend, entwickelt Jiménez - exemplifiziert durch die Erziehung Plateros auf der Grundlage des **Krausismo** - eingedenk der ihn bedrückenden Entwicklung in seiner Heimat das **Szenario** eines besseren Spanien nicht im zentralen Kastilien, sondern im **marginalen Andalusien**. Der 'andaluz universal' wertet dadurch die Rolle seiner Heimat auf, verzahnt **epochales Gedankengut** mit **individuellem Regionalismus**.

Vida y obras de Juan Ramón Jiménez

(**Moguer, Huelva 1881 - San Juan de Puerto Rico 1958**). Poeta español. Desde su juventud sufrió depresiones que marcaron su **personalidad melancólica**. En 1903 **fundó** con otros escritores la **revista literaria** *Helios*. Mantuvo estrechas relaciones con la Institución Libre de Enseñanza.

En **1916** contrajo **matrimonio** con Zenobia Camprubí, que ejerció una gran influencia en su vida y su obra.

En la guerra civil española se **exilió** a América, donde permaneció hasta su muerte.

Recibió el **premio Nobel de literatura** en **1956**.

En su obra se distinguen diversas etapas. En la primera cultivó una **poesía de estilo modernista** y simbolista; a ella pertenecen *Arias tristes* (1903), *Jardines lejanos* (1904) y *Elejías* (1908 - 1910).
La segunda, de **intimismo lírico**, a la que corresponden *Poemas májicos y dolientes* (1911) y *Estío* (1916), coincide con su actitud reformista de la ortografía; en esta etapa compuso el célebre relato en prosa poética ***Platero y yo*** (1907 - 1914).

Tras su matrimonio, su obra tiende hacia la **poesía pura**, liberada de artificios de estilo; en esta época destacan *Diario de un poeta recién casado* (1917), *Eternidades* (1918) y *Piedra y cielo* (1922). Ya en el exilio escribió sus últimos y mejores libros: *La estación total* (1946) y *Animal de fondo* (1949).

(aus: *Diccionario Enciclopédico Santillana*, dirigido por S. Sánchez Cerezo, Madrid 1992, S. 765.)

Bibliografía

> Jiménez, Juan Ramón: *Platero y yo* (1917), Cátedra, 90, Madrid 1985: "La primavera", S. 112, "El perro atado", S. 186.
> Marías, J.: "'Platero y yo' o la soledad comunicada", in: *La Torre*, 19/20, (1957), S. 381 - 395.
> Gullón, R.: "'Platero' revivido", in: *Papeles de Son Armadans*, 16, (1960), S. 9 - 40, 127 - 156, 246 - 290.
> Broggini, N. E.: *»Platero y yo«: Estudio estilístico*, Buenos Aires 1965.
> Predmore, M. P.: "The Structure of 'Platero y yo'", in: *Publications of the Modern Language Association*, 85, (1970), S. 56 - 64. (*)
> Campoamor González, A.: *Vida y poesía de Juan Ramón Jiménez*, Madrid 1976.
> Blasco Pascual, F. J.: *La poética de Juan Ramón Jiménez. Desarrollo, contexto y sistema*, Salamanca 1981.
> García de la Concha, V.: "'Platero y yo', un libro krausista" (1981), in: Rico, F. (Hg.): *Historia y crítica de la literatura española*, Bd. 7: García de la Concha, V. (Hg.): *Época contemporánea: 1914 - 1939*, Barcelona 1984, S. 187 - 190. (*)
> Cardwell, R. A.: "Juan Ramón Jiménez, José Ortega y Gasset y el problema de España", in: *Actas del Congreso Internacional del Centenario de Juan Ramón Jiménez*, Moguer 1983. (*)
> Predmore, M. P.: "Introducción a 'Platero y yo'", in der Cátedra-Ausgabe von *Platero y yo*, Madrid 1985, S. 11 - 78. (*)
> Altisent, M. E.: "Un narratario insólito: Platero. Diálogo interior y presencia del narrativo en 'Platero y yo'", in: *Explicación de Textos literarios*, 14, (1985/86), S. 89 - 103.
> Gómez Yebra, A.: "La figura del niño en 'Platero y yo'", in: Cuevas, C. (Hg.): *Juan Ramón Jiménez. Poesía total y Obra en marcha*, Barcelona 1991, S. 387 - 395.
> Paloma, P.: "Paisajes pictóricos en las prosas juanramonianas", in: Cuevas, C. (Hg.): *Juan Ramón Jiménez. Poesía total y Obra en marcha*, Barcelona 1991, S. 15 - 39. (*)
> Provencio, P.: "Juan Ramón Jiménez: 'Platero y yo': El perro atado", in: Pedraza Rodríguez, F. B. u. a. (coord.): *Textos Literarios Comentados*, Pamplona 1991, S. 259 - 266. (*)
> Alfonso Segura, Mª. del C.: *Los términos poéticos en la obra en verso de Juan Ramón Jiménez*, Sevilla 1992.
> Blasco, J.; Gómez Trueba, T.: *Juan Ramón Jiménez: la prosa de un poeta*, Valladolid 1994.
> Fuentes Rojo, A.: "Juan Ramón Jiménez: 'Platero y yo. Elegía andaluza.' 1907 - 1916", in: *Hauptwerke der spanischen und portugiesischen Literatur* (Kindlers Neues Literatur Lexikon), München 1995, S. 330 - 331. (*)

Ramón del Valle-Inclán:
Luces de bohemia (1920)

Escena duodécima

Rinconada en costanilla y una iglesia barroca por fondo. Sobre las campanas negras, la luna clara. Don Latino y Max Estrella filosofan sentados en el quicio de una puerta. A lo largo de su coloquio, se torna <u>lívido</u> el cielo. En el <u>alero</u> de la iglesia pían algunos pájaros. Remotos albores de amanecida. Ya se han ido los serenos, pero aún están las puertas cerradas. Despiertan las porteras.

Max. - ¿Debe estar amaneciendo?
Don Latino. - Así es.
10   Max. - ¡Y qué frío!
Don Latino. - Vamos a dar unos pasos.
Max. - Ayúdame, que no puedo levantarme. ¡Estoy <u>aterido</u>!
Don Latino. - ¡Mira que haber <u>empeñado</u> la capa!
Max. - Préstame tu <u>carrik</u>, Latino.
15   Don Latino. - ¡Max, eres fantástico!
Max. - Ayúdame a ponerme en pie.
Don Latino. - ¡Arriba, <u>carcunda</u>¡
Max. - ¡No me tengo!
Don Latino. - ¡Qué <u>tuno</u> eres!
20   Max. - ¡Idiota!
Don Latino. - ¡La verdad es que tienes una fisonomía algo rara!
Max. - ¡Don Latino de Hispalis, grotesco personaje, te inmortalizaré en una novela!
Don Latino. - Una tragedia, Max.
25   Max. - La tragedia nuestra no es tragedia.
Don Latino. - ¡Pues algo será!
Max. - El Esperpento.
Don Latino. - No tuerzas la boca, Max.
Max. - ¡Me estoy helando!
30   Don Latino. - Levántate. Vamos a caminar.
Max. - No puedo.
Don Latino. - Deja esa farsa. Vamos a caminar.
Max. - Échame el aliento. ¿Adónde te has ido, Latino?
Don Latino. - Estoy a tu lado.
35   Max. - Como te has convertido en buey, no podía reconocerte. Échame el aliento, ilustre buey del <u>pesebre</u> <u>belenita</u>. ¡Muge, Latino! Tú eres el cabestro, y si muges vendrá el Buey Apis. Le torearemos.

Don Latino. - Me estás asustando. Debías dejar esa broma.

40 Max. - Los ultraístas son unos farsantes. El esperpentismo lo ha inventado Goya. Los héroes clásicos han ido a pasearse en el callejón del Gato.

Don Latino. - ¡Estás completamente curda!

Max. - Los héroes clásicos reflejados en los espejos cóncavos dan
45 el Esperpento. El sentido trágico de la vida española sólo puede darse con una estética sistemáticamente deformada.

Don Latino. - ¡Miau! ¡Te estás contagiando!

Max. - España es una deformación grotesca de la civilización europea.

50 Don Latino. - ¡Pudiera! Yo me inhibo.

Max. - Las imágenes más bellas en un espejo cóncavo son absurdas.

Don Latino. - Conforme. Pero a mí me divierte mirarme en los espejos de la calle del Gato.

55 Max. - Y a mí. La deformación deja de serlo cuando está sujeta a una matemática perfecta. Mi estética actual es transformar con matemática de espejo cóncavo las normas clásicas.

Don Latino. - ¿Y dónde está el espejo?

Max. - En el fondo del vaso.

60 Don Latino. - ¡Eres genial! ¡Me quito el cráneo!

Max. - Latino, deformemos la expresión en el mismo espejo que nos deforma las caras y toda la vida miserable de España.

Anotaciones:

04: amoratado; también pálido; 04: parte inferior del tejado que sobresale de la pared; 12: estar aterido de frío, tener mucho frío; 13: dejar en préstamo alguna cosa de la propiedad de uno a cambio de una cantidad de dinero; 14: gabán muy holgado con varias esclavinas; abrigo; 17: jorobado, avaro (col.); 19: bribón, pícaro; 36: recipiente donde se pone comida a los animales; 36: betlemita, de Belén; 43: borracho; 50: abstenerse, desentenderse; 60: me quito el sombrero

Tareas:

1. Sitúe la escena XII en el conjunto de la obra.
2. Analice las frases clave del texto con respecto a la teoría del esperpento.
3. Interprete *Luces de bohemia* en el contexto histórico-literario de la época.

Erwartungshorizont

1. **Sitúe la escena XII en el conjunto de la obra.**

Luces de Bohemia spiegelt in 15 Szenen die **letzten Stunden** im Leben des **blinden Dichters Máximo Estrella** (12 scheinbar unverbundene Einzelszenen bis zum Tod des Protagonisten, Totenwache, Beerdigung und eine 'escena última'). Der eingangs als "hiperbólico andaluz, poeta de odas y madrigales" vorgestellte, gescheiterte Schriftsteller streift mit seinem Begleiter Don Latino durch das **zeitgenössische, nächtliche "Madrid absurdo, brillante y hambriento"**. Nach einigen Etappen ihrer Zechtour, die sie auf symbolischer Ebene durch das düstere Spanien der **späten Restaurationszeit** (1898 - 1920) führt, spielt sich gegen Morgen die 12. Szene ab, die hier auszugsweise präsentiert wird. In ihr konzipiert der Protagonist die **Poetik** einer neuen Untergattung des Theaters, die er als **"esperpento"** (wörtl.: 'absurder Quatsch', 'Zerrspiegel') bezeichnet. Wenig später soll seine armselige Existenz vor seiner Haustür enden, und so kann er sich nicht mehr darüber freuen, daß auf sein Los ein beträchtlicher Gewinn entfiel, den jetzt der schmarotzende Latino kassiert.

2. **Analice las frases clave del texto con respecto a la teoría del esperpento.**

En el extracto hay varias frases clave que caracterizan la poética del esperpento, "inventado" por Valle-Inclán. La primera se encuentra al principio de la escena. Para Máximo, **"la tragedia nuestra no es tragedia"** (l. 25), lo que significa que este género literario clásico (por ser noble) no le parece apto para reflejar su existencia triste y miserable. Según él, un término adecuado sería el **"esperpento"** (l. 27). Con esta denominación el autor define su forma personal para superar artísticamente el Modernismo. La frase **"El esperpentismo lo ha inventado Goya"** (ll. 40 - 41) alude a las visiones distorsionadas y pesimistas de la pintura negra de este pintor y sitúa la obra en una larga tradición del arte grotesco español. El **"callejón del Gato"**, mencionado en la próxima frase, se encuentra en el centro de Madrid. Allí había una tienda en cuyos escaparates colgaban espejos cóncavos. Si los **"héroes clásicos"** dieran un paseo por esa callejuela y se miraran en esos espejos (ll. 41 - 45), se verían deformados, constata Max. Aquí se nota que Valle-Inclán quiere acercarse a la realidad de la vida española mediante una distorsión grotesca para reflejarla y criticarla: **"El sentido trágico de la vida española sólo puede darse con una estética sistemáticamente deformada."** (ll. 45-46). Esta afirmación hace palpable el desengaño del pontevedrés en vista de las realidades de la época. Su visión de España está resumida en la siguiente conclusión extremamente amarga y radical: **"España es una deformación grotesca**

de la civilización europea." (ll. 48 - 49), que contiene una dura crítica a la España del primer cuarto del siglo XX. Aquí Valle-Inclán se sitúa en la historia del pensamiento español: Quevedo, Cadalso, Larra, Unamuno, Maeztu y otros escritores trataron en muchas ocasiones el **problema de la decadencia española** a partir del siglo XVII y las relaciones entre **España y Europa**. "Deformado" y "grotesco" son atributos del esperpento que a su vez reanuda una tradición literaria muy larga y rica de la literatura española que se remota hasta el siglo XVI: la **parodia** y la **sátira grotesca** (*Don Quijote*, literatura picaresca, sainetes, etc.). La degradación llega incluso a lo **absurdo**, porque según Max: "**Las imágenes más bellas en un espejo cóncavo son absurdas**" (ll. 51 - 52). Como siempre en el género grotesco se mezclan lo **cómico**, la **risa** y el **dolor**. La intención de Valle-Inclán en su esperpento es deformar sistemáticamente la realidad, reflejando así "**toda la vida miserable de España**".

Resumiendo se puede definir el **esperpento** primero como una **categoría estética** (percibir la realidad de modo deformado), segundo como un **subgénero teatral** (parodia grotesca de la tragedia tradicional en forma de farsa) y tercero como una **ideología** (visión de la España de los años veinte en particular y de la existencia humana y del transcurrir histórico en general).

3.   Interprete *Luces de bohemia* en el contexto histórico-literario de la época.

Valle-Inclán gehört zu den Autoren der Generación de fin de siglo, die sich am kritischsten mit der **Lage Spaniens** beschäftigen. Das politische System, geprägt von Oligarchie und Bonzentum, die Korrumpiertheit der vermögenden Klassen, die wirtschaftliche Stagnation, das dekadente Spanien allgemein sind Gegenstand seiner **beißenden Kritik**. Dieser Sarkasmus kommt zum Ausdruck durch die **tragikomische Figur** des gescheiterten, marginalisierten Schriftstellers Máximo Estrella (Namensironie (!); selbst sein Tod wird als **tragische Farce** präsentiert), der in der letzten Nacht seiner elenden Existenz durch das Madrid der 20er Jahre streift. Seine vernichtende Kritik, Spanien sei ein groteskes Zerrbild der europäischen Zivilisation, resümiert plakativ die von **Desillusion** geprägte Haltung Valle-Incláns, der sich sowohl auf **politischer** als auch auf **ästhetischer Ebene** mit dem **Spanienproblem** befaßt. Durch seine Provokation gewinnt *Luces de bohemia* eine **moralisierende Dimension**. Ganz in der Tradition der Aufklärer stehend, will der Galizier die lethargischen Rezipienten aus ihrer Indifferenz wecken. Er wählt dazu die Perspektive - 'levantado en el aire' - **demiurgischer Distanz** für sein Esperpento, das schockieren und zur Reflexion zwingen will. Somit ist das Stück nicht allein **zynische Parodie etablierter Literatur**, sondern auch literarischer Ausdruck **engagierten Patriotismus'** im frühen 20. Jh., der getragen wird von der für die 98er typischen 'preocupación por España'.

Vida y obras de Ramón del Valle-Inclán

(Villanueva de Arosa, **Pontevedra 1866** - Santiago de Compostela, **La Coruña 1936**). Escritor español. Viajó a México (1892 - 93) y posteriormente se estableció en **Madrid** (1896).
Encarcelado por su **oposición a** la dictadura de **Primo de Rivera**, fue durante la República director de la **Escuela de Bellas Artes de Roma**.

Su **obra** se sitúa entre el **modernismo**, que le aportó la musicalidad y la **búsqueda estética**, y la **generación del 98**, con la que coincide en el tema de la **preocupación por España**.

Escribió los **dramas** *Comedias bárbaras: Águila de blasón* (1907), *Romance de lobos* (1908) y *Cara de plata* (1922); *Divinas palabras* (1920), y los **esperpentos** *Los cuernos de don Friolera* (1921), ***Luces de bohemia*** (1924) [versión definitiva] y *Las galas del difunto* (1927).

En su **obra en prosa** hay que citar las *Sonatas* (1902 - 05), de estilo modernista, que narran las aventuras del marqués de Bradomín, la trilogía *El ruedo ibérico*, integrada por *La corte de los milagros*, *¡Viva mi dueño!* y *Baza de espadas*, sobre la época de Isabel II y *Tirano Banderas* (1926), la novela de un imaginario dictador hispanoamericano.

Como **poeta** publicó *Aromas de leyenda* (1907), *Voces de gesta* (1912) y *La pipa de kif* (1919).

(aus: *Diccionario Enciclopédico Santillana*, dirigido por S. Sánchez Cerezo, Madrid 1992, S. 1455 - 1456.)

Bibliografía

> Valle-Inclán, Ramón del: *Luces de bohemia* (1920), Colección Austral, 1307, Madrid ¹¹1980, S. 104 - 107.
> Zamora Vicente, A.: *La realidad esperpéntica. Aproximación a 'Luces de bohemia'*, Madrid 1969.
> Cardona, R.; Zahareas, A. N.: *Visión del esperpento: Teoría y práctica en los esperpentos de Valle-Inclán*, Madrid 1970.
> Berg, W. B.: "Die Rechtfertigung des Demiurgen. Zur Poetik des Esperpento bei Valle-Inclán", in: *Mannheimer Berichte aus Forschung und Lehre*, 21, (1982), S. 606 - 613. (*)
> Lyon, J.: *The Theatre of Valle-Inclán*, Cambridge 1983.
> Lyon, J.: "Las metamórfosis del esperpento", in: *Revista de Occidente*, 59, (1986), S. 40 - 48.
> Serra Martínez, E.; Otón Sobrino, A.: *Introducción a la literatura española contemporánea a través del comentario de textos*, Madrid 1986, zu Valle-Inclán: *Luces de bohemia* S. 86 - 102. (*)
> Roloff, V.: "'Luces de bohemia' als Stationendrama", in: Wentzlaff-Eggebert, H. (Hg.): *Ramón del Valle-Inclán (1866 - 1936). Bamberger Kolloquium (1986)*, Tübingen 1988, S. 125 - 138.
> Jerez-Ferrán, C.: *El expresionismo en Valle-Inclán. Una reinterpretación de su visión esperpéntica*, La Coruña 1988.
> Ruiz Ramón, F.: "El esperpento, ¿teatro para el futuro?, in: *Celebración y catarsis (leer el teatro español)*, Murcia 1988, S.155-64.
> Tusón Valls, V.: *Selectividad Literatura*, Madrid 1990, zu *Luces de bohemia* S. 63 - 67. (*)
> Floeck, W.: "Parodie und Gattungsbildung. Bemerkungen zu Valle-Incláns Esperpentos", in: Ders. (Hg.): *Spanisches Theater im 20. Jahrhundert*, Tübingen 1990, S. 111 - 133. (*)
> Gabriele, J. P.: *Suma valleinclaniana*, Barcelona 1992.
> Aznar Soler, M.: "Ramón del Valle-Inclán", in: Rico, F. (Hg.): *Historia y crítica de la literatura española*, 6/1: Mainer, J.- C. (Hg.): *Modernismo y 98*, Barcelona 1994, S. 258 - 295.
> Rössner, M.: "Ramón María del Valle-Inclán: Luces de Bohemia", in: *Hauptwerke der spanischen und portugiesischen Literatur* (Kindlers Neues Literatur Lexikon), München 1995, S. 373-74. (*)
> Estébanez Calderón, D.: "Esperpento", in: Ders.: *Diccionario de términos literarios*, Madrid 1996, S. 365 - 369. (*)
> Sánchez Ferrer, J. L.: *Selectividad Literatura*, Madrid 1996, zu *Luces de bohemia* S. 96 - 99. (*)
> Neuschäfer, H. -J.: "Modernismo und 98. Die Abkehr vom Traditionalismus. Ramón del Valle-Inclán", in: Ders. (Hg.): *Spanische Literaturgeschichte*, Stuttgart 1997, S. 327 - 331. (*)
> Sánchez Ferrer, J. L.: *Selectividad Literatura*, Madrid 1997, zu *Luces de bohemia* S. 38 - 42.

Rafael Alberti:
Marinero en tierra (1924)

1

El mar. La mar.
El mar. ¡Sólo la mar!

¿Por qué me trajiste, padre,
a la ciudad?

05   ¿Por qué me trajiste, padre,
del mar?

En sueños, la marejada
me tira del corazón.
Se lo quisiera llevar.

10   Padre, ¿por qué me trajiste
acá?

2

Gimiendo por ver el mar,
un marinerito en tierra
iza al aire este lamento:

¡Ay mi blusa marinera!
05   Siempre me la inflaba el viento
al divisar la escollera.

Anotaciones: 03: elevar hasta lo alto de un mástil o equivalente mediante una cuerda una cosa, particularmente una bandera o una vela (aquí:
fig.); 06: acumulación de piedras echadas al fondo del agua en la costa
con el fin de formar una defensa contra el oleaje o de cimentar un muelle

ILUSIÓN

III

¡Traje mío, traje mío,
nunca te podré vestir,
que al mar no me dejan ir!

Nunca me verás, ciudad,
05   con mi traje marinero.
Guardado está en el ropero,
ni me lo dejan probar.

Mi madre me lo ha encerrado,
para que no vaya al mar.

62

Si mi voz muriera en tierra,
llevadla al nivel del mar
y dejadla en la ribera.

Llevadla al nivel del mar
05   y nombradla capitana
de un blanco bajel de guerra.

¡Oh mi voz condecorada
con la insignia marinera:
sobre el corazón un ancla
10   y sobre el ancla una estrella
y sobre la estrella el viento
y sobre el viento la vela!

Tareas:

1.   ¿Qué temática se aborda en los cuatro poemas de *Marinero en tierra*?
2.   Analice la estructura y los recursos expresivos de "El mar. La mar." y de "Si mi voz muriera en tierra".
3.   Busque el mensaje de *Marinero en tierra* partiendo de la biografía de su autor y sitúe a Alberti en el contexto literario de los años 20.

Erwartungshorizont

1. **¿Qué temática se aborda en los cuatro poemas de _Marinero en tierra_?**

Die vier Gedichte aus dem Gedichtzyklus _Marinero en tierra_ kreisen um ein gemeinsames Thema: die **Sehnsucht des lyrischen Ich nach dem Meer**. Sie wird auf unterschiedliche Art und Weise artikuliert.

Das **erste Gedicht** enthält einen **Vorwurf**, den ein Junge seinem Vater macht, weil dieser ihn von der Küste weg in die Stadt gebracht hat. **Nostalgie** schwingt in den beiden folgenden Gedichten mit, verwandelt sich alsbald in eine **Klage**: Der "kleine Matrose an Land" (2, V. 2) wird beim Anblick seiner "blusa marinera" (V. 4) ganz traurig, da sie in ihm Erinnerungen weckt an seine geliebte Küste. Seinen Matrosenanzug, den die Mutter weggeschlossen hat, kann er in der Stadt nicht tragen, nicht einmal anprobieren (III).

Im letzten Gedicht (62), das auch den Gedichtzyklus abschließt, äußert der Dichter einen **Wunsch**: Reduziert auf seine **Stimme**, seine Äußerung als Poet, möchte er, daß diese - sollte sie an Land sterben - nach dem Tod zum Meer gebracht wird, damit sie auf See als "capitana / de un blanco bajel de guerra" (V. 5 - 6) weiterleben kann, dekoriert mit den **symbolischen Insignien** des Seemanns (Anker, Stern, Wind und Segel).

2. **Analice la estructura y los recursos expresivos de "El mar. La mar." y de "Si mi voz muriera en tierra".**

Aunque no constatamos un sistema fijo de estrofas, la estructura del primer poema es muy clara y sencilla. Se divide en **dos partes**. En los **primeros dos versos** el poeta menciona cuatro veces la palabra central de su poema: el **mar**. Inmediatamente después pregunta dos veces a su padre por qué lo trajo a la ciudad, o sea, por qué lo separó del mar. En la **segunda parte** (vv. 7 - 11) habla de sus sueños y su nostalgia del mar y repite su pregunta inicial, es decir, su **lamento**.

Los **medios estilísticos** que se destacan en este poema son ante todo la **repetición** "El mar. La mar." (vv. 1 - 2) que expresa la importancia del mar para el poeta. El elemento líquido se subraya también en el segundo verso por la **exclamación** "¡Sólo la mar!". El triple **vocativo** - "¿Por qué, me trajiste, padre, [...]?" (vv. 3 - 6, 10 - 11) en la pregunta contiene una recriminación al padre y se intensifica en la última **interrogación**, porque se antepone "Padre" a la pregunta. Casi todos los versos terminan en **palabras agudas** (salvo v. 7 "marejada" - en este verso hay un **encabalgamiento**) que ponen de relieve la intensidad del deseo del poeta de volver al mar ya que suenan muy enérgicas.

La poesía "Si mi voz muriera en tierra" se compone también de **dos partes**. La primera está iniciada por una **hipótesis** sobre la muerte de la voz del poeta, o sea de su palabra poética. Sigue su deseo de ser llevado a la costa, al mar para poder 'sobrevivir' allí, en su paraíso, lejos de la tierra. La segunda parte (vv. 7 - 12) contiene la **imaginación** del poeta de que su **voz se ha transformado** en una capitana condecorada con la típicas insignias del marinero. La **estructura externa** está marcada por cierta **regularidad**, porque todos los versos son **octosílabos** y la **rima** es **consonante** en la primera parte y **asonante** en la segunda.

Igual que en la primera poesía también en ésta se nota una **exclamación** (toda la segunda parte) que intensifica el deseo del poeta, expresado en los primeros versos mediante cuatro **imperativos** (vv. 2 - 5). La palabra principal, voz, que aparece al principio de ambas partes, es una **personificación** que se refiere al poeta y su forma de articularse. Salta a la vista al final de la poesía la combinación de un **polisíndeton** ("y...y...y", vv. 10 - 12) con una **anáfora** ("sobre ... sobre", vv. 9 - 12), desde el punto de vista gramatical en forma de **paralelismo**. Estos últimos cuatro versos son literalmente una **gradación** y en sentido figurado un **clímax** hacia elementos inmateriales.

3. **Busque el mensaje de *Marinero en tierra* partiendo de la biografía de su autor y sitúe a Alberti en el contexto literario de los años 20.**

Marinero en tierra ist Albertis ganz persönliche **Hymne auf seine Heimat**, die Costa de la Luz, die Bahía de Cádiz und das Meer. Aufgewachsen in El Puerto de Santa María, mußte er im Alter von 15 Jahren mit seinen Eltern ins zentral gelegene Madrid ziehen und fühlte sich fortan geradezu verbannt aus dem Paradies seiner Kindheit. Das **Meer** wird für ihn zum **Mythos**, zum **Symbol** einer heilen Welt.

Sein Erstlingswerk verbindet Einflüsse **klassischer Lyrik** (z. B. Sonette) mit solchen **traditioneller Romanzen und Cancioneros** (die meisten Gedichte, auch die hier exzerpierten, setzen sich aus 'octosílabos' zusammen). Da Alberti jedoch nicht mimetisch vorgeht, sondern nach der Überwindung des (Post-)Modernismus zu Beginn der 20er Jahre aus der Position eines Dichters der europäischen Avantgarde - zum Teil mit surrealistischen Anspielungen (s. "Si mi voz...") - schreibt, entsteht in Verbindung mit **folkloristischen Elementen seiner Heimat Andalusien** eine **neopopularistische Dichtung**, die der gut 20 Jahre ältere Juan Ramón Jiménez in dem *Marinero en tierra* vorangestellten Brief wie folgt charakterisiert: "Poesía «popular», pero sin acarreo fácil: personalísima; de tradición española, pero sin retorno innecesario: nueva, fresca y acabada a la vez; rendida, ájil [sic], graciosa, parpadeante: andalucísima."

Vida y obras de Rafael Alberti

Rafael Alberti (El Puerto de Santa María, **Cádiz, 1902**) nace en el seno de una **familia acomodada**. Estudia con los **jesuitas** de El Puerto hasta el **traslado** con su familia **a Madrid**, en **1917**. Aquí deja los estudios de Bachillerato y se dedica a la **pintura**, que abandona pronto. En 1921 es internado en un sanatorio de la Sierra de Guadarrama; escribe entonces sus primeros versos. En **1925** gana el **premio Nacional de Literatura** - compartido con Gerardo Diego - con *Marinero en tierra*.
Desarrolla una intensa **actividad a favor de la causa de la República** durante la Guerra Civil. Al término de ésta, parte al **exilio**, primero a **París**, luego a **Argentina**, en donde vive hasta **1962**. De **1962 a 1977** reside en **Roma**. Regresa a **España** en **1977** y es elegido **diputado por el PCE**. En **1983** se le concede el **Premio Cervantes**.

La **dilatada obra poética** de Alberti puede ser resumida en **cuatro etapas diferentes**. En la **primera**, bajo la influencia de la poesía de Gil Vicente y el Romancero, predominan las notas de **clasicismo y gusto por la poesía popular**, propias de los tres primeros libros: *Marinero en tierra* **(1924)** [...] es un canto de nostalgia por la tierra andaluza; *La amante* (1925), escrito durante un viaje del poeta, que acompañaba a su hermano por tierras castellanas, supone el dominio de la copla de signo popular; en *El alba del alhelí* (1925 - 1926) lo popular adquiere tonos más sombríos, con la incorporación de diálogos dramáticos.
En la **segunda**, destacan sus libros de **rasgos barrocos** y **vanguardistas**: *Cal y canto* (1926 - 1927), con poemas de exaltación de la velocidad, los medios de transporte, la épica del deporte ...; *Sobre los ángeles* (1927 - 1928), de expresión **surrealista**, es eco de una **profunda crisis espiritual** que el poeta sufrió en aquellos años; *Yo era un tonto, y lo que he visto me ha hecho dos tontos* (1929), rinde homenaje a figuras del cine mudo.
La **tercera** etapa viene definida por la **militancia política** de Alberti, **poesía comprometida**, que él define como **poesía civil** o **poesía de urgencia**, reunida en la serie titulada *El poeta en la calle*, que incluye *Elegía cívica, El poeta en la calle* (1931 - 1936) y *De un momento a otro* (1932 - 1938).
La **última** etapa corresponde a la producción desde el exilio, con libros - *Entre el clavel y la espada* (1939 - 1940), *A la pintura* (1945 - 1952), *Retornos de lo vivo lejano* (1952), *Oda marítima* (1953), *Baladas y canciones del Paraná* (1954), *Abierto a todas horas* (1964) - de muy diversa factura.

(aus: Olmedo, J. A.: *El comentario literario. Lírica, narrativa y teatro de la Edad Media al siglo XX*, Madrid 1995, S. 81 - 82.)

Bibliografía

> Alberti, Rafael: *Marinero en tierra* (1924), Lumen, 17, Barcelona 1980, S. 69, 70, 122, 140.

> Siebenmann, G.: *Die moderne Lyrik in Spanien*, Stuttgart 1965, zu Rafael Alberti S. 194 - 198.

> Salinas de Marichal, S.: *El mundo poético de Rafael Alberti*, Madrid 1968.

> Spang, K.: *Inquietud y nostalgia. La poesía de Rafael Alberti*, Pamplona 1973.

> Zardoya, C.: "La técnica metafórica albertiana (en 'Marinero en tierra')", in: *Poesía española del siglo XX. Estudios temáticos y estilísticos*, III, Madrid 1974, S. 398 - 445. (*)

> Tejada, J. L.: *Rafael Alberti entre la tradición y la vanguardia*, Madrid 1976.

> Senabre, R.: *La poesía de Rafael Alberti*, Salamanca 1977.

> Geist, A. L.: *La poética de la generación del 27 y las revistas literarias: de la vanguardia al compromiso (1918 - 1936)*, Barcelona 1980.

> García de la Concha, V.: "Rafael Alberti", in: Ders. (Hg.): *Época contemporánea: 1914 - 1939*, Barcelona 1984, S. 366 - 382 (Band 7 von Rico, F. (Hg.): *Historia y crítica de la literatura española*).

> Meñaca, M. de: "'Marinero en tierra': estructura y génesis", in: *Dr. Rafael Alberti. El poeta en Toulouse. Poesía-teatro-prosa*, Toulouse 1984, S. 55 - 103. (*)

> Tejada, J. L.: *"Marinero en tierra" de Rafael Alberti*, Cádiz 1987.

> *Homenaje a Rafael Alberti*, in: *Cuadernos Hispanoamericanos*, 485 - 486, (1990).

> Tusón Valls, V.: *Selectividad Literatura*, Madrid 1990, zu "Si mi voz muriera en tierra" S. 107 - 109. (*)

> Bueno Álvarez, J. A.: "Rafael Alberti: 'Marinero en tierra: El mar. La mar.'", in: Pedraza Jiménez, F. B. u. a. (coord.): *Textos Literarios Comentados*, Pamplona 1991, S. 311 - 317. (*)

> Steinbeiß, W.: "Rafael Alberti: Marinero en tierra", in: *Hauptwerke der spanischen und portugiesischen Literatur* (Kindlers Neues Literatur Lexikon), München 1995, S. 286.

> García-Posada, M.: "Rafael Alberti", in: Sánchez Vidal, A. (Hg.): *Época contemporánea: 1914 - 1939*. Barcelona 1995, S. 253 - 262, in: Rico, F. (Hg.): *Historia y crítica de la literatura española*, 7/1.

> Olmedo, J. A.: *El comentario literario*, Madrid 1995, zu "Si mi voz muriera en tierra", S. 81 - 84. (*)

> Neuschäfer, H. -J.: "Enthumanisierung oder sprachliche Erneuerung? Von der Avantgarde zur Generation von 27", in: Ders. (Hg.): *Spanische Literaturgeschichte*, Stuttgart 1997, S. 348 - 362.

Jorge Guillén: *Cántico* (1928)

CIMA DE LA DELICIA

¡Cima de la delicia!
Todo en el aire es pájaro.
Se cierne lo inmediato
Resuelto en lejanía.

05　¡Hueste de esbeltas fuerzas!
¡Qué alacridad de mozo
En el espacio airoso,
Henchido de presencia!

El mundo tiene cándida
10　Profundidad de espejo.
Las más claras distancias
Sueñan lo verdadero.

¡Dulzura de los años
Irreparables! ¡Bodas
15　Tardías con la historia
Que desamé a diario!

Más, todavía más.
Hacia el sol, en volandas
La plenitud se escapa.
20　¡Ya sólo sé cantar!

Anotaciones: 03: mantenerse en el aire sin moverse; 05: tropel; 05: elegante; 06: vivacidad; 08: lleno, repleto; 18: en el aire

PERFECCIÓN

Queda curvo el firmamento,
Compacto azul, sobre el día.
Es el redondeamiento
Del esplendor: mediodía.
05　Todo es cúpula. Reposa,
Central sin querer, la rosa,
A un sol en cenit sujeta.
Y tanto se da el presente
Que el pie caminante siente
10　La integridad del planeta.

Tareas:

1.　Describa el contenido y la estructura de los dos poemas.
2.　Analice los recursos estilísticos de "Cima de la delicia" y "Perfección" y explique la interdependencia entre fondo y forma.
3.　Busque el mensaje de los poemas en el conjunto de *Cántico*.
4.　Trate de encuadrar esta obra de Guillén en el marco literario de la llamada 'poesía pura'.

Erwartungshorizont

1. **Describa el contenido y la estructura de los dos poemas.**

Thema der beiden Gedichte ist die **Begeisterung** des Dichters angesichts der **Schönheit der Welt**. Sie manifestiert sich bereits in den Titeln, die man übersetzen könnte mit "Gipfel des Entzückens" und "Vollkommenheit".

Enthusiasmus wird evoziert im ersten Gedicht - bestehend aus **fünf Quartetten** mit **asonantischen Siebensilbern** in überwiegend **umschlingenden Reimen (abba)** - durch die Beschreibung einer nicht näher lokalisierten Landschaft, in der luftige Leichtigkeit (1. und 2. Quartett) und strahlende Helligkeit (3. Quartett) den Dichter faszinieren. Ergriffen von der Großartigkeit der Schöpfung und berauscht durch den Schwebezustand möchte er der Welt von seinem Glücksgefühl singen (4. und 5. Quartett).

Eine ganz ähnliche Thematik dominiert das zweite Gedicht, das - in **Romanzenform** verfaßt - aus einer einzigen Strophe mit **10 Versen** (jeweils **Achtsilber**) besteht, die nach dem Reimschema **ababccdeed** angeordnet sind.

Erneut wird der **Eindruck von Vollkommenheit** präsentiert und suggeriert, die Guillén diesmal zeitlich auf den **Mittag** fixiert. Dieser Augenblick ist der Höhepunkt des Tages, an dem die Sonne strahlend im Zenit eines tiefblauen Firmaments steht, und das Szenario dem Betrachter den Eindruck völliger Harmonie und Integrität des Planeten Erde vermittelt.

2. **Analice los recursos estilísticos de "Cima de la delicia" y "Perfección" y explique la interdependencia entre fondo y forma.**

En ambas poesías abundan los recursos expresivos, y, como siempre en la lírica, fondo y forma son una unidad indivisible.

En "Cima de la delicia" se notan a primera vista seis **exclamaciones** con las cuales el poeta quiere expresar su estado de ánimo, su admiración, su actitud ante el mundo. Con la primera exclamación Guillén menciona el tema central, y la última, tal vez la exclamación más intensa, es como una conclusión, un espejo de sus sentimientos.

"Todo en el aire es pájaro." (v. 2) es una **imagen** que quiere decir que a causa de la perfección del mundo en este momento el poeta se siente como en las nubes.

En la segunda estrofa, que empieza de nuevo con una exlamación, domina el estilo **nominal**, es decir, faltan totalmente los verbos. Con la **acumulación de sustantivos** Guillén hace referencia a la esencia de las co-

61

sas que evocan perfección. La **metáfora** en el v. 5 continúa intensificando el sentimiento de entusiasmo. Utiliza un vocabulario poco frecuente que pone de relieve lo sublime de la escena ("hueste", "alacridad").

En la tercera estrofa, que contiene un **encabalgamiento** (vv. 9 y 10), hay otra **imagen** ("cándida / Profundidad de espejo"). Ésta subraya la infinidad del mundo, reflejada en el espejo, en el cual se duplica el espacio, y, a la vez, el brillo de la candidez.

En la cuarta estrofa se cambia de perspectiva. Ahora el poeta se dirige hacia su interior. Las **exclamaciones**: "¡Dulzura de los años / Irreparables!" y "¡Bodas / Tardías con la historia / Que desamé a diario!" (otros **encabalgamientos**) manifiestan que Guillén ahora está de acuerdo con el pasar del tiempo, también con el pasado. No está triste por el carácter efímero de la vida, por la fugacidad de la existencia. Al contrario: sabe aprovechar el presente, sabe gozar de la vida (el motivo clásico del "carpe diem"), es decir, está muy contento con el mundo y su vida como es.

El último cuarteto contiene el **clímax**. El poeta siente un entusiasmo tan profundo que casi se eleva hacia el cielo, hacia el sol, **símbolo** de la belleza perfecta. Para expresar adecuadamente sus sentimientos de felicidad y su gratitud 'sólo sabe cantar'.

También en el segundo poema, una décima, hay varios medios estilísticos que dan énfasis a su mensaje. Todos los **verbos expresan inmovilidad**, es decir, domina la sensación de sosiego, necesario para poder disfrutar del momento perfecto en un mediodía: queda, es, reposa, sujeta. En contraposición a esta tranquilidad, el "pie caminante" (v. 9, una **metonimia** con respecto al hombre) significa movimiento, y es un **símbolo** del pasar del tiempo, de la vida humana. Los **sustantivos**, que se refieren a la **esencia de las cosas**, subrayan la perfección del momento y **sugieren colores**: firmamento (**azul**, mencionado explícitamente en el v. 2); esplendor, mediodía (v. 4, **blanco**); rosa (v. 6, **rojo**); sol (v. 7, **amarillo**). Todos estos colores ponen de relieve la **claridad y el brillo** de la situación, ante todo en combinación con las palabras que expresan **redondez y plenitud**: curvo, firmamento, redondeamiento, mediodía, cúpula, central, cenit. Como consecuencia del goce del **presente** el poeta siente "la integridad del planeta", su perfección única, intensificada aún por la enorme **densidad** del poema en el cual no sobra ni una sola palabra.

3.   Busque el mensaje de los poemas en el conjunto de *Cántico*.

Los dos textos representan de forma ejemplar el mensaje de *Cántico*, publicado por primera vez en 1928 y ampliado tres veces (en 1936, 1945 y 1950). Expresan el **entusiasmo** de Guillén motivado por un mundo perfectamente concebido por Dios y su **gratitud** de poder disfrutar de las bellezas que este mundo ofrece al hombre. No sólo los títulos de los dos poemas, sino también el título de toda la obra y su subtítulo *Fe de vida* nos dan la impresión del **optimismo** como elemento característico de la **visión del mundo del poeta**. El hilo conductor de su **técnica poética** es la **estilización** de objetos reales, de un sentimiento (en "Cima de la delicia") o de un momento (en "Perfección"). Así convierte sus poemas en algo sublime, artificial, cuidadosamente elaborado - en 'poesía pura'.

4.   Trate de encuadrar esta obra de Guillén en el marco literario de la llamada 'poesía pura'.

Jorge Guillén gilt als einer der wichtigsten Vertreter der **'poesía pura'**, die er selbst einmal in einem Brief an F. Vela (1926) unter anderem wie folgt definiert hat: "Poesía pura es todo lo que permanece en el poema, después de haber eliminado todo lo que no es poesía." Es handelt sich somit um eine Art von Lyrik, in der **objektive und poetische Realität** sich auf das **Wesentliche** reduzieren, die frei ist von ornamentalem Ballast, und die größten Wert legt auf die **Reinheit und Schönheit** der Sprache. Es geht bei dieser 'reinen Dichtung' darum, das Gedicht freizuhalten von der "anédocta humana" oder anderen 'Störfaktoren' wie moralisierender Intention, praktischen Wahrheiten oder niederen Gefühlen. Der Terminus geht zurück auf **E. A. Poe** (Mitte des 19. Jahrhunderts) und wird über **Baudelaire** zu den Symbolisten **Mallarmé** und **Valéry** transportiert, die unter 'poésie pure' eine Lyrik verstehen, die auf **Musikalität** und der magischen Wirkung der **Sprache** basiert, durch die der Dichter einer an sich nicht in Worte zu fassenden Erfahrung Ausdruck verleiht. Sie steht also in **Opposition** zu einer **realistischen, sozial engagierten oder ideologisch** orientierten Lyrik, eher in der Nähe einer von **Ortega y Gasset** 1925 beschriebenen **deshumanización del arte** der Avantgarde, derzufolge "el poeta empieza donde el hombre acaba". Nach dessen Theorie solle der Dichter durch die Kunst eine neue Welt, neues Leben erschaffen. Gegen eine derartige Poesie, "químicamente pura", wandte sich **Guillén** allerdings ganz entschieden (anders als Alberti oder Aleixandre, die sie z. T. implizit akzeptierten); vielmehr legte er seiner Dichtkunst eine Konzept zugrunde, bei dem **Realität, Erfahrung, erhabene Gefühle subtil ausformuliert**, abstrahiert und stilisiert werden, um dadurch das Essentielle zum Vorschein zu bringen.

Genau dies passiert in den beiden exemplarisch ausgewählten Gedichten wie im gesamten *Cántico*. Unter Verwendung **klassischer Formen** und kurzer Strophen konzipiert Guillén eine **Hymne** auf die Schönheit der Welt, die eine uneingeschränkte **Bejahung** des Lebens impliziert und in einer **antiromantischen Sprache** ohne **überladene Rhetorik** einen **Lobgesang** auf die Schöpfung darstellt.

Vida y obras de Jorge Guillén

Jorge Guillén **nació** el 18 de enero de **1893** en **Valladolid**, donde estudió el bachillerato. Licenciado en Filosofía y Letras en 1913, fue **lector de español** en la **Sorbona** de 1917 a 1923 y **catedrático de literatura española** en Murcia de 1925 a 1928. De 1929 a 1931 fue lector de español en **Oxford** y, posteriormente, catedrático en Sevilla. A partir de 1938, fue profesor en diversas **universidades norteamericanas**.

Es autor de dos libros de **ensayo**, *El argumento de la obra* (1961) y *Lenguaje y poesía* (1962), y traductor de Paul Valéry. Su producción **poética** comprende *Cántico* (4 ediciones, sucesivamente ampliadas: 1928, 1936, 1945 y 1950), *Clamor* - formado por *Maremagnum* (1957), ... *Que van a dar a la mar* (1960) y *A la altura de las circunstancias* (1963) - y *Homenaje* (1967). Los anteriores títulos han sido reunidos en *Aire nuestro* (1968). Posteriormente Guillén ha publicado *Y otros poemas* (1973). (1)

Fue miembro destacado de la **generación del 27**. [...] Su obra poética recibió la influencia de los **simbolistas franceses** y sigue la línea de la **poesía pura** de Pedro Salinas.

Cántico [...] contiene una **exaltación de la vida**, en contraste con *Clamor* (1957), donde expresa el dolor y la angustia de la guerra y del exilio. *Homenaje* (1967) supone un retorno al júbilo de su primera obra, expresando el triunfo de la belleza y la razón sobre el dolor de la historia. En **1977** recibió el **premio Miguel de Cervantes**. [Jorge Guillén **murió** el 6 de febrero de **1984**.] (2)

((1) aus Klappentext zu Jorge Guillén: *Cántico*, Seix Barral, Barcelona 1980; (2) aus *Diccionario Enciclopédico Santillana*, dirigido por S. Sánchez Cerezo, Madrid 1992, S. 640.)

Bibliografía

> Guillén, Jorge: *Cántico* (1928), Seix Barral, 20, Barcelona 1980, S. 76, 241.
> Blanch, A.: *La poesía pura española*, Madrid 1976.
> Macrí, O.: *La obra poética de Jorge Guillén*, Barcelona 1976. (*)
> VV. AA.: *Homenaje a Jorge Guillén*, Insula, Madrid 1978.
> Sibbald, K. M. (Hg.): *Jorge Guillén, Hacia Cántico. Escritos de los años veinte*, Barcelona 1980.
> García de la Concha, V.: "Poesía de la Generación de 1927: Pedro Salinas, Jorge Guillén", in: Rico, F. (Hg.): *Historia y crítica de la literatura española*, Bd. 8: *Época contemporánea (1914 - 1939)*, Barcelona 1984, S. 295 - 309.
> Martínez Torrón, D. (Hg.): *Jorge Guillén. El argumento de la obra y otras prosas críticas*, Madrid 1984.
> García Berrio, A.: *La construcción imaginaria en Cántico de Jorge Guillén*, Limoges 1985.
> Serra Martínez, E.; Otón Sobrino, A.: *Introducción a la literatura española contemporánea a través del comentario de textos*, Madrid 1986, zu Guillén: *Cántico*, "Perfección", S. 121 - 125. (*)
> Díaz de Castro, F. J.: *La poesía de Jorge Guillén. Tres ensayos*, Palma de Mallorca 1987.
> Durán, M.: "Espacio y tiempo en dos poemas de 'Cántico'", in: *Nueva Revista de Filología Hispánica*, 36, (1988), S. 455 - 465.
> Siles, J.: "Jorge Guillén: simetría y sistema; elementos implícitos y explícitos en 'Cántico'", in: Egido, A. (Hg.): *Poesía del 27*, Zaragoza 1990, S. 95 - 113.
> Tusón Valls, V.: *Selectividad Literatura*, Madrid 1990, zu Guillén: *Cántico*, "Cima de la delicia", S. 101 - 106. (*)
> Alcolea Serrano, A.: "Jorge Guillén: *Cántico*, 'Vaso de agua'", in: Pedraza Jiménez, F. B. u. a. (coord.): *Textos Literarios Comentados*, Pamplona 1992, S. 323 - 331.
> Díez de Revenga, F. J.; Paco, M. de (Hg.): *La claridad en el aire. Estudios sobre Jorge Guillén*, Murcia 1994. (*)
> Soria Olmedo, A.: "Poesía de la Generación de 1927: Pedro Salinas, Jorge Guillén", in: Rico, F. (Hg.): *Historia y crítica de la literatura española*, Bd. 8/1: Sánchez Vidal, A. (Hg.): *Época contemporánea (1914 - 1939)*, Barcelona 1995, S. 197 - 217.
> Piedra, A. (Hg.): *I. Simposio Internacional sobre Jorge Guillén. El hombre y la obra*, Valladolid 1995.
> Estébanez Calderón, D.: *Diccionario de términos literarios*, Madrid 1996, zu Gen. de 1927, S. 450ff., zu 'Poesía pura' S. 856f. (*)
> López Castro. A.: *Poetas españoles del siglo XX*, León 1996, zu Jorge Guillén S. 67 - 81.

Pedro Salinas: *La voz a ti debida* (1933)

Para vivir no quiero
islas, palacios, torres.
¡Qué alegría más alta:
vivir en los pronombres!

05   Quítate ya los trajes,
las señas, los retratos;
yo no te quiero así,
disfrazada de otra,
hija siempre de algo.
10   Te quiero pura, libre,
irreductible: tú.
Sé que cuando te llame
entre todas las gentes
del mundo,
15   Sólo tú serás tú.
Y cuando me preguntes
quién es el que te llama;
el que te quiere suya,
enterraré los nombres,
20   los rótulos, la historia.
Iré rompiendo todo
lo que encima me echaron
desde antes de nacer.
Y vuelto ya al anónimo
25   eterno del desnudo,
de la piedra, del mundo,
te diré:
"Yo te quiero, soy yo".

Tareas:

1. Describa la temática y la estructura del poema.
2. Redacte un análisis formal de "Para vivir no quiero".
3. Explique el concepto de 'poesía pura' aplicado a este poema y a *La voz a ti debida*.
4. Sitúe a Salinas en el contexto histórico-literario de la llamada Generación del 27.

Erwartungshorizont

1. Describa la temática y la estructura del poema.

Der vorliegende Text ist ein **Liebesgedicht** des Literaturprofessors Pedro
Salinas aus dem Gedichtzyklus *La voz a ti debida*, dessen Titel eine
Anspielung auf die 3. Ekloge von Garcilaso: "pienso mover la voz a ti
debida" ist, also einen klassischen Ursprung hat.
Es ist in **drei Abschnitte** unterteilt. Den ersten Teil bildet eine deutlich
abgesetzte **Einleitung**, deren vier Verse auf den ersten Blick rätselhaft
erscheinen: Kann das wirklich eine Freude sein, ohne Inseln, Paläste oder
Türme lediglich "mit Pronomina zu leben"?
Etwa gleich lang sind die Teile zwei und drei, die die 'Lösung' dieser
enigmatischen Formulierung präsentieren. Die **Verse 5 - 15** beschäftigen
sich mit der **Wunschvorstellung**, die das lyrische Ich von seiner
Partnerin, dem "**Du**" hat. Sie soll "unverkleidet" (V. 8), "rein, frei,
unreduzierbar" (V. 10 - 11), einfach nur sie selbst sein.
Die **Verse 16 - 28** sind in analoger Form dem auf das schlichte Pronomen
'**Ich**' reduzierte komplementäre Gegenstück dieses Paares gewidmet. Die
innige Beziehung zwischen zwei Liebenden, die **bar aller Äußerlich-
keiten** zueinander finden, bildet somit die Thematik dieses Gedichtes.

2. Redacte un análisis formal de "Para vivir no quiero".

El poema está compuesto casi exclusivamente de **heptasílabos**, es decir,
versos que tienen siete sílabas. Sólo hay dos excepciones: El verso 14 es
un **trisílabo** (tres sílabas) y el verso 27 es un **tetrasílabo** (que tiene tres
sílabas gramaticales, pero cuatro sílabas métricas porque es un verso
agudo).
Estos dos versos cortos se encuentran en **lugares destacados** del poema,
después hay una pausa y siguen los versos que son una quintaesencia o
un resumen de las partes dos y tres: "Sólo tú serás tú." (v. 15) y "Yo te
quiero, soy yo". (v. 28). Así subrayan, respectivamente, el mensaje de los
versos principales. En estos dos versos Salinas juega además con los
pronombres 'tú' y 'yo' que aparecen dos veces en posición acentuada. En
el último verso, por cierto, hay una figura retórica que se llama **epanadi-
plosis**. Consiste en repetir una palabra al principio y al final de una
oración o un verso - "**Yo** te quiero, soy **yo**" - para poner de relieve su
importancia.
Visto el conjunto del poema, se nota una **estructura paralela o análoga**
de las partes dos y tres entre las cuales hay una correspondencia, igual
que entre el 'tú' y el 'yo'.

Con respecto a la **rima** se puede decir que el poema se compone de **versos libres**, o sea, no hay un sistema regular de rimas (p. e. cruzadas o abrazadas). Hay algunas asonancias (torres, v. 2 - pronombres, v. 4; desnudo, v. 25 - mundo, v. 26), pero éstas son más bien casuales que intencionadas y por eso no tienen ningún significado especial.

3.　　**Explique el concepto de 'poesía pura' aplicado a este poema y a *La voz a ti debida*.**

Según Jorge Guillén "poesía pura es todo lo que permanece en el poema, después de haber eliminado todo lo que no es poesía." Es decir, se trata de una lírica, en la cual las realidades objetiva y poética se reducen a lo **esencial**. No se trata de lírica comprometida, sino de poesía, en la cual se formulan sutilmente realidades, experiencias y sentimientos sublimes, que **se estilizan** para poner de relieve lo más importante. Se utiliza un **lenguaje antirromántico sin retórica excesiva**.

El fragmento elegido es un buen ejemplo de este tipo de poesía pura y representa el concepto de la poética de Salinas. Ya en la introducción se constata que el poeta se ocupa de un **ideal absoluto**: la "alegría más alta". Después de rechazar bienes materiales ("islas, palacios, torres", v. 2) hace falta 'desnudar' a los amantes, reducirles a su esencia, o sea a sus "pronombres" (v. 4), que simbolizan el último criterio de su personalidad íntima, para poder gozar de la **alegría sublime**.

Ahora es posible comprender en sentido figurado los próximos versos: "los trajes / las señas, los retratos" (vv. 5 - 6) son para Salinas **adornos superfluos** que tapan solamente lo característico de su amada. Él, sin embargo, rechaza este **disfraz** (v. 7), la quiere "pura, libre, / irreductible" (vv. 10 /11). ¿Por qué? Porque "Sólo tú serás tú." (v. 15). Esto significa que prefiere a su amada sin circunstancias externas, normas sociales, señas temporales. Le quita todos estos rasgos terrenales y como resultado descubre la **esencia pura**: "tú", la amada querida, irreductible, única.

La tercera parte corresponde a la segunda. Ahora el **yo lírico** se libra de "los nombres, / los rótulos, la historia". (vv. 19 - 20), de sus **señas de identidad exteriores**. Lo que queda después de haber quitado también el nombre (v. 24) es sencillamente un yo "desnudo" que quiere a su amada. De esta manera Salinas expresa su relación amorosa, estilizada y reducida a lo principal: el amor íntimo entre dos seres 'purificados y desvestidos' que disfrutan de amarse "en los pronombres".

La congruencia entre la forma exterior (**lenguaje sobrio, denso, intenso**) y el mensaje del poema (**idea del amor auténtico, perfecto, íntimo sin estorbos exteriores**) caracteriza este poema y *La voz a ti debida* en su conjunto como obra típica de la poesía pura a causa de su "conceptismo interior" como escribió Spitzer.

La **sencillez formal** combinada con un **contenido** cuidadosamente **elaborado** determina el concepto de este ciclo de poemas amorosos cuya base es la poesía clásica, como ya indica el título, una cita de la *Egloga tercera* de Garcilaso de la Vega. Un buen ejemplo que subraya lo anteriormente dicho es el poema siguiente, también de *La voz a ti debida*:

Perdóname por ir así buscándote
tan torpemente, dentro
de ti.
Perdóname el dolor, alguna vez.
Es que quiero sacar
de ti tu mejor tú.
Ése que no te viste y que yo veo,
nadador por tu fondo, preciosísimo.
Y cogerlo
y tenerlo yo en alto como tiene
el árbol la luz última
que le ha encontrado al sol.

Y entonces tú
en su busca vendrías, a lo alto.
Para llegar a él
subida sobre ti, como te quiero,
tocando ya tan sólo a tu pasado
con las puntas rosadas de tus pies,
en tensión todo el cuerpo, ya ascendiendo
de ti a ti misma.
Y que a mi amor entonces le conteste
la nueva criatura que tú eras.

4. **Sitúe a Salinas en el contexto histórico-literario de la llamada Generación del 27.**

Unter der sogenannten Generation von 1927 wird eine Reihe von Schriftstellern zusammengefaßt, deren **kreativste Schaffensphase** in die Zeit von etwa **1920 - 1936** fällt. Zum "harten Kern" werden Autoren wie Rafael **Alberti**, Federico **García Lorca**, Jorge **Guillén**, Pedro **Salinas**, Dámaso **Alonso** und Vicente **Aleixandre** gezählt, der quasi stellvertretend für alle 1977 den Nobelpreis für Literatur erhielt; im weiteren Umfeld sind Bergamín, Cernuda, Altolaguirre erwähnenswert. Die Gruppenbezeichnung geht zurück auf das 300. Todesjahr von **Luis de Góngora**, dessen Werk von allen im Hinblick auf ihre ästhetischen Ideale als modellhaft gewürdigt wurde. Ihre erste Schaffensphase in den 20er Jahren ist gekennzeichnet durch den Einfluß der Avantgarde, im Vordergrund stehen das Streben nach **formaler Perfektion** und ein geradezu klassischer Umgang mit Dichtung in der **Tradition Góngoras**. Diese von Ortega y Gasset als Phase der 'deshumanización' bezeichnete Etappe wird später abgelöst von einer der 'rehumanización', in der die menschliche Problematik, z. B. in ethisch-religiöser Hinsicht dominiert.
Salinas' *La voz a ti debida* entsteht zu einer Zeit, in der die auch als Generación de la amistad bezeichnete Gruppe auf dem schöpferischen Gipfel angelangt ist. Für ihn ist Dichtung "una aventura hacia lo absoluto". Legt man die beiden exzerpierten Gedichte als exemplarisch zugrunde, sieht man, daß es ihm in seiner **Liebeslyrik** gelingt, eine **inhaltlich komplexe**, aber auf das **Wesentliche reduzierte** Aussage mit einer **stilistisch-formal** einfachen, exakten, **nüchternen Diktion** zu harmonisieren.

Vida y obras de Pedro Salinas

(**Madrid, 1891 - Boston, Estados Unidos, 1951**). Poeta, ensayista, narrador, crítico literario y dramaturgo. **Catedrático de Literatura** en varias universidades españolas. Colaborador del Centro de Estudios Históricos. Secretario de la Universidad Internacional de Santander. **Exiliado** tras la Guerra Civil, profesó en diversas instituciones norteamericanas y en Puerto Rico. [...]

Su **poesía** puede dividirse en **tres etapas**. La **primera**, de 1923 a 1931, abarca los libros iniciales (*Presagios*, 1924; *Seguro azar*, 1929; *Fábula y signo*, 1931), y cabe considerarla como de búsqueda. La **segunda**, de 1932 a 1939, incluye los tres grandes libros de amor: *La voz a ti debida* (1933), *Razón de amor* (1936) y *Largo lamento* (terminado en 1939). A la **tercera** etapa, la del destierro, pertenecen *Confianza* (que vería la luz póstumamente), *El Contemplado* (1946) y *Todo más claro y otros poemas* (1949).

Salinas se mantuvo fiel toda su vida a una precisa concepción de la poesía. Tenía una visión, si no platónica, sí **platonizante** de la realidad. La exterior es engañosa; hay que buscar la realidad profunda por detrás de las apariencias. Esta **realidad esencial** es la que creamos dentro de nosotros. Los seres se presentan escindidos en alma y cuerpo; el afán del poeta se encamina a lograr la unidad de esos dos términos. Se ha señalado el **intelectualismo** como fundamento mismo de la poesía salinesca. No puede negarse cuanto hay de **construcción conceptista** en buena parte de ella; construcción y método congruentes con los supuestos en que descansa la percepción salinesca de lo real y con la concepción del poema como expresión de una nueva y más **profunda realidad**. [...]

La aspiración salinesca a una **realidad esencial** encuentra al fin la respuesta: **el amor**, que es la amada, centro y totalidad de lo existente: «La vida es lo que tú tocas.» Es el espacio absoluto del tú y del yo («**¡qué alegría más alta: / vivir en los pronombres!**»), el regreso al Edén.

(aus: *Diccionario de literatura española e hispanoamericana*, dirigido por Ricardo Gullón, N - Z, Madrid 1993, S. 1497 - 1498.)

Bibliografía

> Salinas, Pedro: *La voz a ti debida* (1933), Colección Austral, 1154, Madrid [5]1977, S. 63 - 64.

> Spitzer, L.: "El conceptismo interior de Pedro Salinas", in: *Revista Hispánica Moderna*, 7, (1941), S. 33 - 69.

> Zubizarreta, A.: *Pedro Salinas: el diálogo creador*, Madrid 1969.

> Feal Deibe, C.: *La poesía de Pedro Salinas*, Madrid 1971. (*)

> Stixrude, D. L.: *The early poetry of Pedro Salinas*, Princeton 1975.

> Blanch, A.: *La poesía pura española*, Madrid 1976.

> Harvard, R. G.: "Pedro Salinas and Courtly Love - The 'amada' in 'La voz a ti debida': woman, muse and symbol", in: *Bulletin of Hispanic Studies*, 56, (1979), S. 123 - 144. (*)

> Newman, J.: *Pedro Salinas and his Circumstance*, San Juan 1983.

> Silver, P.: "Pedro Salinas o la vanguardia de par en par", in: *La casa de Anteo. Estudios de poética hispánica (De Antonio Machado a Claudio Rodríguez)*, Madrid 1985, S. 118 - 147.

> García Tejera, M. C.: *La teoría literaria de P. Salinas*, Cádiz 1988.

> Tusón Valls, V.: *Selectividad Literatura*, Madrid 1990, zu Salinas: *La voz a ti debida*, S. 93 - 100. (*)

> Benson, D. K.: "El amor contra la nada: Pedro Salinas, Francisco Brines y la tradición clásica española", in: *Revista Canadiense de Estudios Hispánicos*, 15, (1990), S. 1 - 18.

> Arizmendi, M.: "De 'La voz a ti debida': preliminares de un cancionero", in: *Insula*, 540, (1991), S. 7 - 8.

> *Insula*, 540, (1991): "Monográfico extraordinario" zu P. Salinas.

> *Revista de Occidente*, 126, (1991): "P. S.: poemas, cartas, recuerdos".

> Alcolea Serrano, A.: "Pedro Salinas: 'La voz a ti debida'", in: Pedraza Jiménez, F. B.; Rodríguez Cáceres, M. (coord.): *Textos Literarios Comentados*, Pamplona 1992, S. 313 - 322. (*)

> Carreño, A.: "Los mitos del yo lírico: 'La voz a ti debida'", in: Morón Arroyo, C. (Hg.): *Pedro Salinas: Estudios sobre su praxis y teoría de la escritura*, Santander 1992, S. 97 - 122.

> Navarro, R. (Hg.): *Homenaje: Pedro Salinas*, Barcelona 1992.

> Nieto Nuño, M.; Barrera López, J. M[a.] (Hg.): *Pedro Salinas en su centenario (1891-1991)*, Sevilla 1992.

> Soria Olmedo, A.: "Poesía de la Generación de 1927: Pedro Salinas y Jorge Guillén", in: Rico, F. (Hg.): *Historia y crítica de la literatura española*, Bd. 7/1 Barcelona 1995, S. 197 - 217.

> Strien, P.: "Pedro Salinas: 'La voz a ti debida'", in: *Hauptwerke der spanischen und portugiesischen Literatur* (Kindlers Neues Literatur Lexikon), München 1995, S. 361 - 362.

> Sánchez Ferrer, J. L.: *Selectividad Literatura*, Madrid 1996, zu Salinas: *La voz a ti debida*, S. 70 - 74. (*)

Federico García Lorca:
La casa de Bernarda Alba (1936)

Drama de mujeres en los pueblos de España

El poeta advierte que estos tres actos tienen la intención de un
documental fotográfico.

ACTO PRIMERO

BERNARDA: En ocho años que dure el luto no ha de entrar en esta casa el viento de la calle. Hacemos cuenta que hemos tapiado
con ladrillos puertas y ventanas. Así pasó en casa de mi padre y en
casa de mi abuelo. Mientras, podéis empezar a bordar el <u>ajuar</u>. En

05   el arca tengo veinte piezas de hilo con el que podréis cortar sábanas y <u>embozos</u>. Magdalena puede bordarlas. [...]
ADELA: Pienso que este luto me ha cogido en la peor época de mi
vida para pasarlo.
MAGDALENA: Ya te acostumbrarás.

10   ADELA *(Rompiendo a llorar con ira)*: No me acostumbraré. Yo
no puedo estar encerrada. No quiero que se me pongan las carnes
como a vosotras; no quiero perder mi blancura en estas habitacio-
nes; mañana me pondré mi vestido verde y me echaré a pasear por
la calle. ¡Yo quiero salir! [...]

15   BERNARDA: No os hagáis ilusiones de que vais a poder conmigo. ¡Hasta que salga de esta casa con los pies adelante mandaré en
lo mío y en lo vuestro! [*Entra la madre de Bernarda, viejísima.*]
BERNARDA *(A la criada)*: ¿Por qué la habéis dejado entrar?
CRIADA *(Temblando)*: ¡Se me escapó!

20   MARÍA JOSEFA: Me escapé porque me quiero casar, porque
quiero casarme con un varón hermoso de la orilla del mar, ya que
aquí los hombres huyen de las mujeres.
BERNARDA: ¡Calle usted, madre!
MARÍA JOSEFA: No, no me callo. No quiero ver a estas mujeres

25   solteras rabiando por la boda, haciéndose polvo el corazón, y yo
me quiero ir a mi pueblo. Bernarda, yo quiero un varón para casarme y para tener alegría.
BERNARDA: ¡Encerradla!
MARÍA JOSEFA: ¡Déjame salir, Bernarda! *(La criada la coge.)*

30   BERNARDA: ¡Ayudarla vosotras! *(Todas arrastran a la vieja.)*
MARÍA JOSEFA: ¡Quiero irme de aquí! ¡Bernarda! ¡A casarme a
la orilla del mar, a la orilla del mar!

Telón rápido

MARTIRIO *(Señalando a Adela)*: ¡Estaba con él! ¡Mira esas <u>enaguas</u> llenas de paja de trigo!

35 BERNARDA: ¡Ésa es la cama de las mal nacidas! *(Se dirige furiosa hacia Adela.)*

ADELA *(haciéndole frente)*: ¡Aquí se acabaron las voces de presidio! *(Adela arrebata un bastón a su madre y lo parte en dos.)* Esto hago yo con la vara de la dominadora. No dé un paso más. En

40 mí no manda nadie más que Pepe.

MAGDALENA *(Saliendo)*: ¡Adela! *(Salen la Poncia y Angustias.)*

ADELA: Yo soy su mujer. *(A Angustias.)* Entérate tú y ve al corral a decírselo. Él dominará toda esta casa. Ahí fuera está, respirando como si fuera un león.

45 ANGUSTIAS: ¡Dios mío!

BERNARDA: ¡La escopeta! ¿Dónde está la escopeta? *Sale corriéndo. Sale detrás Martirio. Aparece Amelia por el fondo, que mira aterrada con la cabeza sobre la pared.)*

ADELA: ¡Nadie podrá conmigo! *(Va a salir.)*

50 ANGUSTIAS *(Sujetándola)*: De aquí no sales tú con tu cuerpo en triunfo. ¡Ladrona! ¡Deshonra de nuestra casa!

MAGDALENA: ¡Déjala que se vaya donde no la veamos nunca más!

(Suena un disparo.)

55 BERNARDA *(Entrando)*: Atrévete a buscarlo ahora.

MARTIRIO *(Entrando)*: Se acabó Pepe el Romano.

ADELA: ¡Pepe! ¡Dios mío! ¡Pepe! *(Sale corriendo.)*

LA PONCIA: ¿Pero lo habéis matado?

MARTIRIO: No. Salió corriendo en su <u>jaca</u>.

60 BERNARDA: No fue culpa mía. Una mujer no sabe apuntar.

MAGDALENA: ¿Por qué lo has dicho entonces?

MARTIRIO: ¡Por ella! Hubiera volcado un río de sangre sobre su cabeza.

LA PONCIA: Maldita.

65 MAGDALENA: ¡Endemoniada!

BERNARDA: Aunque es mejor así. *(Suena un golpe.)* ¡Adela, Adela!

LA PONCIA *(En la puerta)*: ¡Abre!

BERNARDA: Abre. No creas que los muros defienden de la ver-

70 güenza.

CRIADA *(Entrando)*: ¡Se han levantado los vecinos!

BERNARDA *(En voz baja como un rugido)*: ¡Abre, porque echaré abajo la puerta! *(Pausa. Todo queda en silencio.)* ¡Adela! *(Se retira de la puerta.)* ¡Trae un martillo! *(La Poncia da un empujón y*

75 *entra. Al entrar da un grito y sale.)* ¿Qué?

LA PONCIA *(Se lleva las manos al cuello.)*: ¡Nunca tengamos ese fin! *(Las hermanas se echan hacia atrás. La criada se santigua. Bernarda da un grito y avanza.)*
LA PONCIA: ¡No entres!
80   BERNARDA: No. ¡Yo no! Pepe, tú irás corriendo vivo por lo oscuro de las <u>alamedas</u>, pero otro día caerás. ¡Descolgarla! ¡Mi hija ha muerto virgen! Llevadla a su cuarto y vestirla como una doncella. ¡Nadie diga nada! Ella ha muerto virgen. Avisad que al amanecer den dos clamores las campanas.
85   MARTIRIO: Dichosa ella mil veces que lo pudo tener.
BERNARDA: Y no quiero llantos. La muerte hay que mirarla cara a cara. ¡Silencio! *(A otra hija.)* ¡A callar he dicho! *(A otra hija.)* ¡Las lágrimas cuando estés sola! Nos hundiremos todas en un mar de luto. Ella, la hija menor de Bernarda Alba, ha muerto virgen.
90   ¿Me habéis oído? ¡Silencio, silencio he dicho! ¡Silencio!

Telón

Anotaciones:

04:    conjunto de ropas, muebles y otras cosas que lleva la mujer al matrimonio
06:    Überschlag einer Bettdecke
34:    prenda interior femenina que se lleva debajo de la falda
59:    yegua
81:    lugar poblado de álamos

Tareas:

1.   Resuma el contenido de las escenas y sitúe los extractos en el conjunto de la obra.
2.   Describa la estructura de la pieza teatral.
3.   Caracterice el género literario de *La casa de Bernarda Alba*.
4.   Analice la temática principal y los temas secundarios teniendo en cuenta especialmente los papeles de Bernarda Alba y Adela.
5.   Explique el mensaje de *La casa de Bernarda Alba* en el contexto histórico-político de la época.

Erwartungshorizont

1. Resuma el contenido de las escenas y sitúe los extractos en el conjunto de la obra.

Die dem ersten Akt entnommenen Auszüge präsentieren die **Ausgangs-lage** des Stücks. Die **verwitwete Bernarda Alba**, Mutter von **fünf Töchtern**, verordnet ihrer Familie nach dem Tod ihres zweiten Ehemannes eine **achtjährige Trauer** in völliger Isolation, die einem Hausarrest gleichkommt (Z. 1-6). Dieser beugen sich - wenngleich widerwillig - ihre vier Töchter Angustias, Magdalena, Martirio und Amelia; lediglich ihre jüngste Tochter, die 20-jährige **Adela, widersetzt sich energisch** (Z. 10 - 14). Zur Familie gehört auch die **80-jährige Großmutter María Josefa**, die - im hohen Alter geistig verwirrt - in dem gefängnisartigen Haus Bernarda Albas unter einer besonderen Form von Repressalien leidet: In ihrem Zimmer eingeschlossen, muß sie eine unmenschliche **Einzelhaft** erdulden (Z. 17 - 22). Vor diesem Hintergrund ist die Schlußszene des ersten Aktes zu verstehen, wenn sie trotz ihrer achtzig Jahre einen schmukken Burschen heiraten und mit ihm ans Meer ziehen möchte. Doch angesichts Bernardas gefühlloser Befehle (Z. 23ff.) ist ihre Lage aussichtslos. Der zweite Teil des Textes entstammt dem **Ende des dritten Aktes**. Adela, die mit dem Verlobten ihrer Schwester Angustias ein Verhältnis hat (Z. 33 - 45), erliegt einem **tragischen Irrtum**, als sie glaubt, Pepe el Romano wäre von ihrer Mutter erschossen worden, weil diese die **Ehre des Hauses Alba** wiederherstellen wollte (Z. 46 - 57). Aus Verzweiflung **erhängt sie sich.** Nachdem die Tür zu ihrem Zimmer aufgebrochen wurde (Z. 68 - 79), verliert Bernarda jedoch nicht einmal angesichts dieses schrecklichen Unglücks die Fassung, **wider besseres Wissen** läßt sie verbreiten, **Adela** sei als **Jungfrau** gestorben und stellt der Familie ein 'Meer der Trauer' in Aussicht, in dem sie alle 'versinken' werden (Z. 88f.).

2. Describa la estructura de la pieza teatral.

La casa de Bernarda Alba se compone de **tres actos**. En el **primer acto** se plantea la **situación**, se presentan los **personajes** y se introduce el **primer conflicto**. Después de la muerte de su marido, la viuda Bernarda Alba anuncia un largo **luto de ocho años** sin contacto con el mundo exterior. **Adela**, su hija menor, y su madre **María Josefa** (que, aunque aparentemente enloquecida, pronuncia las verdades) **se rebelan** contra la dictadura de Bernarda. El **segundo acto** confronta al público con el **nudo** de la pieza. Aunque el conflicto todavía no estalla abiertamente, se nota una **tensión creciente**. La hija mayor, Angustias, será la primera que, según la tradición se deberá casar. **Pepe el Romano**, su novio, sin embargo, **tiene relaciones amorosas con Adela**. Como todas las hermanas están enamoradas de Pepe - que nunca aparece en escena físicamente, pero que personifica los deseos sexuales de las mujeres -, el ambiente es muy tenso. Al final del segundo acto se encuentra el **clímax** cuando Adela confiesa el amor que siente por Pepe. Después del clímax la acción avanza hacia el **desenlace**, es decir, hacia la **catástrofe**. A causa de un malentendimiento, causado intencionadamente por Martirio, Adela se suicida porque cree que su madre mató a Pepe. Así se cierra un **círculo**. La pieza comienza con una muerte (la del padre), un luto de ocho años y la orden "¡Silencio!" de la madre, y finaliza con otra muerte (la de Adela), "un mar de luto" y la misma orden "¡Silencio!" de Bernarda Alba.

3.   Caracterice el género literario de *La casa de Bernarda Alba*.

La pieza, escrita en **prosa** y subtitulada "Drama de mujeres en los pueblos de España", es una **tragedia**, que transcurre en un **ambiente rural**. La protagonista, Bernarda Alba, igual que su hija menor, Adela, la antagonista, demuestran elementos trágicos, siendo **víctimas** de su actitud y su dependencia de la opinión pública (Bernarda) o de sus convicciones y pasiones sexuales (Adela). Un típico rasgo de la tragedia es el **error trágico**. El primer error lo comete Bernarda al imponer a su familia un largo luto porque así lo prevé la tradición, aunque este 'castigo' en realidad no tiene nada que ver con un luto interior. El otro error consiste en el error trágico de Adela cuando se rebela contra la madre y cuando es víctima de la mentira de Martirio. **Adela** se convierte en un **personaje trágico** que no puede evitar su **destino trágico** anunciado ya al final del primer acto cuando la abuela expresa sus deseos (y los de sus nietas) pero es encerrada, y al final del segundo acto, cuando la hija de la Librada es ejecutada simbólicamente por tener un hijo ilegítimo.

4.   Analice la temática principal y los temas secundarios teniendo en cuenta especialmente los papeles de Bernarda Alba y Adela.

El **tema principal** de la pieza teatral que se puede comparar con un hilo conductor desde el principio hasta el final es el **choque entre dos ideologías distintas** y **principios opuestos**. Mientras que **Bernarda Alba**, la madre de sesenta años, representa el concepto de **autoridad y tradición**, **Adela**, su hija de 20 años, simboliza el principio de **individualidad, libertad y rebelión** contra normas viejas.

En cuanto a esta temática central hay varios **subtemas** que se desarrollan en el curso de la obra. El **amor apasionante**, por ejemplo, juega un papel de suma importancia, porque es el motivo de la lucha de Adela contra el sistema de valores establecido y personificado por su madre. Está relacionado estrechamente con el **anhelo de libertad** que se nota no sólo en la hija menor sino también en sus hermanas y en la abuela María Josefa.

Este deseo de libertad es oprimido sistemáticamente por Bernarda quien prohibe a sus hijas que salgan de casa, que se alegren y que lloren - ni siquiera después del suicidio de Adela. Bernarda Alba podría ser llamada una **'Doña Perfecta' andaluza**, porque reúne varios rasgos de la protagonista titular de la novela de Galdós. Actúa como un **tirano**, tortura a su familia, y sus palabras y frases (en la mayoría de los casos imperativos) son más bien órdenes y leyes. Sin embargo, también ella es una **víctima de la tradición** como se ve al principio (ll. 3 - 4). Su lema es vivir según la **ley de la honra**, otro de los subtemas relevantes. Para poder conservar su ideología personal cierra los ojos ante la verdad e interpreta la realidad a su modo de ver las cosas. Después del trágico fin de Adela explica y defiende su versión de los acontecimientos: Adela ha muerto virgen.

Adela, la antagonista de la pieza, aparece mucho más **humana** que su madre, porque confiesa francamente sus sentimientos amorosos y sus deseos sexuales y no trata de esconderlos. Éstos son tan fuertes que incluso aceptaría ser la querida del novio de Angustias, es decir, aunque lucha **contra las normas de su madre** no quiere cambiar por completo a la sociedad. Dominada por su pasión sexual se ve tan frustrada después de la supuesta muerte de Pepe que la única solución para ella es el suicidio. Esta **frustración** es el último subtema importante porque alcanza asimismo a sus hermanas y a la abuela que tendrán que seguir viviendo como en una prisión.

5.   **Explique el mensaje de *La casa de Bernarda Alba* en el contexto histórico-político de la época.**

La obra contiene una fuerte dosis de **crítica social** en el ambiente histórico-político de la **guerra civil inminente**. Esta crítica se dirige por un lado contra los **prejuicios imperantes** entre las distintas clases sociales o **actitudes y comportamientos** frente a miembros de capas sociales inferiores y por otro lado contra la **situación tradicional de la mujer** en una sociedad en la cual normas morales basadas en el **concepto de la honra** juegan todavía un papel importante, aunque datan de siglos pasados.

La primera crítica contra **las circunstancias socio-morales** se muestra en la manera cómo Bernarda Alba trata a sus criadas y en su opinión acerca de los pobres: "Los pobres son como los animales; parece como si estuvieran hechos de otras sustancias." (p. 18). La protesta contra el **papel de la mujer oprimida** se manifiesta mediante las 'posibilidades' que Lorca ofrece a las "mujeres en los pueblos de España" de los años 30. Pueden elegir una vida según el **códice de honra obsoleto** (Bernarda Alba y Angustias) o aceptar el rol de ser **objeto de los deseos sexuales masculinos** como la prostituta del pueblo. Si se rebelan contra las normas establecidas fracasarán: la abuela se vuelve loca y tiene que vivir encerrada en su celda; la rebelión de Adela desemboca en el suicidio.

77

Vida y obras de Federico García Lorca

Federico García Lorca nació en Fuente Vaqueros (**Granada**) el 5 de junio de **1898** y murió en **Granada** el 19 de agosto de **1936**. Su vida transcurrió entre el **año del Desastre** y el de la **guerra civil española**, de la que fue **víctima** [fusilado por los franquistas].
Estudió el bachillerato en la capital granadina, así como **Derecho** y **Filosofía y Letras**. Continuó sus estudios en **Madrid** - 1919 -, donde **se licenció en Derecho**. Viajó por toda España, por Estados Unidos y América del Sur, principalmente por Argentina. Dirigió *La Barraca*, aventura teatral que dejó huella decisiva en la escena española. (1)

Representante destacado de la **generación del 27**, su **obra poética** se caracteriza por el **tono musical**, el **tema andaluz** y la riqueza de sus imágenes y metáforas en *Libro de poemas* (1921), *Canciones* (1927) y *Romancero gitano* (1928) y adquiere intensidad dramática y mayor libertad formal en *Poeta en Nueva York* (1929 - 1930, aunque no apareció en libro hasta 1940), *Llanto por Ignacio Sánchez Mejías* (1934), *Seis poemas galegos* (1935) y *Diván de Tamarit* (1936).

Su **obra teatral**, profundamente innovadora, comprende farsas y guiñoles, como *La zapatera prodigiosa* (1930) y *Retablillo de don Cristóbal* (1935), y sobre todo **dramas**, como *Yerma* (1934), *Bodas de sangre* (1934) y ***La casa de Bernarda Alba*** (**1936**), que reflejan con gran intensidad y lirismo la realidad social de su país y su tiempo. (2)

((1) aus Klappentext zu Federico García Lorca: *La casa de Bernarda Alba*, Colección Austral, 1520, Madrid [5]1979; (2) aus: *Diccionario Enciclopédico Santillana*, dirigido por S. Sánchez Cerezo, Madrid 1992, S. 589.)

Bibliografía

> García Lorca, Federico: *La casa de Bernarda Alba* (1936), Colección Austral, 1520, Madrid ⁵1979, S. 25, 26, 43, 47 - 49, 120 - 123.
> Genoud de Fourcade, M.: "La madurez trágica de 'La casa de B. A.'", in: *Revista de Literaturas Modernas*, 17, (1984), S. 99 - 110.
> Doménech, R.: *'La casa de B. A.' y el teatro de G. L.*, Madrid 1985. (*)
> Ruiz Ramón, F.: "Espacios dramáticos en 'La casa de Bernarda Alba'", in: *Gestos*, 1, (1986), S. 87 - 100.
> Floeck, W.: "F. García Lorca. 'La casa de Bernarda Alba'", in: Roloff, V.; Wentzlaff-Eggebert, H. (Hg.): *Das spanische Theater vom Mittelalter bis zur Gegenwart*, Düsseldorf 1988, S. 370 - 384. (*)
> Walsh, J. K.: "Las mujeres en el teatro de Lorca", in: Loureiro, A. (Hg.): *Estelas, laberintos, nuevas sendas (Unamuno. Valle-Inclán. García Lorca. La Guerra Civil)*, Barcelona 1988, S. 279 - 295.
> Feal, C.: *Lorca: Tragedia y mito*, Ottawa 1989.
> Ynduráin, D.: "Introspección en Bernarda Alba", in: *Homenaje al Profesor Antonio Gallego Morell*, Granada 1989, III, S. 489 - 494.
> Serrano Carrasco, C.: *'La casa de Bernarda Alba' de F. García Lorca*, Apuntes Cúpula, Barcelona 1989. (*)
> Rogmann, H.: "Federico García Lorcas Theater: Variationen 'eines' Themas", in: Floeck, W. (Hg.): *Spanisches Theater im 20 Jahrhundert*, Tübingen 1990, S. 135 - 153.
> Vitale, R.: *El metateatro de Federico García Lorca*, Madrid 1991.
> Dougherty, D.; Vilches, Mª. F. (Hg.): *El teatro en España. Entre la tradición y la vanguardia (1918 - 1939)*, Madrid 1992.
> Blasco, F. J.; de la Fuente, R.: "Prosa y teatro de la Generación del 27", in: Sánchez Vidal, A. (Hg.): *Época contemporánea: 1914 - 1939*, in: Rico, F. (Hg.): *Historia y crítica de la literatura española*, Barcelona 1995, S. 360 - 400, bes. S. 374 - 379.
> Redaktion Kindlers Literatur Lexikon: "Federico García Lorca. 'La casa de Bernarda Alba'", in: *Hauptwerke der spanischen und portugiesischen Literatur*, München 1995, S. 309 - 310.
> Sánchez Ferrer, J. L.: *Selectividad Literatura*, Madrid 1996, zu García Lorca: *La casa de Bernarda Alba*, S. 44 - 47.
> Neuschäfer, H.- J. (Hg.): *Spanische Literaturgeschichte*, Stuttgart 1997, S. 343-48: "Neue Einstellungen zur Sexualität, zum Verhältnis der Geschlechter, zur Ehre und zu den Werten der Tradition".
> Sánchez Ferrer, J. L.: *Selectividad Literatura*, Madrid 1997, zu García Lorca: *La casa de Bernarda Alba*, S. 14 - 17.
> Vences, U.: "Film und Video im Fremdsprachenunterricht am Beispiel von zwei gefilmten Szenen aus 'La casa de Bernarda Alba' von F. García Lorca", in: *Hispanorama*, 79, (1998), S. 42 - 45.
> Ibáñez, M.: "Federico García Lorca", in: *Ecos*, 6/1998, S. 50 - 53.

Manuel Machado: *Andalucía* (1936)

> Cádiz, salada claridad... Granada,
> agua oculta que llora.
> Romana y mora, Córdoba callada.
> Málaga, cantaora.
> 05   Almería dorada...
> Plateado Jaén... Huelva: la orilla
> de las Tres Carabelas.
>   Y Sevilla.

Tarea: Comente la poesía.

Erwartungshorizont

Con sólo veintiocho palabras Manuel Machado, andaluz de Sevilla, describe su patria, Andalucía. Esta Comunidad Autónoma en el sur de España tiene **ocho provincias**, mencionadas todas en siete versos de **once** o **siete sílabas**. Los **endecasílabos** y **heptasílabos** forman una **silva** con **rimas consonantes** que se distribuyen de la manera siguiente: AbAbaCC.

De una forma extraordinariamente **concisa** Machado atribuye a cada provincia los rasgos característicos con respecto a su **situación geográfica**, su **historia** o su **cultura**. Además se dirige con estas características a los **cinco sentidos** así que toda la poesía resulta ser una sola **sinestesia** que intensifica las impresiones esbozadas por el autor. Al leer esta poesía, se puede **ver, escuchar, saborear, oler y sentir** Andalucía.

En los primeros dos versos, Machado se ocupa de **Cádiz** y **Granada** poniendo de relieve sus rasgos típicos respectivos y construyendo al mismo tiempo un **contraste** entre las dos provincias. La provincia de **Cádiz** está úbicada en la **Costa de la Luz**, conocida - como ya indica el nombre - por una extrema **luminosidad** o "claridad". La capital también se encuentra a orillas del Atlántico, es una península en la Bahía de Cádiz, rodeada por el agua "salada" del mar. En contraposición a esta "salada claridad" lo que caracteriza **Granada** es "agua oculta que llora".

Este contraste está subrayado por el empleo de las vocales. Las vocales **'a'** e **'i'** evocan la impresión de **brillo**, de **alegría**, atribuidos a Cádiz, las vocales más bien oscuras del segundo verso, **'o'** y **'u'**, producen una **impresión melancólica**, puesta de relieve también por el único verbo en toda la poesía: "llora".

El "agua oculta" de Granada es agua dulce, pero a la vez un poco 'amarga'. En el sentido literal se refiere a las aguas, arroyos y fuentes que hay en la **Alhambra**, hoy día una de las atracciones más grandes de toda España y antes la residencia de los **reyes moros**. A estas circunstancias históricas alude Machado en el sentido figurado del verso. Después de la toma de Granada el 2 de enero de 1492 por los Reyes Católicos los árabes y con ellos su último rey de esta época, Boabdil, fueron expulsados de la Península. Según una **anécdota histórica** éste se echó a llorar al contemplar por última vez su ciudad querida desde un lugar que hoy se llama 'El Suspiro del Moro'.

Una **alusión histórico-cultural** la encontramos también en el tercer verso de la silva que trata de **Córdoba**. En la Edad Media fue una de las ciudades más grandes y ricas del mundo con aproximadamente un millón de habitantes y el **centro filosófico-intelectual** de los árabes en la Península (Maimonides, Averroes).

Había tiempos de convivencia pacífica de las culturas judía, árabe y cristiana, pero también épocas con escaramuzas y guerras entre los españoles y los moros. En el curso de la Reconquista los cristianos avanzaron poco a poco hacia el sur y en 1236 conquistaron Córdoba. Cómo símbolo de su victoria sobre los infieles se construyó más tarde en el centro de la mezquita una catedral cristiana (de 1523 a 1766) que hoy día sorprende a los visitadores por ser una **mezcla de dos religiones**. En el casco antiguo de la ciudad siguen existiendo aún a finales del siglo XX algunas estrechas callejas "calladas" que forman un verdadero contraste con **Málaga**, una ciudad "cantaora". La falta de la 'd' ("cantaora" en vez de 'cantadora') llama la atención del lector sobre el **folclore** típico de Andalucía: el **flamenco**, conocido en todo el mundo por su ritmo, sus bailaores, tocaores y cantaores del cante jondo.

También en los próximos dos versos encontramos un contraste. Mientras que Manuel Machado atribuye a la provincia de **Almería** el epíteto "dorada", **Jaén** es "plateado". Estos dos versos tan concisos son un **quiasmo**, es decir una ordenación cruzada de los miembros constituyentes de dos unidades sintácticas que se organizan en secuencias paralelas, de forma que en la segunda se invierta el orden de la primera.

Para poder entender el sentido de las dos **elipsis** hay que saber que gran parte de la provincia de **Almería** parece un **desierto** a causa de la falta de agua, árboles, praderas verdes o vegas fértiles. Como casi siempre hace sol en Almería y llueve sólo poquísimas veces, el atributo "dorada" caracteriza perfectamente el paisaje del extremo sureste de Andalucía que se encuentra cerca del Sáhara africano.

Jaén es famoso por sus **olivares**. Según las estadísticas hay aproximadamente 150 millones de olivos que justifican el epíteto "plateado", porque las hojas son verdes y plateadas. Cuando hace viento los olivares dan la impresión de mares plateados que se extienden hasta el horizonte.

El segundo **hemistiquio** de este endecasílabo y el verso siguiente aluden a otro **acontecimiento histórico** de suma importancia para España: el **descubrimiento de América** por Cristóbal Colón. Igual que la toma de Granada tuvo lugar en **1492**, uno de los años clave en la historia española. Colón inició su travesía del Atlántico el 3 de agosto de aquel año, zarpando de Palos (**Huelva**) con tres naves: la 'Santa María', la 'Pinta' y la 'Niña'. A este suceso se refiere "la orilla / de las Tres Carabelas" que Manuel Machado atribuye a la provincia de Huelva en el extremo suroeste de Andalucía.

Falta la capital de Andalucía, **Sevilla**. Sobre esta ciudad, su ciudad natal, el poeta no dice nada. No menciona ni un atributo característico en cuanto a su situación geográfica ni alusiones histórico-culturales. Después de "las Tres Carabelas" hay una pausa larga. Machado continúa este verso en la próxima línea. Así subraya que "Y Sevilla." es el **clímax** de su poema. El lector se preguntará quizás por qué el poeta no atribuye explícitamente algún epíteto o al menos un adjetivo descriptivo a esta ciudad o a la provincia. La respuesta es muy fácil. En su opinión no hace falta describir Sevilla con palabras. Todo el mundo la conoce, es la **ciudad andaluza por antonomasia**, una **síntesis** de los rasgos característicos de su patria. Cada palabra sobraría, ante todo en una poesía tan concisa como ésta.

En resumen se puede decir que Manuel Machado logra componer un **himno a Andalucía**. Utilizando una **técnica impresionista, alusiva y sinestética** pone de relieve en poquísimas palabras lo más esencial de cada una de las ocho provincias y capitales respectivas de su tierra natal. Mediante esta silva expresa también su profundo amor a su tierra natal.

Vida y obras de Manuel Machado

El poeta Manuel Machado **nació** en **Sevilla** el 29 de agosto de **1874** y **murió** en **Madrid** el 19 de enero de **1947**. Estudió la carrera de **Filosofía y Letras** y fue director de la Hemeroteca y del Museo Municipal de Madrid.

Fundó varias revistas, colaborando intensamente en la **prensa diaria** de Europa y América. **Académico** de número de la **Española de la Lengua** desde 1938.

Unamuno dijo de él que sólo por su composición titulada *Castilla* merecía pasar a las antologías y vivir para siempre en la poesía española. En *Adelfos* hay otro poema de florilegio, una de las más bellas autobiografías poéticas de los tiempos actuales. [...] Es autor, en colaboración con su hermano Antonio, de varias **obras teatrales** que lograron resonante éxito. [...] Lo que le ha dado celebridad en el campo de las letras han sido sus **poemas**, [...] que excitan la sensibilidad del lector con bellísimas imágenes de honda poesía.

(aus Klappentext zu: Manuel Machado: *Antología*, Colección Austral, 131, Madrid [10]1978.)

Bibliografía

> Machado, Manuel: "Andalucía" (1936), in: *Antología*, Colección Austral, 131, Madrid [10]1978, S. 69.

> Diego, G.: *Manuel Machado, poeta*, Madrid 1974.

> Gayton, G.: *Manuel Machado y los poetas simbolistas franceses*, Valencia 1975.

> Brotherston, G.: *Manuel Machado*, Madrid 1976.

> Diego, G.: "Manuel Machado (1874 - 1947)", in: *Crítica y poesía*, Madrid 1984, S. 253 - 261.

> Brotherston, G.: "La poesía andaluza y modernista de Manuel Machado", in: *Actas del Congreso Internacional sobre el modernismo español e hispanoamericano y sus raíces andaluzas y cordobesas*, (ed. G. Carnero), Córdoba 1987, S. 267 - 276. (*)

> Tietz, M. (Hg.): *Die spanische Lyrik der Moderne*, Frankfurt 1990.

> Barón, E.: *M. Machado y la poesía irónica moderna*, Sevilla 1992.

> Peguero, A.: "Manuel Machado: 'Phoenix', Canto a Andalucía", in: Pedraza Jiménez, F. B., Rodríguez Cáceres, M. u. a. (coord.): *Textos Literarios Comentados*, Pamplona 1992, S. 247 - 255. (*)

> Prill, U.: "Manuel Machado: Das lyrische Werk", in: *Hauptwerke der spanischen und portugiesischen Literatur* (Kindlers Neues Literatur Lexikon), München 1995, S. 336 - 338.

Max Aub: *Campo cerrado* (1939)

Viver de las Aguas

Al toro de fuego le tienen atado y cubierta la cabeza con un saco,
en una jaula de madera, formada con estacas bajo el sotechado de
la casa del tío Cola. En cada cuerno le fijan una gran bola de alqui-
trán sostenida por unos flejes de hierro, ya las encienden y flame-
05 an, ya sueltan el pavoroso bruto. Por las calles blancas y negras cu-
lebrea la serpiente del terror pánico.
Anúnciase por su luz. Tíñese la cal del más leve rosear cuando todavía le separan cincuenta metros de la esquina inmediata. Aparecen larguísimas sombras; a todo correr se empequeñecen, redu-
10 ciéndose a la nada para volver a surgir, creciendo contrarias según
la carrera del basilisco. De portones, portaladas, portillos y balco-
nes, recovecos, esquinas, escaleras y mástiles, de la plaza y de las
calles ligadas entre sí en círculo para que el toro persiga su propia
sombra hasta que se le acabe, surgen, se alzan, levantándose los
15 unos a los otros, gritos y voces, clamores y chillería. ¡Ya viene!
¡Ya llega! ¡Ya está ahí! Lo llaman, lo desean, lo quieren y cuando
la luz, las llamas, la bárbara mole nocturna se abalanzan por el callejón, vuélveseles pavor el deseo, como tras un primer coito frené-
tico y furtivo.
20 ¡Ya viene! ¡Ya llega! ¡Ya está ahí! Pasa la bestia velocísima,
huyendo de sí misma, viril maldición ardiente, mito hecho carne y
uña, con olor de cuerno quemado. Ya se despeña hacia arriba, ya
vuelven la luna y su sombrilla leve por la lechada nueva de los pa-
ramentos. Ronda el toro su forzado circuito; el amplio rumor de la
25 plaza señala a los espectadores de las callejas la vuelta cumplida.
- ¡Ya vuelve!
Busca ardiente cinco, seis, siete veces su salida inalcanzable. Rueda de fuego. Párase frente a una casa, revuélvese en un callejón sin
salida; baladran las mujeres, cían los valientes. A lo tarde se enta-
30 blera a la querencia del campo en una esquina de la plaza. Los más
osados, viéndole rendido, se atreven, desde lejos, a desafiarlo, sá-
lense de naja al menor reparo del bruto. Rafael Serrador odia a sus
convecinos: al Maño, al Pindongo, al tío Cuco, al Tartanero, al Se-
rranet, que se lanzan ahora a citar el espléndido animal. "¡Si los
35 moliera!"
Todas las tertulias del pueblo, de la del Casino a la del Círculo Radical - que ahora se llama Unión Patriótica - condenan durante 357
días al año la cruel costumbre; nadie, sin embargo, cuando llega la

época de las fiestas de septiembre, deja de desear la aparición míti-
40 ca del toro de fuego. Rafael Serrador quisiera, con la fuerza de sus
ocho, de sus diez años, que el toro la emprendiera con todo el
pueblo, que no dejara piedra sobre piedra; y se figura, en su noche,
el pueblo humeante y todos sus vecinos malheridos, y por los cie-
los una gran procesión de toros de fuego en forma de arcoiris.

Anotaciones:

02: palo con una punta más afilada que la otra
02: construcción que consiste en un techo, sin paredes o con paredes
incompletas
03: sustancia pegajosa, de color oscuro y olor fuerte (Teer)
04: pieza de acero o hierro
12: rincón; ángulo o revuelta de un camino
17: cosa corpulenta; masa, bulto, volumen
19: escondido, oculto
23: Mörtel
23: cualquiera de las dos caras de un muro
29: gritar
29: andar hacia atrás, retroceder
30: inclinación afectiva hacia algo, aquí: al lugar en que se crió
31: 'verduften'

Tareas:

1. Resuma el contenido del extracto.
2. Explique el simbolismo del toro de fuego y describa la temática de
   Campo cerrado.
3. Sitúe el fragmento en el conjunto de la novela y caracterice su
   estructura.
4. Analice brevemente el papel de Rafael Serrador y de otros personajes de *Campo cerrado*.
5. ¿Cuál es la función de *Campo cerrado* en el conjunto del *Laberinto mágico* de Max Aub?

Erwartungshorizont

1. Resuma el contenido del extracto.

Im Textauszug wird ein **Brauch** beschrieben, der in Viver de las Aguas (Castellón) alljährlich zu Ehren des Schutzpatrons praktiziert wird: Ein **Stier**, an dessen Hörnern **brennende Teerkugeln** befestigt sind, wird von einer johlenden Menge durch das verbarrikadierte Dorf **gehetzt**. In Panik geraten, sucht er verzweifelt und vergeblich einen Ausweg aus diesem Labyrinth (Z. 1- 32). Der etwa **neunjährige Rafael**, Zeuge dieser brutalen Szenerie, wünscht sich daher, der Stier würde seine Peiniger auf die Hörner nehmen und das ganze Dorf niederwalzen. In seiner Phantasie malt er sich aus, wie die Ortschaft in Schutt und Asche liegt und am Himmel eine **Prozession von Feuerstieren** vorbeizieht (- Z. 44).

2. Explique el simbolismo del toro de fuego y describa la temática de *Campo cerrado*.

En la novela de Aub el toro **simboliza a los españoles** que se ven atrapados en un **laberinto** que lleva inevitablemente a la Guerra Civil. La corrida del toro de fuego por el pueblo castellonense corresponde, pues, a la **búsqueda desesperada** del pueblo español de una **solución pacífica**.

La **Guerra Civil** es también el **tema principal** del libro. Aunque la historia de Rafael Serrador (niñez, adolescencia, muerte) **hasta el estallido** de la guerra en 1936 ocupa la mayor parte de la novela, la guerra siempre está presente (por ejemplo en las tertulias o en la imaginación de la gente). **Temas secundarios** son las ideologías distintas, la alienación, la falta de comunicación humana, el destino del hombre y la muerte.

3. Sitúe el fragmento en el conjunto de la novela y caracterice su estructura.

Esta 'fiesta popular' es uno de los primeros recuerdos infantiles de Rafael. Se describe en el **primer capítulo** de la **primera parte** de *Campo cerrado* que a su vez es la **novela introductoria** a un ciclo de novelas que forman el *Laberinto mágico*. *Campo cerrado* se compone de **tres partes** con **tres capítulos**, respectivamente, y un epílogo titulado 'Colmo'.

En la **primera parte** el lector se entera de la **juventud del protagonista** y su camino de Viver por Castellón a Barcelona; la **segunda parte** refleja el **conflicto de ideologías** en la España de los años 30; la **tercera parte** trata del comienzo de la Guerra Civil el **18 de julio de 1936**. La narración de los sucesos en este día fatídico está dividida en tres capítulos que corresponden a la madrugada, a la mañana hasta el mediodía y a la tarde de dicho día. Al final de la novela Serrador muere a causa del tifus.

4. **Analice brevemente el papel de Rafael Serrador y de otros personajes de *Campo cerrado*.**

Aub no **está interesado** tanto en el desarrollo de la acción (que en el sentido estricto de la palabra no existe en esta novela) o de personajes como **en la evolución de ideas** y reflexión sobre las mismas. Esta actitud tiene consecuencias para los personajes en general y ante todo para Rafael Serrador. En el fragmento presente, Rafael, niño aún, es un **testigo** inocente de la escena cruel. Este es el papel que tiene preferentemente en toda la novela. Aunque su despertar como joven y hombre ocurre pronto e incluso se muestra capaz de violencia, Serrador sigue siendo más bien **pasivo**. En la segunda parte del libro, por ejemplo, es un **observador solitario** en las tertulias y escucha las discusiones sobre temas políticos. Da la impresión de ser **indiferente** y no se identifica con ninguna ideología. Parece que no sabe qué hacer y a veces pronuncia preguntas como: "¿Qué quiero ser?" Serrador no está descrito físicamente y también su carácter es un poco misterioso, como 'protagonista' le falta profundidad interior.

Ya que no hay una trama argumental en el sentido estricto de la palabra en *Campo cerrado* - domina la presentación de teorías, ideologías e ideas distintas -, **los personajes en general son secundarios** y reflejan la situación histórica y el ideario del autor. Como el toro simboliza el intento desesperado de la gente de escapar de la guerra, los personajes son una réplica de este animal. El lector puede anticipar que muchos de ellos morirán porque la guerra es para ellos una trampa mortal. Salta a la vista que en toda la novela casi no aparecen mujeres, y si las hay su función es ante todo satisfacer los deseos sexuales de los hombres.

5. **¿Cuál es la función de *Campo cerrado* en el conjunto del *Laberinto mágico* de Max Aub?**

Campo cerrado ist der erste von insgesamt sechs Romanen, die den Romanzyklus des *Laberinto mágico* von Aub bilden. Ihm kommt somit die **Funktion der Einleitung** zu, in der die Voraussetzungen geschaffen werden für die folgenden Werke.

Hauptthema ist der **Spanische Bürgerkrieg** von 1936 - 1939, dessen Ausbruch zwar erst im letzten Teil von *Campo cerrado* geschildert wird, der aber von Anfang an stets wie ein drohendes Damokles-Schwert über den Personen schwebt und für eine insgesamt düstere Atmosphäre verantwortlich ist.

Aub macht dabei auf eindringliche Art und Weise deutlich, wie das **spanische Volk**, der eigentliche Protagonist des Buches, zum **Opfer** der von ihm selbst entfesselten und später **nicht mehr kontrollierbaren Gewalt** wird, sich im 'Magischen Labyrinth' gleichsam verirrt und dem Chaos entgegentreibt.

Vida y obras de Max Aub

Max Aub **nació en París en 1903**, de madre alemana y padre francés. A los once años se trasladó con su familia a España, instalándose en **Valencia**, capital a la que siempre quiso con probado cariño. Su esposa es valenciana.
En **Francia** hizo **estudios primarios** en el Collège Rollin, de París. En la ciudad del Turia cursó estudios secundarios. Por razones familiares dedicó muchos años a viajar por toda España.

Desde muy joven sintió la **llamada literaria**. En Madrid, donde vivió, formó parte de la **generación del 27** [...], siendo uno de los pilares del superrealismo español.
Al acabar la guerra civil española **se exilió**. En Francia fue detenido y **deportado a Argel** por los ocupantes nazis. Acabada su prisión pasó a **México**, donde murió el **23 de julio de 1972**.

En la capital azteca produjo lo más importante de su variada producción literaria, que abarca **teatro, novela, ensayo, crónica y poesía**.
Fue, además, profesor, conferenciante y colaborador en la prensa diaria, inquieto y poroso hasta su última hora.

Entre sus numerosas obras destacan las **novelas *Campo cerrado*** [1939], publicado en 1943], *Campo de sangre* [1945], *Campo abierto* [1951], *Campo del Moro* [1963], *Campo francés* [1965], *Campo de los almendros* [1968, los seis libros que forman el *Laberinto mágico*] o *Las buenas intenciones* [1954]. Recordemos los siguientes **títulos teatrales**: *La vida conyugal* [1942], *Morir por cerrar los ojos* [1944], *No* [1949], o *De algún tiempo a esta parte*. En **poesía** apuntemos *Los poemas cotidianos* y *Diario de Djelfa* [1944]. Fue autor de una *Historia de la literatura española* [1966] con nuevo enfoque valorativo y del ensayo *La poesía española contemporánea*, de posguerra.

(aus: Klappentext zu Max Aub: *Deseada; Espejo de avaricia*, Colección Austral, 1527, Madrid 1973.)

Bibliografía

> Aub, Max: *Campo cerrado* (1939), aus: *Laberinto mágico* (1943 - 1968), Ficción Universidad Veracruzana, 77, México 1968, S. 15f.

> Soldevila Durante, I.: "El español Max Aub", in: *La Torre*, 8, (1961), S. 103 - 120.

> Carenas, F.: "Análisis de los grupos sociales en 'Campo cerrado'", in: *Cuadernos Americanos*, 174, (1971), S. 197 - 213.

> Soldevila Durante, I.: *La obra narrativa de Max Aub, 1929 - 1969*, Madrid 1973. (*)

> Tuñón de Lara, M.: "El 'Laberinto mágico'", in: *Cuadernos Americanos*, 87, (1973), S. 85 - 90.

> Sobejano, G.: *Novela española de nuestro tiempo*, Madrid ²1975.

> Longoria, F. A.: *El arte narrativo de Max Aub*, Madrid 1977. (*)

> Durán, M.: "El 'Laberinto mágico' y la novela de la guerra civil española", in: *Actas del simposio internacional de estudios hispánicos*, Budapest 1978, S. 339 - 349.

> Prats Rivelles, R.: *Max Aub*, Madrid 1979.

> Soldevila, Durante, I.: *La novela desde 1936*, Madrid 1980, II: "La generación de la guerra civil", S. 92 - 167. (*)

> Bertrand de Muñoz, M.: *La Guerra Civil Española en la novela. Bibliografía comentada*, 3 Bände, Madrid 1982 - 1987.

> Díaz, J. W.: "Spanish Civil War in the Novels of Aub, Ayala and Sender", in: Moeller, H. (Hg.): *Latin America and the Literature of Exile*, Heidelberg 1983, S. 207 - 231.

> Gonzales Pozuelo, I.: "El 'Laberinto mágico': Max Aub entre la novela y la historia", in: *Insula*, 449, (1984), S. 3.

> Schmigalle, G. (Hg.): *Der spanische Bürgerkrieg. Literatur und Geschichte*, Frankfurt 1986.

> Schmolling, R.: *Literatur der Sieger. Der spanische Bürgerkriegsroman im gesellschaftlichen Kontext des frühen Franquismus (1939 - 1943)*, Frankfurt 1990. (*)

> Neuschäfer, H. -J.: *Macht und Ohnmacht der Zensur. Literatur, Theater und Film in Spanien (1933 - 1976)*, Stuttgart 1991 (span.: *Adiós a la España Eterna. La dialéctica de la censura. Novela, teatro y cine bajo el franquismo*, Barcelona 1994.

> Fuentes Rojo, A.: "Max Aub: 'Laberinto mágico'", in: *Hauptwerke der spanischen und portugiesischen Literatur* (Kindlers Neues Literatur Lexikon), München 1995, S. 382 - 384. (*)

> Umbral, F.: *Diccionario de literatura. España 1941 - 1995: de la posguerra a la posmodernidad*, Madrid 1995.

> Vilanova, A.: *Novela y sociedad en la España de la posguerra*, Barcelona 1995.

> Albert, M.: *Avantgarde und Faschismus: Spanische Erzählprosa 1925 - 1940*, Tübingen 1996.

Camilo José Cela:
La familia de Pascual Duarte (1942)

Yo, señor, no soy malo, aunque no me faltarían motivos para serlo.
Los mismos cueros tenemos todos los mortales al nacer y sin embargo, cuando vamos creciendo, el destino se complace en variar-
nos como si fuésemos de cera y en destinarnos por sendas diferen-
05　tes al mismo fin: la muerte. Hay hombres a quienes se les ordena
marchar por el camino de las flores, y hombres a quienes se les
manda tirar por el camino de los <u>cardos</u> y de las <u>chumberas</u>. Aqué-
llos gozan de un mirar sereno y al aroma de su felicidad sonríen
con la cara del inocente; estos otros sufren del sol violento de la
10　llanura y arrugan el <u>ceño</u> como las <u>alimañas</u> por defenderse. Hay
mucha diferencia entre adornarse las carnes con <u>arrebol</u> y colonia,
y hacerlo con tatuajes que después nadie ha de borrar ya.
　　Nací hace ya muchos años - lo menos cincuenta y cinco - en un
pueblo perdido por la provincia de Badajoz; el pueblo estaba a
15　unas dos leguas de Almendralejo, <u>agachado</u> sobre una carretera lisa y larga como un día sin pan, lisa y larga como los días - de una
lisura y una largura como usted para su bien, no puede ni figu-
rarse - de un condenado a muerte. [...]
　　Se llevaban mal mis padres; a su poca educación se unía su escasez
20　de virtudes y su falta de conformidad con lo que Dios les mandaba
- defectos todos ellos que para mi desgracia hube de heredar - y esto hacía que se cuidaran bien poco de pensar los principios y de re-
frenar los instintos, lo que daba lugar a que cualquier motivo, por
pequeño que fuese, bastara para desencadenar la tormenta que se
25　prolongaba después días y días sin que se le viese el fin. Yo, por lo
general, no tomaba el partido de ninguno porque si he de decir
verdad tanto me daba el que cobrase el uno como el otro; unas
veces me alegraba de que <u>zurrase</u> mi padre y otras mi madre. [...]

　　La cabeza la llegué a tener como molida de lo mucho que pensé en
30　lo que había de hacer, y como cualquier solución que no fuera volver al pueblo me parecía aceptable, me agarré a todo lo que pasaba, cargué maletas en la estación [de La Coruña] y fardos en el
muelle, ayudé a la labor de la cocina en el hotel Ferrocarrilana, es-
tuve de <u>sereno</u> una temporadita en la fábrica de Tabacos, e hice de
35　todo un poco hasta que terminé mi tiempo de puerto de mar viviendo en casa de la Apacha, en la calle del Papagayo, subiendo a la izquierda, donde serví un poco para todo, aunque mi principal trabajo se limitaba a poner de patitas en la calle a aquellos a quienes se
les notaba que no iban más que a alborotar. [...]

40 Allí estaba [la madre de Pascual], echada bajo las sábanas, con su
    cara muy pegada a la almohada. [...] Di la vuelta para marchar. El
    suelo crujía. Mi madre se revolvió en la cama.
    - ¿Quién anda ahí?
    Entonces sí que ya no había solución. Me abalancé sobre ella y la
45 sujeté. Forcejeó, se escurrió... Momento hubo en que llegó a tener-
    me cogido por el cuello. Gritaba como una condenada. Luchamos;
    fue la lucha más tremenda que usted se puede imaginar. Rugíamos
    como bestias, la baba nos asomaba a la boca... En una de las vuel-
    tas vi a mi mujer, blanca como una muerta, parada a la puerta sin
50 atreverse a entrar. Traía un candil en la mano, el candil a cuya luz
    pude ver la cara de mi madre, morada como un hábito de nazare-
    no... Seguíamos luchando; llegué a tener las vestiduras rasgadas, el
    pecho al aire. La condenada tenía más fuerzas que un demonio.
    Tuve que usar de toda mi hombría para tenerla quieta. Quince ve-
55 ces que la sujetara, quince veces que se me había de escurrir. Me
    arañaba, me daba patadas y puñetazos, me mordía. Hubo un
    momento en que con la boca me cazó un pezón - el izquierdo - y
    me lo arrancó de cuajo.
    Fue el momento mismo en que pude clavarle la hoja en la gar-
60 ganta...
    La sangre corría como desbocada y me golpeó la cara. Estaba
    caliente como un vientre y sabía lo mismo que la sangre de los
    corderos.
    La solté y salí huyendo. Choqué con mi mujer a la salida; se le
65 apagó el candil. Cogí el campo y corrí, corrí sin descanso, durante
    horas enteras. El campo estaba fresco y una sensación como de
    alivio me corrió las venas.
    Podía respirar...

Anotaciones: 07: planta espinosa silvestre; 07: Feigenkaktus; 10: Stirn-
runzeln; 10: aquí: persona que se comporta hacia sus semejantes sin sentimientos o con extrema violencia; 11: 'Abendrot', hier: Schminke; 15:
'kauern', sich ducken; 28: golpear, pegar; 34: hombre que en las ciudades
vigila por la calle durante la noche; 45: luchar; 45: escaparse; 51: color
entre azul y rojo, dunkelviolett

Tareas:

1. Resuma las ideas centrales de los fragmentos.
2. Explique la estructura de *La familia de Pascual Duarte*.
3. Analice la novela teniendo en cuenta los elementos del género
    picaresco que se encuentran en ella.
4. Sitúe el mensaje de la obra en el contexto histórico-literario de
    la posguerra.

Erwartungshorizont

1.   Resuma las ideas centrales de los fragmentos.

Los extractos pertenecen a los capítulos [1], [14] y [19] del libro, es decir, reflejan situaciones y fases distintas del desarrollo de Pascual Duarte que ha sido **condenado a muerte** a causa de varios asesinatos.

La primera parte comienza con **reflexiones generales** del protagonista sobre la vida de los hombres afortunados que están integrados plenamente en la sociedad y los que viven al margen o fuera de ella (ll. 1-12).

Luego el lector se entera de las circunstancias de la **niñez** de Pascual y de cómo se comportan sus padres. Nacido en un pueblo olvidado de **Extremadura**, Pascual vive una vida poco feliz, sus padres se pegan frecuentemente y las relaciones afectivas faltan por completo (ll. 13 - 28).

En el segundo párrafo (ll. 29 - 39) Pascual describe **diversas actividades** que ejerció en Galicia después de la muerte de su hijo Pascualillo (capítulo [10]): trabaja en la estación, en la cocina de un hotel o como sereno. En vano trata de olvidar su triste pasado.

El tercer fragmento, tomado del último capítulo, trata de la **lucha tremenda** entre Pascual y su madre. Después de matarla, no siente arrepentimiento sino alivio, se siente libre: "Podía respirar..." (l. 69).

2.   Explique la estructura de *La familia de Pascual Duarte*.

La estructura de la novela es sumamente **simétrica** y está cuidadosamente **elaborada**. La obra consta de **tres partes**. La **parte central** se compone de 19 capítulos. En ellos Cela desarrolla **tres secuencias** de cinco capítulos en los cuales la **violencia**, hilo conductor del libro, se acrecienta constantemente. Al principio Pascual mata a una perra, hay paliza del padre. En la segunda etapa mata a una yegua, muere su hijo Pascualillo y Pascual huye a Galicia. En la tercera parte mata a El Estirao y a su madre, o sea, actos violentos le acompañan desde su juventud hasta la muerte. Esta **espiral de la violencia** está interrumpida dos veces por reflexiones en la cárcel ([6], [13]) y un capítulo de 'reposo' ([7], [14]). Sin embargo, Pascual Duarte no es capaz de salir de este **círculo vicioso**.

La **trama novelesca** - las memorias del protagonista - está integrada en un **marco exterior**. La **parte introductoria** abarca a su vez **cuatro segmentos**: una **'nota'** del transcriptor (que pretende transcribir "las páginas encontradas en una farmacia de Almendralejo"), una **'carta'**, escrita por Pascual Duarte en la cárcel de Badajoz "anunciando el envío del original", una "**cláusula del testamento** ológrafo otorgado por don Joaquín Barrera López" y una **'dedicatoria'** de Pascual Duarte.

La **parte final** del libro se compone a su vez de **cuatro elementos**: Otra 'nota' del transcriptor, una 'carta' del presbítero Santiago Lurueña, una 'carta' de Cesáreo Martín, cabo de la Guardia Civil, y una 'nota' final del transcriptor.

Como se ve, la **estructura** de la novela es perfectamente **equilibrada**. Además hay **dos narradores principales**: Pascual, el protagonista mismo, y un transcriptor. Esta técnica es conocida desde el Siglo de Oro. El autor pretende ser sólo el copista de una historia que publica - después de una **autocensura** - bajo el pretexto de dar un ejemplo repugnante.

3. **Analice la novela teniendo en cuenta los elementos del género picaresco que se encuentran en ella.**

Affinitäten zu 'narraciones picarescas' des Siglo de Oro lassen sich konstatieren zum einen hinsichtlich **Erzählstruktur, -situation** und **-intention**, zum anderen hinsichtlich der Übernahme einer Reihe von zum Teil **wörtlichen Formulierungen** aus *Lazarillo de Tormes*, *Guzmán de Alfarache* von Mateo Alemán, oder Quevedos *La vida del Buscón* und schließlich in bezug auf die **Charakterisierung des Protagonisten**.

Die obigen Ausführungen zum Aufbau machen bereits deutlich, daß es **strukturelle Parallelen** gibt zwischen *La familia de Pascual Duarte* und den erwähnten pikaresken Erzählungen.

Die **Erzählsituation** wird bestimmt durch die **Beichte** des zum Tode verurteilten Pascual Duarte, und zwar im Sinne einer 'confesión', die Erinnerungen wach werden läßt beispielsweise an die **retrospektiven Berichte** und **Bekenntnisse** des Galeerensträflings Guzmán.

In engem Zusammenhang mit der Erzählsituation steht die **Erzählintention**. Die angesprochene **Selbstbezichtigung** in Verbindung mit einer **Rechtfertigung** vollzieht sich analog zur klassischen Schelmenliteratur in Form eines fiktiven Briefes, wobei der Todeskandidat Pascual Duarte bemüht ist, Bedauern und Mitgefühl des Empfängers, also indirekt auch des Lesers zu evozieren.

Dabei entspricht der Brief an Joaquín Barrera López der im Goldenen Zeitalter gängigen Prologtopik eines *Lazarillo* oder *Guzmán*, d. h. im Rahmen seines Entlastungsversuchs wendet sich Pascual Duarte an einen von Cela eingeschobenen **fiktiven Adressaten**. So gesehen erinnert also auch die **autobiographische Struktur** der Erzählung von Celas Frühwerk an pikareske Vorgänger des 16. und 17. Jahrhunderts. **Erzähler und Protagonist** sind **identisch**, und analog zu *Lazarillo de Tormes* verfaßt ein älterer, reiferer Mensch in Form einer Rückschau seinen Lebensbericht. Aus diesem Grunde handelt es sich bei *La familia de Pascual Duarte* auch eher um einen 'relato' als um einen Roman, der gleichzeitig als **Sozialsatire** gegen gesellschaftliche Mißstände und Ungerechtigkeiten konzipiert ist.

In bezug auf die - bisweilen **wörtlichen** - **Übernahmen** aus den Schelmenerzählungen des 16. und 17. Jahrhunderts läßt sich exemplarisch der **Anfang des Romans** anführen. Auffällig ist die Entsprechung zum Beginn des ersten Kapitels von **Quevedos** *Buscón*: "Yo, señor, soy de Segovia." Er erinnert außerdem an die einleitende Formulierung des 'Primer tractado' von *Lazarillo de Tormes*: Wie Lazarillo mit "Pues sepa Vuestra Merced, ante todas cosas [...]", so wendet sich hier Pascual Duarte ebenfalls an einen in der sozialen Skala höher eingestuften 'señor', um diesem **Rechenschaft abzulegen** über sein bisheriges Tun und Handeln.

Analog zu den **deprimierenden Lebensumständen** pikaresker **(Anti-)Helden** wächst auch Pascual in einem Elternhaus auf, in dem Prügel, Streit und Gewalt an der Tagesordnung sind (Z. 19 - 28). Er will aus der Enge des mit schlimmen Erinnerungen belasteten Provinzdorfes flüchten, sein Heil in der großen, weiten Welt suchen: "[...] y huir, huir muy lejos a La Coruña, huir donde nadie pudiera saberlo, donde se me permitiera vivir en paz esperando el olvido de las gentes, el olvido que me dejase volver para empezar a vivir de nuevo." (S. 152 - 153)

Ausschlaggebend für die Charakterisierung klassischer 'pícaros' war unter anderem, daß sie sich als **Hungerleider** und **Kriminelle** am Rande der Gesellschaft bewegten, durchaus bemüht um Anerkennung, soziale Integration und Aufstieg innerhalb dieser, und daß sie bisweilen nach ihrem verpfuschten Leben einen Anflug von **Reue** zeigten, Besserung gelobten oder sonstwie aus ihrem Teufelskreis zu entrinnen versuchten. Unter diesen Voraussetzungen läßt sich eine Reihe von Gemeinsamkeiten zwischen Pascual und seinen Vorgängern am Text festmachen.

Wie sie ist er weit davon entfernt, ein Held im epischen, cabbaleresken Sinne zu sein, er wird vielmehr in seine Rolle gedrängt, ist **Täter und Opfer** zugleich, deterministisch geprägt durch Lebensumstände, denen er nicht entkommen kann. So gesehen ist bereits der **Titel der Erzählung** richtungsweisend, denn das kollektive "La familia de" deutet an, wie stark er als Protagonist dem Einfluß seiner unmittelbaren Verwandtschaft und Umgebung ausgesetzt ist.

Pascual Duarte verkörpert einen **Außenseiter** in einer Gesellschaftordnung, die beherrscht wird durch das Wechselspiel von Unterdrückern und Unterdrückten, und in der **Gewalterfahrung** zum alltäglichen Leben gehört. Dadurch übt Cela **Kritik an sozialen Strukturen im Spanien der vierziger Jahre**, die gekennzeichnet sind durch Ungleichheit und Abhängigkeitsverhältnisse. Symbolisch kommt diese Unausgewogenheit durch Lolas Kommentar zum Ausdruck, wenn sie feststellt, daß die Fische, die Pascual angelt, nur deshalb so wohlgenährt sind, weil sie sich von den Abfällen des Grafen ernähren, er selbst somit auch indirekt von dessen Speiseresten lebt: "Mi mujer, que en medio de todo tenía gracia, decía que las anguilas estaban rollizas porque comían lo mismo que don Jesús, sólo que un día más tarde." (S. 26)

In diesem Ambiente sozialer und wirtschaftlicher Ungerechtigkeiten ist der Schritt hin zur Lebensführung eines **vagabundierenden Tagelöhners** schnell vollzogen, die Verwandtschaft zu Herrschaftsstrukturen aus dem Siglo de Oro mit dem 'pícaro' als Diener vieler Herren, als **'criado de muchos amos'** besonders augenfällig (vgl. Z. 29 - 39).

Mit seinen pikaresken Ahnen teilt Pascual Duarte ferner den Makel des **Delinquenten**, wenngleich die Einschränkung gemacht werden muß, daß von ihm in der Regel nicht die treibende Kraft ausgeht, sondern er in einer eher **passiven Rolle** durch äußere Umstände zum Verbrechen gedrängt wird. Ohne seine Taten entschuldigen zu wollen, kann man jedoch feststellen, daß er kriminelle Handlungen eigentlich immer nur aus einer defensiven Situation heraus begeht, wenn sie dem in die Enge getriebenen Protagonisten die einzige Lösung zu sein scheinen. Dies wird deutlich, wenn er die Stute tötet, die er für die Fehlgeburt Lolas verantwortlich macht, wenn er mit El Estirao den Nebenbuhler erschlägt, der seiner Meinung nach seine Frau und seine Schwester entehrt hat und ihn ständig beleidigt und provoziert, und wenn er letztlich seine Mutter umbringt, die ihn ein Leben lang drangsaliert hat.

4.   Sitúe el mensaje de la obra en el contexto histórico-literario de la posguerra.

La familia de Pascual Duarte inicia un ciclo de novelas de los años cuarenta que se caracteriza por una **nueva estética**. Salta a la vista desde el principio cierta **brutalidad** en la presentación de la acción (aquí: situaciones violentas o asesinatos), así como **personajes al margen de la sociedad** como protagonistas y un **lenguaje agresivo**, directo, crudo.

Tales rasgos reflejan hasta cierto grado **experiencias vividas y sufridas** de los autores durante la Guerra Civil. Su intención es provocar, a menudo seguir propósitos repugnantes. Esta nueva corriente de la literatura narrativa ha sido llamada **'tremendismo'** y sus obras más representativas son, aparte de ésta de Cela, *Nada* (1945), de Carmen Laforet, y *Los Abel* (1948) de Ana María Matute. Cela mismo dice que obras de este tipo son la "sanguinaria caricatura de la realidad", es decir, enlaza su estética con la **tradición satírico-grotesca** de la literatura española, por ejemplo la picaresca, ante todo *Lazarillo de Tormes* y Quevedo, pero también Baroja (*La lucha por la vida*, 1904) y los esperpentos de Valle-Inclán.

Los actos criminales de Pascual Duarte expresan su incapacidad de sobrevivir en un mundo hostil sin recurrir a la violencia. Su actitud de pecador parece grotesca si se tiene en cuenta su descripción indiferente de actos violentos.

Las intenciones principales de Cela al concebir esta novela son por una parte la **protesta** contra las injusticias sociales en los primeros años de la dictadura de Franco y su propaganda de la armonía familiar y por otra un **fin didáctico-moral**: hacer reflexionar a los lectores de la posguerra sobre el absurdo de la violencia para solucionar problemas personales.

Vida y obras de Camilo José Cela

Camilo José Cela **nació en Iria Flavia, Galicia**, España, en **1916**. Estudió leyes, medicina y filosofía, trabajó como **periodista y actor**, desarrollando simultáneamente actividades diversas, y viajó a pie por toda España. **Fundó la revista** *Papeles de Son Armadans* en 1956. Es miembro de la **Real Academia de la Lengua Española** desde 1957. (1)

Su primera novela, *La familia de Pascual Duarte* (1942), produjo un gran impacto en la vida intelectual de la posguerra española.

Su prosa, originalmente de estilo naturalista, caracterizada por la gran crudeza y frialdad en los temas y su tratamiento, evolucionó más tarde hacia recursos expresivos dominados por un pensamiento más libre, directo y sincero, inspirado en la observación y descripción de caracteres y costumbres típicos de la sociedad española. A menudo **experimenta con las formas y los temas**.

Entre sus obras destacan las **novelas** *Pabellón de reposo* (1944); *La colmena* (1951), uno de los libros que inició en España la **renovación de las técnicas narrativas**; *Mrs. Caldwell habla con su hijo* (1953); *La catira* (1955); *Oficio de tinieblas 5* (1973); *Mazurca para dos muertos* (1983); *Cristo versus Arizona* (1988), y los **libros de viajes** *Viaje a la Alcarria* (1948) y *Del Miño al Bidasoa* (1952).

En **1989** obtuvo el **premio Nobel de literatura**. (2)

((1) aus Klappentext zu Camilo José Cela: *Conversaciones españolas*, Barcelona 1988; (2) aus *Diccionario Enciclopédico Santillana*, dirigido por S. Sánchez Cerezo, Madrid 1992, S. 237.)

Bibliografía

> Cela, Camilo José: *La familia de Pascual Duarte* (1942), Destino-libro, 4, Barcelona ⁸1979, S. 21, 31, 117, 154, 156 - 157.

> Praag Chantraine, J. van.: "El pícaro en la novela española moderna", in: *Revista Hispánica Moderna*, 29, (1963), S. 23 - 31.

> Beck, M.: "Nuevo encuentro con 'La familia de Pascual Duarte'", in: *Revista Hispánica Moderna*, 30, (1964), S. 279 - 298.

> Sobejano, G.: "Reflexiones sobre 'La familia de Pascual Duarte'", in: *Papeles de Son Armadans*, 142, (1968), S. 19 - 58. (*)

> Dougherty, D.: "Pascual en la cárcel: el encubierto relato de la familia de Pascual Duarte", in: *Insula*, 365, (1977), S. 5 und S. 7.

> Gullón, A.: "La transcripción en 'La familia de Pascual Duarte'", in: *Insula*, 377, (1978), S. 1 und S. 10.

> Spires, R.: "La dinámica tonal de 'La familia de Pascual Duarte'", in: *La novela española de posguerra*, Madrid 1978, S. 24 - 51.

> Pope, R. D.: "Sobre Pascual Duarte, casi indiano, y su hermano inocente", in: *Insula*, 396 / 397, (1979), S. 12 - 13.

> Viñes, H.: "Notas para una interpretación de 'Pascual Duarte' - La novela virtual -", in: Criado de Val, M. (Hg.): *La Picaresca*, Madrid 1979, S. 929 - 934. (*)

> Soldevila-Durante, I.: "Utilización de la tradición picaresca por Camilo José Cela", in: Criado de Val, M. (Hg.): *La Picaresca*, Madrid 1979, S. 921 - 928. (*)

> Urrutia, J.: *Cela: La familia de Pascual Duarte*, Madrid 1982. (*)

> Gullón, G.: "Contexto ideológico y forma narrativa en 'La familia de Pascual Duarte': En busca de una perspectiva lectorial", in: *Hispania*, 68, (1985), S. 1 - 8.

> Marcone, R. M.: "Implications of the Autobiographical Form in 'La familia de Pascual Duarte'", in: *The USF Language Quarterly*, 24, (1985), S. 13 - 15.

> Chwastek, S.: *Pikareske Persönlichkeitsentwicklung im spanischen Schelmenroman*, Idstein 1987, S. 225 - 249.

> Masoliver Ródenas, J. A.: "Las dos lecturas de 'La familia de Pascual Duarte'", in: *Insula*, 45, (1990), S. 51 - 52.

> Marín Minguillón, A.: "'La familia de Pascual Duarte' y el efecto esquizo", in: González-del-Valle, L. T. (Hg.) u. a.: *Critical Essays on the Literatures of Spain and Spanish America*, Boulder 1991, S. 171 - 179.

> Lindau, H. C.: *Narraciones picarescas im Spanischunterricht. Spielarten der Satire und Groteske im Geiste des Siglo de Oro*, Bonn 1995, zu: *La familia de Pascual Duarte*, S. 178 - 184. (*)

> Estébanez Calderón, D.: *Diccionario de términos literarios*, Madrid 1996, zu: 'Tremendismo', S. 1053 - 1054. (*)

Antonio Buero Vallejo:
Historia de una escalera (1949)

Porque el hijo deshonra al padre, la hija se levanta contra la madre, la nuera contra
su suegra: y los enemigos del hombre son los de su casa. (Miqueas, VII, 6)

Acto primero

Urbano. - Fernando, eres un desgraciado. Y lo peor es que no lo
sabes. Los pobres diablos como nosotros nunca lograremos mejo-
rar de vida sin la ayuda mutua. Y eso es el sindicato. ¡Solidaridad!
Ésa es nuestra palabra. Y sería la tuya si te dieses cuenta de que no
05 eres más que un triste <u>hortera</u>. ¡Pero como te crees un marqués!
Fernando. - No me creo nada. Sólo quiero subir. ¿Comprendes?
¡Subir! Y dejar toda esta sordidez en que vivimos.
Urbano. - Y a los demás que los parta un rayo.
Fernando. - ¿Qué tengo yo que ver con los demás? Nadie hace na-
10 da por nadie. Y vosotros os metéis en el sindicato porque no tenéis
arranque para subir solos. Pero ese no es camino para mí. Yo sé
que puedo subir y subiré solo.
Urbano. - ¿Se puede uno reír?
Fernando. - Haz lo que te dé la gana.
15 Urbano. - *(Sonriendo.)* Escucha, <u>papanatas</u>. Para subir solo, como
dices, tendrías que trabajar todos los días diez horas en la papele-
ría; no podrías faltar nunca, como has hecho hoy...
Fernando. - ¿Cómo lo sabes?
Urbano. - ¡Porque lo dice tu cara, simple! Y déjame continuar. No
20 podrías tumbarte a hacer versitos ni a <u>pensar en las musarañas</u>;
buscarías trabajos particulares para redondear el presupuesto y te
acostarías a las tres de la mañana contento de ahorrar sueño y dinero. Porque tendrías que ahorrar, ahorrar como una <u>urraca</u>; quitán-
dolo de la comida, del vestido, del tabaco... Y cuando llevases un
25 montón de años haciendo eso, y ensayando negocios y buscando
caminos, acabarías por verte solicitando cualquier miserable empleo para no morirte de hambre. No tienes tú madera para esa vida.
Fernando. - Ya lo veremos. Desde mañana mismo...
Urbano. - *(Riendo.)* Siempre es desde mañana. ¿Por qué no lo has
30 hecho desde ayer, o desde hace un mes? *(Breve pausa.)* Porque no
puedes. Porque eres un soñador. ¡Y un <u>gandul</u>! *(Fernando le mira*
<u>lívido</u>, conteniéndose, y hace un movimiento para marcharse.) ¡Espera, hombre! No te enfades. Todo esto te lo digo como un amigo.
(Pausa.)
35 Fernando. - *(Más calmado y levemente despreciativo.)* ¿Sabes lo
que te digo? Que el tiempo lo dirá todo. Y que te emplazo. *(Urba-*

98

no *le mira.)* Sí, te emplazo para dentro de... diez años, por ejemplo. Veremos, para entonces, quién ha llegado más lejos; si tú con tu sindicato o yo con mis proyectos.

40 Urbano. - Ya sé que yo no llegaré muy lejos; y tampoco tú llegarás. Si yo llego, llegaremos todos. Pero lo más fácil es que dentro de diez años sigamos subiendo esta escalera y fumando en este «casinillo». [...]

Acto tercero

Carmina, hija. - ¡Fernando! Ya ves... Ya ves que no puede ser.
45 Fernando, hijo. - ¡Sí puede ser! No te dejes vencer por su sordidez. ¿Qué puede haber de común entre ellos y nosotros? ¡Nada! Ellos son viejos y torpes. No comprenden... Yo lucharé para vencer. Lucharé por ti y por mí. Pero tienes que ayudarme, Carmina. Tienes que confiar en mí y en nuestro cariño.
50 Carmina, hija. - No podré.
Fernando, hijo. - Podrás. Podrás... porque yo te lo pido. Tenemos que ser más fuertes que nuestros padres. Ellos se han dejado vencer por la vida. Han pasado treinta años subiendo y bajando esta escalera... Haciéndose cada día más mezquinos y más vulgares. Pe-
55 ro nosotros no nos dejaremos vencer por el ambiente. ¡No! Porque nos marcharemos de aquí. Nos apoyaremos el uno en el otro. Me ayudarás a subir, a dejar para siempre esta casa miserable, estas broncas constantes, estas estrecheces. Me ayudarás, ¿verdad? [...]
Carmina, hija. - ¡Te necesito, Fernando! ¡No me dejes!
60 Fernando, hijo. - ¡Pequeña! *(Quedan un momento abrazados. Después, él la lleva al primer escalón y la sienta junto a la pared, sentándose a su lado. Se cogen las manos y se miran* <u>*arrobados*</u>*.)* Carmina, voy a empezar en seguida a trabajar por ti. ¡Tengo muchos proyectos! (Carmina, *la madre, sale de su casa con expresión*
65 *inquieta y los divisa, entre disgustada y angustiada. Ellos no se dan cuenta.)* Saldré de aquí. Dejaré a mis padres. No los quiero. Y te salvaré a ti. Vendrás conmigo. Abandonaremos este nido de rencores y de brutalidad.

Anotaciones: 05: Ladengehilfe; 15: tonto; 20: estar distraído; 23: Elster; 31: holgazán; 32: pálido; 62: encantados

Tareas:

1. Sitúe las dos escenas en la obra y describa su estructura.
2. Explique la función de la distribución temporal de los tres actos.
3. Determine el género literario de *Historia de una escalera.*
4. Analice el mensaje de la pieza teatral partiendo del simbolismo de la escalera.

Erwartungshorizont

1.   Sitúe las dos escenas en la obra y describa su estructura.

Buero Vallejos Theaterstück gewährt im Verlauf von **drei Akten** mittels **punktueller Momentaufnahmen** Einblicke in das Leben, die Gedanken und die Weltanschauungen von **vier Mietparteien** im fünften Stock eines **heruntergekommenen madrilenischen Mietshauses**. Einziger **Handlungsort** ist - siehe Titel - die **Treppe** bzw. der Flur, von dem aus die vier Wohnungen zu erreichen sind.

Im Auszug des **ersten Aktes** prallen die **unterschiedlichen Ansichten** zur Verbesserung des Lebensstandards des auf **Gewerkschaften und Solidarität** hoffenden Arbeiters **Urbano** (Z. 2 - 4) und seines Freundes **Fernando** aufeinander, der ganz auf seine **individuellen Möglichkeiten** setzt (Z. 10 - 12). Urbano führt ihm jedoch drastisch und plastisch vor Augen, daß er nicht 'aus dem Holz geschnitzt' ist (Z. 27), eine Solokarriere erfolgreich zu gestalten, woraufhin die beiden eine Wette abschließen, um zu sehen, wer es nach 10 Jahren weiter gebracht hat (Z. 35 - 43).

Das **Akt 3** entnommene Textstück macht deutlich, daß sich im Laufe der Jahre (dreißig!) nicht viel geändert hat, wenngleich sich ein Bruch mit den Eltern andeutet (Z. 45 - 47). Auch die **Generation der Kinder**, repräsentiert durch die sich liebenden **Fernando, hijo** und **Carmina, hija**, Urbanos Tochter, **schmiedet Zukunftspläne** (Z. 47-58), von denen man nicht erfährt, ob sie realisiert werden können, die aber **konkreter** - "en seguida" (Z. 63) - zu sein scheinen als die - gescheiterten - Projekte ihrer mittlerweile miteinander verfeindeten Eltern, denen es nicht gelungen ist, dem **beklemmenden Ambiente** ihrer begrenzten Mietshauswelt den Rücken zu kehren.

2.   Explique la función de la distribución temporal de los tres actos.

El **primer acto** tiene lugar en **1919**, el **segundo** - "Han transcurrido diez años que no se notan en nada." - en **1929**, y el **tercero** - "Pasaron velozmente veinte años más. Es ya nuestra época" - en **1949**.

Así la **pieza** no refleja una acción coherente o un desarrollo contínuo sino **situaciones y momentos singulares como consecuencia de acciones anteriores**. Por eso la estructura temporal tiene una función de suma importancia en *Historia de una escalera*, ya que antes de o **entre los actos** hay acontecimientos decisivos para la vida de los inquilinos.

El comentario de Urbano: "Desde la última huelga de metalúrgicos la gente se sindica a toda prisa." (pp. 43s., inmediatamente antes de comenzar el primer fragmento), por ejemplo, es una alusión a la **huelga general de 1917**, es decir, antes del primer acto, que ayuda a explicar su actitud frente a los sindicatos.

'En la pausa' - de veinte años - entre el segundo y el tercer acto tiene lugar la **Guerra Civil** de 1936 a 1939. Aunque este acontecimiento terrible para el pueblo español no se menciona explícitamente, los lectores y los espectadores pueden imaginarse que es la **causa responsable del fracaso y de la frustración** de Urbano - que había creído en la solidaridad sindicalista (ll. 2-3) - y del soñador individualista Fernando que representa hasta cierto grado el rasgo de abulia ("Ya lo veremos. Desde mañana mismo...", l. 28), típico de muchos españoles de aquel entonces y criticado ya por varios autores de la Generación del 98 (Ganivet, Unamuno).

La **Guerra Civil** tiene también una **influencia considerable** en el **empeoramiento** de la relación - antes amistosa - de las familias de Urbano y de Fernando que está caracterizada a partir del tercer acto por una **enemistad abierta**.

Estos pocos ejemplos muestran ya que el **saber histórico** de los lectores con respecto a fechas y sucesos clave de la primera mitad del siglo XX es **imprescindible** para comprender las **alusiones escondidas** de Buero e interpretar el **mensaje implícito** de su pieza teatral.

3.   Determine el género literario de *Historia de una escalera*.

A primera vista, *Historia de una escalera* empieza como un **sainete** con varios **elementos costumbristas** conocidos desde aquellas breves piezas teatrales de los siglos XVIII (¡Ramón de la Cruz!) y XIX. El **ambiente pequeñoburgués madrileño**, el **lenguaje popular**, la presentación de **personajes típicos** (Fernando, "gandul", l. 31; Elvira, la niña mimada; Urbano, proletario, etc.), y las **disputas triviales** parecen dar a esta obra de Buero un tono de crítica burlesca de tipos y costumbres de la sociedad coetánea. Sin embargo, **esta impresión engaña**, porque sólo a un nivel superficial se trata de una pieza teatral de evasión.

En realidad, el ambiente costumbrista, las querellas (que en el sainete siempre encuentran un desenlace feliz) y los problemas cotidianos de los personajes ocultan el **carácter serio** de la obra, su **dimensión política** y su **simbolismo**. Se trata, como varios críticos literarios han advertido, de la 'historia de una frustración', de una **tragedia** en el triste ambiente de posguerra español.

La historia de la familias que viven en el quinto piso de esta casa de inquilinos es la de una calle sin salida, la de un **círculo vicioso**. En el tercer acto dominan **desengaño y pesimismo** en los padres, en la generación de los hijos se repiten los sueños y los proyectos que carecen de una base sólida.

Buero Vallejo elige esta mezcla de **aparente forma sainetesca** y **contenido trágico bien oculto** para pasar los dictámenes de la censura, y, para formular, en el marco del llamado posibilismo, su **mensaje político**.

4. Analice el mensaje de la pieza teatral partiendo del simbolismo de la escalera.

Die **Treppe** zum fünften Stock des Mietshauses wird mehrmals im Stück von den handelnden Personen erwähnt, sowohl von der Generation der Eltern (Z. 42) als auch von der der Kinder (Z. 53 - 54). Das ständige Auf und Ab auf ihren Stufen erinnert an den **Mythos des Sisyphus**: Urbano, Fernando, ihre Eltern, die anderen Bewohner auf der Etage und später ihre Kinder sind um Fortkommen bemüht, möchten sich verbessern, aber alle ihre **Anstrengungen** stehen **im Zeichen der Vergeblichkeit**. Als gäbe es **kein Entrinnen aus ihrem grauen Alltag**, erklimmen die Charaktere sie täglich, um sie alsbald wieder hinabzugehen und kurz darauf einen erneuten Anlauf zu nehmen. Die **Treppe symbolisiert** somit einen **Teufelskreis**, dem die Personen dreißig Jahre lang nicht entkommen.

Urbano und Fernando scheitern mit ihren Träumen. Als Einzelpersonen mit individuellen Schicksalen degenerieren sie zu **Gefangenen des Treppenhauses** mit einem äußerst begrenzten Lebenshorizont. Über diesen individuellen Rahmen hinaus **repräsentieren** sie und ihre Familien zudem das zeitgenössische **spanische Volk** in der ersten Hälfte des 20. Jahrhunderts. Aus der **Freundschaft** und Harmonie des ersten Aktes entwickelt sich **Rivalität**, **Antipathie**, später gar unversöhnliche **Feindschaft**, wenn sie versuchen, den Umgang ihrer Kinder Fernando, hijo und Carmina, hija zu unterbinden. Nicht ohne Hintergedanken stellt Buero seinem Theaterstück die Worte aus Micha VII, 6 voran, die eine **Anspielung** auf die innerspanischen Probleme politischer, sozialer und ideologischer Natur enthalten, die nach 1898 und dem Zusammenbruch des konstitutionellen Verfassungssystems evident wurden. Bekanntlich rückte damit ein demokratisches Regierungssystem ebenso in weite Ferne wie die gesellschaftliche Modernisierung. Die Probleme mündeten in eine **erbitterte Feindschaft zwischen Republikanern und traditionalistischen Faschisten** im Bürgerkrieg.

Vor diesem Hintergrund einer nationalen Tragödie ist *Historia de una escalera* zu sehen. **Urbanos Träume** von einer **klassenlosen, sozialistischen Gesellschaft** ("Si yo llego, llegaremos todos.", Z. 41) zerplatzen nach dem Bürgerkrieg ebenso wie **Fernandos Vision**, den Aufstieg allein bewältigen zu können. Als **opportunistischer Vertreter des Bürgertums** scheitert er aufgrund - wie Urbano treffend analysiert - **fehlenden Rückgrats** bzw. **mangelnder Charakterfestigkeit**.

Buero hält somit im Rahmen des bei der allgegenwärtigen Zensur im Francoregime Möglichen der Nachkriegsgesellschaft unter dem Deckmantel eines scheinbar harmlosen 'sainete' einen Spiegel vor. Er verlangt ein hohes Maß an rezeptionsästhetischer Kompetenz von seinem Publikum und postuliert ebenso implizit wie nachdrücklich soziale Veränderungen angesichts einer alles erstickenden und erdrückenden Diktatur.

Vida y obras de Antonio Buero Vallejo

El famoso **dramaturgo** español Antonio Buero Vallejo **nació** en **Guadalajara** el 29 de septiembre de **1916**. Terminó el bachillerato en el Instituto de la capital alcarreña. En 1933 ingresó en la Escuela de Bellas Artes de Madrid. Su otra **vocación**, la **pictórica**, fue cortada por la guerra

civil de 1936 - 1939. Dedicado a la soledad, al pensamiento y a la lectura durante muchos años, afloró su **vena dramática** para bien de las letras españolas.

En su casa hubo siempre **devoción teatral**, cuya llamada sintió desde niño. Buero Vallejo, introvertido y de poderosa inteligencia, es un magnífico lector alerta y profundo, a cuya curiosidad nada es ajeno.

Su **tema** y **problema** es el de la desvalida **criatura humana en un tiempo crítico**: el hombre en busca de la libertad por caminos de conocimiento y amor. [...]

Con *Historia de una escalera*, hito en la recuperación teatral de España, ganó en **1949** el premio Lope de Vega. (1)

Desde 1958, cuando estrena *Un soñador para un pueblo*, la técnica dramática de Buero observa un cambio, que supone: la **ruptura de la temporalidad dramática**, la inclusión de **personajes-puente** entre la escena y el espectador, y una mayor **complejidad de los símbolos** (valor simbólico tienen ciertas taras de sus personajes, como la ceguera; o ciertos objetos, como el tragaluz o el tren). A la problemática existencial de estos años corresponden *Las Meninas* (1960), *El concierto de San Ovidio* (1962), *El tragaluz* (1967), *El sueño de la razón* (1970), *La doble historia del doctor Valmy* (escrita en 1967; no estrenada en España hasta 1975), *La Fundación* (1974). Sus últimas obras son *La detonación* (1977), *Jueces en la noche* (1979), *Caimán* (1981), *Diálogo secreto* (1984), *Lázaro en el laberinto* (1986) y *Las trampas del azar* (1994). (2)

((1) aus Klappentext zu Antonio Buero Vallejo: *Historia de una escalera*, Colección Austral, 10, Madrid ²⁴1995; (2) aus Olmedo, J. A.: *El comentario literario. Lírica, narrativa y teatro de la Edad Media al siglo XX*, Madrid 1995, S. 190 - 191.)

Bibliografía

> Buero Vallejo, Antonio: *Historia de una escalera* (1949), Colección Austral, 10, Madrid [24]1995, S. 44 - 45, 98 - 99.
> González-Cobos Dávila, G.: *Antonio Buero Vallejo. El hombre y su obra*, Salamanca 1979.
> Iglesias Feijoo, L.: *La trayectoria dramática de Antonio Buero Vallejo*, Santiago de Compostela 1982.
> Paco, M. de (Hg.): *Estudios sobre Buero Vallejo*, Murcia 1984.
> Doménech, R.: *Antonio Buero Vallejo, Premio Miguel de Cervantes 1986*, Madrid 1987.
> Asholt, W.: "Antonio Buero Vallejo. 'Historia de una escalera'", in: Roloff, V.; Wentzlaff-Eggebert, H. (Hg.): *Das spanische Theater vom Mittelalter bis zur Gegenwart*, Düsseldorf 1988, S. 406-19.(*)
> Paco, M. de: *Buero Vallejo: cuarenta años de teatro*, Murcia 1988.
> Floeck, W.: "Zwischen Tradition und Avantgarde. Zum dramatischen Werk Antonio Buero Vallejos", in: Ders. (Hg.): *Spanisches Theater im 20. Jahrhundert*, Tübingen 1990, S. 155 - 178. (*)
> Grimm, R.: *Ein iberischer "Gegenentwurf"? Antonio Buero Vallejo, Brecht und das moderne Welttheater*. München 1991.
> Neuschäfer, H.- J.: *Macht und Ohnmacht der Zensur. Literatur, Theater und Film in Spanien (1933 - 1976)*, Stuttgart 1991. (*)
> Pajón, E.: *El teatro de Buero Vallejo*, Madrid 1991.
> Rice, M.: *Distancia e inmersión en el teatro de Buero Vallejo*, New York 1992.
> Halsey, M. T.: *From Dictatorship to Democracy: The Recent Plays of Buero Vallejo (from 'La Fundación' to 'Música cercana')*, Ottawa 1994.
> Yin, P. B.: "El realismo, la esperanza y las relaciones en 'Historia de una escalera' de Antonio Buero Vallejo y 'Clash by night' de Clifford Odets", in: Gabriele, J. P. (Hg.): *De lo particular a lo universal. El teatro español del siglo XX y su contexto*, Frankfurt am Main 1994, S. 101 - 111.
> Floeck, W.: "El teatro español contemporáneo (1939 - 1993). Una aproximación panorámica", in: Ders.; Toro, A. de (Hg.): *Teatro español contemporáneo. Autores y tendencias*, Kassel 1995, S. 1- 46.
> Dixon, V.; Johnston, D. (Hg.): *El teatro de Buero Vallejo: homenaje del hispanismo británico e irlandés*, Liverpool 1996.
> Härtinger, H.: *Oppositionstheater in der Diktatur. Spanienkritik im Werk des Dramatikers Antonio Buero Vallejo vor dem Hintergrund der franquistischen Zensur*, Wilhelmsfeld 1997, zu 'Historia de una escalera' S. 116 - 130. (*)
> Ibáñez, M.: "Antonio Buero Vallejo", in: *Ecos de España y Latinoamérica*, 12/1997, S. 48 - 49.

Blas de Otero:
Pido la paz y la palabra (1955)

A la inmensa mayoría

Aquí tenéis, en canto y alma, al hombre
aquel que amó, vivió, murió por dentro
y un buen día bajó a la calle: entonces
comprendió: y rompió todos sus versos.

05   Así es, así fue. Salió una noche
echando espuma por los ojos, ebrio
de amor, huyendo sin saber adónde:
a donde el aire no apestase a muerto.

Tiendas de paz, <u>brizados</u> <u>pabellones</u>,
10   eran sus brazos, como llama al viento;
olas de sangre contra el pecho, enormes
olas de odio, ved, por todo el cuerpo.

¡Aquí! ¡Llegad! ¡Ay! Ángeles atroces
en vuelo horizontal cruzan el cielo;
15   horribles peces de metal recorren
las espaldas del mar, de puerto a puerto.

Yo doy todos mis versos por un hombre
en paz. Aquí tenéis, en carne y hueso,
mi última voluntad. Bilbao, a once
20   de abril, cincuenta y uno.
Blas de Otero.

Anotaciones:
09: de 'brizar': acunar; 09: aquí: banderas; "brizados pabellones" evoca aquí el movimiento tranquilo de un gallardete empujado por el viento

Tareas:
1.   Indique el tema de la poesía.
2.   Describa la forma exterior y la estructura interior de "A la inmensa mayoría".
3.   Enumere los recursos estilísticos y explique sus funciones.
4.   Analice el mensaje de *Pido la paz y la palabra* en el contexto histórico-literario de los años cincuenta.

Erwartungshorizont

1. Indique el tema de la poesía.

Das Gedicht handelt von einem **entscheidenden Moment** im Leben des Autors, der einen **Wendepunkt** darstellt in seinem **Schaffensprozeß**. **Bisher** galt seine ganze Aufmerksamkeit der **Selbsterfahrung** - "amó, vivió, murió por dentro" (V. 2).

Als er nach einem **Schlüsselerlebnis** - "un buen día bajó a la calle: entonces / comprendió" (V. 3 - 4) - plötzlich die Realität wahrnimmt, vollzieht er eine Kehrtwendung und beschließt, getragen von sozialem Engagement, sich für den **Frieden** einzusetzen (V. 17 - 18). Diese Absichtserklärung hält er gleichsam **testamentarisch** fest mit Ort, Datum und Unterschrift (V. 18 - 20).

2. Describa la forma exterior y la estructura interior de "A la inmensa mayoría".

La forma exterior es muy fácil de explicar, porque es bastante **regular**. El poema se compone de **cinco cuartetos**. Cada **verso** tiene **once sílabas métricas (endecasílabos)**. Blas de Otero emplea **rimas asonantes** (en **o - e** en los versos impares y en **e - o** en los versos pares). El esquema de las rimas es A B A B, o sea, son **rimas cruzadas**.

Las cinco estrofas corresponden - desde el punto de vista del contenido - a **cuatro partes**. En el **primer cuarteto** el poeta se despide de la **etapa anterior** de su vida (como hombre y como escritor) y rompe "todos sus versos" (v. 4).

La frase breve, pero muy significativa: "Así es, así fue." (v. 5) marca el **comienzo** de algo nuevo. Después de haber bajado a la calle, el poeta se da cuenta por primera vez de su entorno, de la realidad de la época de posguerra española de los años cuarenta / cincuenta. La **experiencia** es **tremenda e impresionante**: todo huele "a muerto" (v. 8), siente "olas de sangre contra el pecho" (v. 11) y "enormes / olas de odio" (vv. 11 - 12).

En el **cuarto cuarteto** empieza la **tercera parte**: Otero se acuerda de **escenas concretas de la guerra** (bombardeos aéreos por la aviación, buques de guerra en el mar).

La **última estrofa** constituye la **cuarta parte** de la poesía. Dirigiéndose - como ya al principio - a sus lectores, "a la inmensa mayoría" que anhela la paz, declara su "última voluntad": "Yo doy mis versos por un hombre / en paz." (vv. 17 - 18). El **cambio en el pensamiento** y en la actitud del poeta se ha realizado definitivamente.

106

3. **Enumere los recursos estilísticos y explique sus funciones.**

A primera vista, el **lenguaje** empleado en este poema es relativamente **sencillo**, a veces coloquial; el **vocabulario** no es **ni elitista ni exótico**. Con excepción de los "brizados pabellones" (v. 9) se puede entender el texto sin problemas. El poeta se dirige "a la inmensa mayoría", al pueblo, y por eso utiliza su lenguaje **cotidiano**. Quiere integrarse, quiere ser uno de ellos - "bajó a la calle" (v. 3) - y habla de sí mismo modestamente en la **tercera persona**, un recurso muy eficaz para ser convincente.

Sin embargo, hay varios **medios retóricos** que distinguen este poema de un simple relato de una experiencia. En el primer cuarteto Otero usa una **enumeración asindética** ("amó, vivió, murió por dentro") para describir sus actividades y su vida hasta ahora en poquísimas palabras. Caracteriza su identidad como poeta mediante dos **imágenes**: "en canto y alma" (v. 1) - en vez de 'en cuerpo y alma' - y por la frase "rompió todos sus versos" (v. 4), que, además, intensifica la impresión de un fin definitivo.

El **paralelismo** "Así es, así fue." (v. 5) relaciona el pasado con el presente, subraya la impresión de que algo ha acabado para siempre y de que algo nuevo empieza ahora mismo. En este segundo cuarteto encontramos dos **encabalgamientos** (vv. 5/6 y 6/7) que en combinación con la **enumeración** ("echando espuma por los ojos" (¡imagen!), "ebrio de amor", "huyendo sin saber" expresan por un lado movimiento y por otro lado miedo y asco, porque lo único que le rodea es el olor "a muerto".

La tercera estrofa comienza con un **hipérbaton** (vv. 9/10) y termina con un **paralelismo anafórico** (vv. 11/12) que culmina en un **clímax** ("por todo el cuerpo"), destacando el **contraste** entre las "tiendas de paz" y las "olas de odio" así como el dolor que siente el poeta en vista de la realidad. En los versos 12 y 13 llama la atención de sus lectores sobre las crueldades de la guerra mediante **imperativos** ("ved", "¡llegad!") y tres **exclamaciones** que intensifican su soledad y su desesperación.   Son gritos de auxilio que recuerdan el famoso "Guernica" de Picasso.

Dos **metáforas** completan la impresión del horror de la guerra: Blas de Otero denomina los aviones y buques de guerra "ángeles atroces" (v. 13, **aliteración**) y "horribles peces de metal" (v. 15, ¡quiasmo!).

Al final del poema, repitiendo su frase inicial "Aquí tenéis...", el poeta ya no escribe en tercera persona sino en **primera**. Este cambio significa que el desarrollo está acabado ahora; la **transformación** de "canto y alma" en "carne y hueso" (v. 18) subraya que el poeta ha salido de su torre de marfil para acercarse a la realidad contemporánea. Su deseo de ser a partir de ahora un **poeta comprometido** - "Yo doy todos mis versos por un hombre / en paz." (vv. 17/18) es reforzado por la **declaración testamentaria** de los últimos versos.

4. véase: Horizonte de expectativas a "En el principio".

Blas de Otero : En el principio

Si he perdido la vida, el tiempo, todo
lo que tiré, como un anillo, al agua,
si he perdido la voz en la maleza,
me queda la palabra.

05 Si he sufrido la sed, el hambre, todo
lo que era mío y resultó ser nada,
si he segado las sombras en silencio,
me queda la palabra.

Si abrí los labios para ver el rostro
10 puro y terrible de mi patria,
si abrí los labios hasta desgarrármelos,
me queda la palabra.

Anotaciones: 03: vegetación apretada (Gestrüpp); 11: romperse o rasgarse por causa de un estirón

Tareas:

1. Comente la poesía teniendo en cuenta su contenido, la estructura y los recursos expresivos.
2. Analice el mensaje de *Pido la paz y la palabra* en el contexto histórico-literario de los años cincuenta.

Erwartungshorizont

1. Comente la poesía teniendo en cuenta su contenido, la estructura y los recursos expresivos.

In Anlehnung an das **Lukas-Evangelium** ("Am Anfang war das Wort.") formuliert Blas de Otero seine **trostspendende Feststellung**, ihm bleibe das Wort, was immer man ihm auch zufüge oder nehme. Für ihn als Dichter ist dies von größter Wichtigkeit, sind doch seine **Worte** das **wirksamste Mittel**, sich bemerkbar zu machen, zu protestieren, wachzurütteln. Mag er auch das Leben, die Zeit verlieren (1. Quartett), mag er Hunger oder Durst leiden (2. Quartett), mag er starr sein vor Schaudern angesichts des schrecklichen Bildes, das sein Vaterland Spanien bietet - nichts und niemand kann ihm, so seine Überzeugung, die Kraft seiner Worte nehmen.

Der **Aufbau** des Gedichts ist **schlicht** und steigert durch seine Übersichtlichkeit die Klarheit der Aussage. **Drei** grammatisch-syntaktisch **parallel** strukturierte Sätze bilden drei **Quartette**. Durch das sechsmal anaphorisch wiederholte konditionale "si" und das dreimalige refrainartige "me queda la palabra" unterstreicht Otero die Rolle, die Worte für ihn als Autor haben. So überzeugend einfach die Struktur des Gedichts, in dem **Elfsilber** und **Siebensilber** einander abwechseln (**silva**), und in dem **auf Reime verzichtet** wird, so **dicht** und **prägnant** wirkt es in seiner Gesamtheit, kommt Otero doch ohne Umschweife zum zentralen Anliegen.

Como **recursos expresivos** hay que mencionar - aparte de los **paralelismos** en la sintaxis de las estrofas y la **anáfora** "si" - la **repetición** (en forma de **estribillo**) de "me queda la palabra" que subraya la idea central del poema, poniendo de relieve "la palabra" como término clave.

Llaman la atención asimismo tres **encabalgamientos** (vv. 1/2; 5/6; 9/10) que contribuyen a la fluidez de los versos. El **lenguaje** es por un lado **sencillo y cotidiano**, por otro lado sumamente **eficaz** a causa de **hipérboles** (vv. 1; 9), **sinestesias** (v. 9: "abrí los labios para ver"), **imágenes** (v. 7, con **aliteración**) o **personificaciones** ("el rostro / puro y terrible", con **paradoja**, vv. 9/10) que hacen evidente la **actitud** del poeta frente a la situación de España en la época de posguerra.

2. **Analice el mensaje de *Pido la paz y la palabra* en el contexto histórico-literario de los años cincuenta.**

La obra marca un **momento de transición** del poeta de una etapa a otra en su vida y en su **creación literaria**. De forma ejemplar los dos poemas reflejan el **nuevo lema** de su poesía, antes caracterizada por experiencias interiores y angustias existenciales. Ahora Otero se dirige **hacia el mundo exterior**. El **título programático** ya indica su intención: **compromiso social** mediante **poesía social**. Le duele España (y el mundo) después de guerras terribles y por eso ve la necesidad de **luchar por la paz, por la solidaridad** frente a las injusticias y crueldades, frente a la violencia y las dictaduras, utilizando **la palabra como arma**.

Los poemas de *Pido la paz y la palabra* representan hasta cierto grado la poesía de los años cincuenta que es **poesía política** sobre temas y problemas **contemporáneos**. Autores como Blas de Otero, Gabriel Celaya, José Hierro y Eugenio de Nora **protestan** con su poesía comprometida en un **tono narrativo** contra la **opresión**, provocando una **toma de conciencia** de los lectores y propagando - con tendencias izquierdistas - un **cambio social y político**.

Durante la década siguiente este tipo de poesía pierde su popularidad a causa del agotamiento de sus temas y porque la España de los años sesenta trata de adherirse cada vez más a una Europa pacífica y moderna.

Vida y obras de Blas de Otero

Blas de Otero (**Bilbao, 1916 - Madrid, 1979**) aunque de origen vasco, pronto se trasladó con su familia a Madrid, donde realizó los estudios de **Bachillerato**; posteriormente cursó los de **Derecho** en Valladolid. Durante algún tiempo se dedicó a la enseñanza, pronto abandonada para entregarse por entero a la **actividad literaria**. Como **conferenciante**, viajó por toda España y pasó temporadas en **Francia, Rusia, China y Cuba**.

Son sus **primeros libros**: *Ángel fieramente humano* (1950) y *Redoble de conciencia* (1951), que más tarde fueron recogidos en el volumen *Ancia* (1958), en el que aparecían **temas metafísicos** y **amorosos**, con una línea ya de acercamiento a lo social, en sonetos y poemas de versos libres, de un acento desgarrado.

Como señaló Dámaso Alonso, estas obras primeras pertenecen a la **poesía desarraigada**, portadora de *un yo inmerso en la angustia existencial*.

A la creación de **tendencia social**, corresponden versos de mayor depuración y condensación estilística, en la que la poesía es un **arma de lucha**: son los libros *Pido la paz y la palabra* (**1955**), *En castellano* (1959) y *Que trata de España* (1964).

En sus **últimas obras**, como *Mientras* (1970), *Historias fingidas y verdaderas* (1970), Blas de Otero inició la **búsqueda de nuevas formas expresivas**, próximas al **Surrealismo**, con textos de lenguaje onírico, poemas en prosa y otras fórmulas de experimentación, en los que siempre buceó de una u otra manera.

(aus Olmedo, J. A.: *El comentario literario. Lírica, narrativa y teatro de la Edad Media al siglo XX*, Madrid 1995, S. 85.)

Bibliografía

> Otero, Blas de: *Pido la paz y la palabra* (1955), Cátedra, 3, Madrid 1990, S. 47 - 48.

> Alonso, D.: "Poesía arraigada y poesía desarraigada", in: *Poetas españoles contemporáneos*, Madrid 1963, S. 345 - 385. (*)

> Cotrait, R.: "L'évolution idéologique de Blas de Otero", in: *Les langues Néo-Latines*, 181, (1967), S. 22 - 63. (*)

> Rodríguez Puértolas, J.: "Blas de Otero o la voz de España", in: *Norte*, 10, (1969), S. 45 - 52.

> Alarcos Llorach, E.: *La poesía de Blas de Otero*, Madrid 31973.

> Blanco Aguinaga, C.: "El mundo entre ceja y ceja: releyendo a B. de Otero", in: *Papeles de Son Armadans*, 85, (1977), S. 147 - 196.

> Semprún Donahue, M. de: *Blas de Otero en su poesía*, Chapel Hill (Carolina) 1977. (*)

> Galán, J.: *Blas de Otero, palabras para un pueblo. Tres vías de conocimiento*, Barcelona 1978.

> Barrow, G. R.: "Autobiography and art in the poetry of Blas de Otero", in: *Hispanic Review*, 48, (1980), S. 227 - 243.

> Mellizo, C.; Salstad, C. (Hg.): *Blas de Otero, Study of a Poet*, Laramie 1980.

> Zapiain, I.; Iglesias, R.: *Aproximación a la poesía de Blas de Otero*, Madrid 1983.

> Harris, M. A.: *Some Elements of Structure in the Poetry of Blas de Otero*, University of Oklahoma 1984.

> Serra Martínez, E.; Otón Sobrino, A.: *Introducción a la literatura española contemporánea a través del comentario de textos*, Madrid 21986, zu Blas de Otero S. 238 - 255.

> García de la Concha, V.: *La poesía española de 1935 a 1975*, 4 Bände, Madrid 1987.

> Jüttner, S.: "Blas de Otero. Cuando digo", in: Tietz, M. (Hg.): *Die spanische Lyrik der Moderne*, Frankfurt 1990, S. 352 - 370. (*)

> Rodríguez Cáceres, M.: "Blas de Otero. 'Ángel fieramente humano': Hombre", in: Dies.; Pedraza Jiménez, F. B., u. a. (coord.): *Textos Literarios Comentados*, Pamplona 1992, S. 351 - 358.

> Delgado, T. (Hg.): *ZAS. Schnitte durch die spanische Lyrik 1945 - 1990*, München 1994.

> Olmedo, J. A.: *El comentario literario. Lírica, narrativa y teatro de la Edad Media al siglo XX*, Madrid 1995, zu "A la inmensa mayoría" S. 86 - 90. (*)

> Estébanez Calderón, D.: *Diccionario de términos literarios*, Madrid 1996, zu "poesía social" S. 857 - 858.

> Sánchez Ferrer, J. L.: *Selectividad Literatura*, Madrid 1997, zu Blas de Otero: "En el principio" S. 18 - 21. (*)

Rafael Sánchez Ferlosio: *El Jarama* (1956)

Terminó de pasar el mercancías y apareció todo el grupo de bici-
cletas, al otro lado del paso a nivel. Paulina, al verlos, se puso a
gritarles, agitando la mano:
- ¡Miguel!, ¡Alicia!, ¡que estamos aquí!
05   - ¡Hola, niños! - contestaban de la otra parte -. ¿Nos habéis espe-
rado mucho rato?
Ya las barras del paso a nivel se levantaban lentamente. Los ci-
clistas entraron en la vía, con las bicis cogidas del manillar.
- ¡Y qué bien presumimos de moto! - dijo Miguel, acercándose a
10   Sebas y su novia.
Venían sudorosos. Las chicas traían pañuelos de colorines, como
Paulina, con los picos colgando. Ellos, camisas blancas casi todos.
Uno tenía camiseta de rayas horizontales, blanco y azul, como los
marineros. Se había cubierto la cabeza con un pañuelo de bolsillo,
15   hecho cuatro nuditos en sus cuatro esquinas. Venía con los pantalones metidos en los calcetines. Otros en cambio traían pinzas de
andar en bicicleta. Una alta, la última, se hacía toda <u>remilgos</u> por
los accidentes del suelo, al pasar las vías, maldiciendo la bici.
- ¡Ay hijo, qué trasto más difícil!
20   Tenía unas gafas azules, <u>historiadas</u>, que levantaban dos puntas
hacia los lados, como si prolongasen las cejas, y le hacían un rostro mítico y japonés. Ella también traía pantalones, y llegando a
Paulina le decía:
- Cumplí lo prometido, como ves.
25   Paulina se los miraba:
- Hija, qué bien te caen a ti; te vienen que ni pintados. Los míos
son una <u>facha</u> al lado tuyo. ¿De quién son ésos?
- De mi hermano Luis.
- Qué bien te están. Vuélvete, a ver.
30   La otra giró sus caderas, sin soltar la bici, con un movimiento estu-
diado.
- ¡Valías para modelo! - se reía el de la camiseta marinera -. ¡Eso
son curvas!
- Galanterías luego, que aquí nos coge el tren - le contestaba la chi-
35   ca, saliendo de las vías.
- ¿Habéis tenido algún pinchazo? - preguntó Sebastián.
- ¡Qué va! Fué Mely, que se paraba cada veinte metros, diciendo
que no está para esos trotes, y que nadie la obliga a fatigarse.
- ¿Y para qué trotes está Mely?
40   - Ah, eso... [...]

- ¿Qué tal vino la comida?

- No sabemos - contestó Sebastián -; en la moto está todavía. Ahora veremos si hay desperfectos. No creo.

45 Miguel y otra chica, con las bicis de la mano, acompañaban a los que habían salido a recibirlos; los otros habían vuelto a montar en bicicleta y ya se iban por delante. Paulina dijo:

- Desde luego saltaba todo mucho; las tarteras venían haciendo una música de mil diablos.

- Con tal de que no se hayan abierto...

50 - Pues el dueño se acuerda de nosotros, ¿no sabes?; me conoció en seguida.

- ¿Ah sí?

- De ti también se acuerda; ha preguntado; ¿verdad, Pauli?; «aquél que cantaba», dice.

55 Los otros iban llegando a la venta. El de la camiseta a rayas iba el primero y tomaba el camino a la derecha. Una chica se había pasado.

- ¡Por aquí, Luci! - le gritaba -. ¡Dónde yo estoy! ¡Aquello, mira, allí es!

60 La chica giró la bici y se metió al camino, con los otros.

- ¿Dónde tiene el jardín?

- Esa tapia de atrás, ¿no lo ves?, que asoman un poquito los árboles por cima.

Llegaba todo el grupo; se detenían ante la puerta.

Anotaciones:

17: gesto afectado de finura, excesiva delicadeza, asco o escrúpulo; 20: recargado de adornos; 27: aquí: los míos tienen un aspecto ridículo en comparación con tus pantalones; 47: recipiente para llevar o conservar alimentos; 62: muro que sirve de valla

Tareas:

1. Resuma brevemente el contenido del fragmento.
2. Sitúe el extracto en el conjunto de la obra.
3. Defina el género literario del texto y describa las formas de expresión.
4. Analice los registros lingüísticos ejemplificando sus observaciones.
5. Explique el papel de *El Jarama* en el contexto histórico-literario de los años cincuenta. Mencione algunos de sus rasgos formales y temáticos.

Erwartungshorizont

1. **Resuma brevemente el contenido del fragmento.**

Der Text handelt vom **Zusammentreffen mehrerer Jugendlicher**, die sich sonntags für eine **Fahrradtour** zu einem Ausflugslokal am **Jarama** (östlich von Madrid) verabredet haben. Die **Stimmung** ist offenkundig **fröhlich** bis **ausgelassen**: Miguel ist stolz auf sein Motorrad (Z. 9), Paulina bestaunt die schicke Hose ihrer Freundin (Z. 25ff.). Einen Imbiß haben sie ebenfalls mitgebracht (Z. 41ff.). Über Belanglosigkeiten scherzend erreichen sie am Vormittag das Gasthaus, in dem sie aufgrund eines früheren Besuches bekannt sind und erwartet werden (Z. 50ff.).

2. **Sitúe el extracto en el conjunto de la obra.**

El fragmento pertenece al **comienzo** de la obra, en la cual se describe **minuciosamente** lo que pasa un domingo de verano **a orillas del río Jarama**. Once jóvenes hacen una excursión en bicicleta a una venta donde conversan, comen algo, bailan y nadan en el río.
El **tiempo de narración** y el **tiempo narrado** son casi **idénticos**. Desde el principio (a las nueve menos cuarto de la mañana) hasta el final del libro (hacia la una de la noche) pasan sólo unas dieciséis horas, es decir, el **espacio temporal** y el **lugar** son muy **reducidos**.
Sin embargo, el **día** aparentemente tan alegre **finaliza de una manera trágica**: **Luci**, una de las chicas, **se ahoga** al bañarse de noche. El libro termina con las **investigaciones rutinarias** de la policía y el **regreso** de los jóvenes consternados a Madrid.

3. **Defina el género literario del texto y describa las formas de expresión.**

El Jarama es una **novela**. En todo el texto (también en este fragmento) domina el **diálogo** como forma principal de expresión. Los jóvenes hablan, charlan y conversan ininterrumpidamente sobre temas variados, mayoritariamente cotidianos y secundarios. Mediante su forma de hablar se caracterizan a sí mismos, según su temperamento y personalidad individuales.
De gran importancia son asimismo los **párrafos descriptivos** de la novela, porque apoyan la caracterización por medio de observaciones exactas.
Un **narrador en tercera persona** cuenta de forma **objetiva** los **acontecimientos** que ocurren aquel día de verano (ll. 1 - 2, 44 - 46, 55 - 57) dando las coordenadas de lugar, acción y tiempo. Además, este narrador describe detenidamente a los jóvenes (p. ej. ll. 11 - 22) para que los lectores puedan imaginarse perfectamente a los **personajes** y las **circunstancias**.

4. Analice los registros lingüísticos ejemplificando sus observaciones.

En *El Jarama* hay **diferentes registros lingüísticos** que dependen de la respectiva situación comunicativa. En nuestro texto se notan dos niveles: un registro **coloquial**, que refleja el lenguaje de estos jóvenes de la década de los cincuenta, y un registro **elaborado** empleado para los pasajes narrativo-descriptivos.

El **lenguaje de los jóvenes** se caracteriza por **frases cortas** (en los diálogos y las conversaciones), un **vocabulario cotidiano** ("facha", l. 27; "trotes", l. 39) y **locuciones** o **modismos** típicos de la época ("- ¡Ay hijo, qué trasto más difícil!", l. 19; "- Hija, qué bien te caen a ti; te vienen que ni pintados.", l. 26; "- ¿Y para qué trotes está Mely?", l. 39). La **sintaxis** de las frases es **sencilla**, a veces ni siquiera se terminan (ll. 40, 49) ya que cada uno entiende al otro sin decirlo todo explícitamente. Mediante este lenguaje oral Sánchez Ferlosio caracteriza indirectamente el nivel social y cultural de los jóvenes, que pertenecen al **proletariado urbano**.

En las **partes narrativas**, en cambio, salta a la vista una cuidada **exactitud lingüística** ya que el narrador utiliza **pinceladas minuciosas** para describir con **precisión fotográfica** a los personajes y el escenario (p. ej. ll. 11 - 18). Así refleja de forma **protocolaria** y **testimonial** la realidad y asume la función de una cámara.

5. Explique el papel de *El Jarama* en el contexto histórico-literario de los años cincuenta. Mencione algunos de sus rasgos formales y temáticos.

El Jarama ist neben Celas *La colmena* (1951) das bekannteste Beispiel für die sogenannte **'novela social'** der fünfziger Jahre in Spanien. Diese Romane sind gekennzeichnet durch eine Reihe von **Merkmalen**, die sich stichpunktartig wie folgt zusammenfassen lassen.

Beschrieben wird der **Zustand** (von Teilen) **der Gesellschaft**, exemplifiziert durch eine **repräsentative Gruppe**. Daraus ergibt sich zwangsläufig, daß der Leser es mit einem **kollektiven Protagonisten** zu tun hat, d. h. mit **typischen Vertretern** einer sozialen Schicht, nicht mit einem Individuum als Hauptperson.

Vor dem **realistischen Hintergrund** einer **zeitgenössischen Alltagswelt** ist die **Erzähltechnik** charakterisiert durch eine **objektive, photographisch-detailgenaue** Beschreibung von Personen und Situationen, die Äußeres in den Blickpunkt rückt (**behaviorismo, conductismo**). Aufgrund dessen handelt es sich in der Regel um einen **chronologisch-linearen Erzählstil. Ort, Zeit und Handlung** sind **eng begrenzt.** Auch wenn explizit keine konkrete Aussageabsicht erkennbar ist, enthält die 'novela social' implizit doch **Kritik am Status quo der Gesellschaft.**

Thematisiert wird in *El Jarama* (an diesem Fluß fanden übrigens während des Bürgerkriegs verlustreiche Kämpfe statt) die **Situation der spanischen Jugend**, die nicht mehr direkt oder bewußt die Guerra Civil erlebt hat, in den fünfziger Jahren gleichwohl noch Nachwirkungen zu spüren bekommt wie z. B. die Isolation des Landes, die repressive Zensur oder wirtschaftliche Nöte und Probleme. Vordergründig amüsieren sich die jungen Leute am Jarama bestens, eine aufmerksame Lektüre des Romans enthüllt jedoch ihre **Sorgen, Ängste, Frustrationen und Wünsche** (Moped als Symbol für bescheidene Konsumfähigkeit und Mobilität; Reisen in fremde Länder zwecks Horizonterweiterung). Ihnen bietet sich vorerst allerdings nur eine Fahrradtour ins Grüne als ultimatives Sonntagsvergnügen, das dann auch noch **tragisch** enden soll.

Berücksichtigt man in diesem Zusammenhang das dem Roman vorangestellte **Zitat von Leonardo da Vinci**: "El agua que tocamos en los ríos es la postrera de las que se fueron y la primera de las que vendrán; así el día presente.", so erschließt sich über die an **Heraklit** angelehnte Zeitmetapher noch eine weitere Dimension des Werks. Der Fluß der Zeit fordert ebenso wie die Natur bisweilen ohne Vorwarnung Opfer und decouvriert die scheinbare Sicherheit in einer zunehmend fortschrittsorientierten, technisierten Welt als äußerst trügerisch.

Vida y obras de Rafael Sánchez Ferlosio

Rafael Sánchez Ferlosio, hijo del escritor Rafael Sánchez Mazas, **nace** en **Roma**, donde su padre era corresponsal de Prensa, en **1927**. **Estudia Filosofía y Letras en Madrid**. Contrae matrimonio con la escritora Carmen Martín Gaite. Obtiene el **Premio Nadal**, en **1955**. Desde hace años, es **colaborador** habitual del periódico **El País**, en cuyas páginas enjuicia críticamente la realidad de nuestro tiempo.

La **obra narrativa** de Sánchez Ferlosio se inicia con el **cuento fantástico** *Industrias y andanzas de Alfanhuí* (1951), y se cierra con *El Jarama* **(1956)**. Con posterioridad, el autor renunció a cualquier representación de la realidad desde el género narrativo. Consecuentemente, sus últimas obras son de naturaleza **ensayística**, recopilaciones de sus artículos periodísticos o miscelánea - *Las semanas del jardín* (1974), *El testimonio de Yarfoz* (1986), *Mientras no cambien los dioses, nada ha cambiado* (1986), *Campo de marte* (1986), *El Ejército nacional* (1987), *La homilia del ratón* (1987), *Vendrán más años malos y nos harán más ciegos* (1993), *Esas Yndias equivocadas y malditas* (1994) -. En ellas muestra una **visión pesimista y lúcida** del mundo.

(aus: Olmedo, J.: *El comentario literario. Lírica, narrativa y teatro de la Edad Media al siglo XX*, Madrid 1995, S. 135.)

Bibliografía

> Sánchez Ferlosio, Rafael: *El Jarama* (1956), Destinolibro, 16, Barcelona ³1979, S. 19 - 21.

> Riley, E. C.: "Sobre el arte de Sánchez Ferlosio: Aspectos de 'El Jarama'", in: *Filología*, 9, (1963), S. 201 - 221.

> Ortega, J.: "Tiempo y estructura en 'El Jarama'", in: *Cuadernos Hispanoamericanos*, 201, (1966), S. 801 - 808. (*)

> Carrero Eras, P.: "Lo concreto y lo mágico en 'El Jarama' de Rafael Sánchez Ferlosio", in: *Homenaje universitario a Dámaso Alonso*, Madrid 1970, S. 265 - 272.

> Schraibman, J.; Little, W. T.: "La estructura simbólica de 'El Jarama'", in: *Philological Quarterly*, 51, (1972), S. 329 - 342. (*)

> Risco, A.: "Una relectura de 'El Jarama' de Sánchez Ferlosio", in: *Cuadernos Hispanoamericanos*, 95 / 96, (1974), S. 700 - 711.

> Gil Casado, P.: *La novela social española*, Barcelona ²1975.

> Martín, G.: "Juventud y vejez en 'El Jarama'", in: *Papeles de Son Armadans*, 20, (1975), S. 9 - 33.

> García Sarriá, F.: "'El Jarama'. Muerte y merienda de Lucita", in: *Bulletin of Hispanic Studies*, 53, (1976), S. 323 - 337.

> Spires, R. C.: *La novela española de posguerra*, Madrid 1978.

> Soldevila Durante, I.: *La novela desde 1936*, Madrid 1980, bes.: "Corrientes narrativas en los años cincuenta", S. 168 - 323. (*)

> Martínez Cachero, J. M.; Sanz Villanueva, S.; Ynduráin, D.: "La novela", in: Rico, F. (Hg.): *Historia y Crítica de la Literatura Española*, Bd. 8: Ynduráin, D. (Hg.): *Época contemporánea: 1939 - 1980*, Barcelona 1981, S. 318 - 361.

> Gil, A.; Scherer, H.: *Physis und Fiktion. Kommunikative Prozesse und ihr literarisches Abbild in 'El Jarama' von Rafael Sánchez Ferlosio*, Kassel 1984. (*)

> Canellada, J.: "El habla de 'El Jarama'", in: *Boletín de la Real Academia Española*, 65, (1985), S. 71 - 100.

> Hernando Cuadrado, L. A.: *El español coloquial en 'El Jarama'*, Madrid 1988.

> Villanueva, D.: *'El Jarama' de Sánchez Ferlosio. Su estructura y significado*, Santiago de Compostela / Kassel 1993. (*)

> Kreutzer, W.: "Rafael Sánchez Ferlosio. El Jarama", in: *Hauptwerke der spanischen und portugiesischen Literatur* (Kindlers Neues Literatur Lexikon), München 1995, S. 430 - 431. (*)

> Olmedo, J.: *El comentario literario. Lírica, narrativa y teatro de la Edad Media al siglo XX*, Madrid 1995, zu *El Jarama* S. 135-40.

> González Castro, F.: *Pruebas de Selectividad. Lengua y comentario de texto*, Madrid 1997, zu *El Jarama* S. 100 - 108. (*)

Luis Martín-Santos:
Tiempo de silencio (1962)

¡Allí estaban las chabolas! Sobre un pequeño montículo en que
concluía la carretera derruida, Amador se había alzado - como muchos siglos antes Moisés sobre un monte más alto - y señalaba con
ademán solemne y con el estallido de la sonrisa de sus belfos glo-
05 riosos el vallizuelo escondido entre dos montañas altivas, una de
escombrera y cascote, de ya vieja y expoliada basura ciudadana la
otra (de la que la busca de los indígenas colindantes había extraído
toda sustancia aprovechable valiosa o nutritiva) en el que florecían, pegados los unos a los otros, los soberbios alcázares de la
10 miseria. [...]
Y tras haber contemplado el impresionante espectáculo de la ciudad prohibida con los picos ganchudos de sus tejados para protección contra los demonios voladores, descendieron Amador y D.
Pedro desde las colinas circundantes y tanteando prudentemente su
15 camino entre los diversos obstáculos, perros ladradores, niños desnudos, montones de estiércol, latas llenas de agua de lluvia, llega-
ron hasta la misma puerta principal de la residencia del Muecas.
Allí estaba el digno propietario volviéndoles la espalda ocupado en
ordenar en el suelo de su chabola una serie de objetos heteróclitos
20 que debía haber logrado extraer - como presuntamente valiosos -
del montón de basura con el que desde hacía unos meses tenía con-
certado un acuerdo económico de aprovechamiento. [...]
En la parte interior de la chabola del Muecas estaba el campo de
cultivo de la raza cancerígena. Cada ratón estaba metido en una
25 jaula de pájaro de alambre oxidado. Estas jaulas habían sido obte-
nidas en los montones de chatarra y rudamente reparadas por el
propio Muecas con ayuda de su hija, la pequeña, que tenía dedos
hábiles. [...] En el suelo de esta reducida habitación había un gran
colchón cuadrado. Por un lado entraban los cuerpos del Muecas y
30 su consorte, por el otro lado los más esbeltos de sus dos hijas núbiles. En el pequeño colchón del aposento anterior en que se había
sentado D. Pedro, solía dormir un primo que ahora estaba en la mi-
li. Pero seguían durmiendo los cuatro juntos en el colchón grande
por varios motivos: porque los cuatro cuerpos juntos elevaban la
35 temperatura de la cámara estanca (así pasaban menos frío, así estaban también mejor los ratones según la teoría del Muecas). Porque
ya se habían acostumbrado. Porque al Muecas le agradaba tropezar
de noche con la pierna de una de sus hijas. Porque así las tenía más
vigiladas y sabía dónde estaban durante toda la noche que es la ho-
40 ra más peligrosa para las muchachas. Porque se necesitaban menos

sábanas y mantas para poder vivir, habiendo sido por el momento
pignoradas las que utilizaba el mozo en edad militar. Porque el
olor de los cuerpos - cuando uno se acostumbra - no llega a ser
molesto resultando más bien confortable. Porque el Muecas se sen-
45   tía, sin saber lo que significaba esta palabra, patriarca bíblico al
que todas aquellas mujeres pertenecían. Porque la consorte del
Muecas le tenía algo de miedo y no podría soportar sus cóleras sin
la problemática ayuda de la presencia muda de sus hijas. Porque la
última ratio de la reproducción ratonil consiste en conseguir el celo
50   de las ratoncitas de raza exótica. Porque el Muecas había dispuesto
tres bolsitas de plástico donde se metían las ratonas y eran colgadas entre los pechos de las tres hembras de la casa. Porque creía
que con este calor humano el celo se conseguía dos veces más
fácilmente: por ser calor y por ser calor de hembra. [...]
55   Alegres, pues, transcurrían los días del caballero, gozoso de su status confortable, calentado en la cama por varios cuerpos, consolado por ingestiones alcohólicas, reconfortado por la certidumbre de
haber conseguido todo aquello gracias a un ingenio que le permitiera perfeccionar los métodos de captura y cría y aprovechamiento
60   de pastos y piensos, como inteligente era aunque no letrado, aureolado además por relaciones selectas, protecciones de otro mundo,
que hasta su misma casa descendían a veces como las del cuasipariente Amador e incluso la del señor doctor que le había hablado
de igual a igual, sin aparentar y sin hacer mención de las sensibles
65   diferencias y hondos abismos que escinden las existencias de los
situados a uno y otro lado de la barrera del color.

Anotaciones:
04: labios del caballo; en las personas: labio inferior colgante;
06: Schutthalde; 06: escombros; 06: despojada, robada; 12: hakenförmig;
19: que está formado de una mezcla de cosas dispares y desordenadas;
26: conjunto de utensilios de hierro que ya se han deteriorado y se reúnen
para ser aprovechados; 30: se aplica a la persona con edad de casarse;
42: dar algo en prenda de un préstamo recibido

Tareas:
1.   ¿De qué trata el fragmento?
2.   Localice el texto en la novela y explique su argumento.
3.   Señale los aspectos relevantes de la técnica narrativa y del estilo.
4.   Caracterice al Muecas partiendo del extracto presente.
5.   Analice el papel de *Tiempo de silencio* con respecto a la renovación de la narrativa española de posguerra.

Erwartungshorizont

1. ¿De qué trata el fragmento?

Im Text werden die **Lebensumstände** des sozialen Außenseiters **el Muecas** beschrieben, der gegen Ende der vierziger Jahre (der Roman spielt 1949) in einem **Elendsviertel** bei Madrid Tiere für Forschungszwecke züchtet. Weil er Ratten und Mäuse für seine Tierversuche braucht, suchen der in einem Krebsforschungsinstitut arbeitende junge Arzt **Pedro** und sein Gehilfe **Amador**, der den Kontakt zu el Muecas hergestellt hat, diesen eines Tages auf. Von Madrid kommend, erblicken sie die Baracken der "ciudad prohibida" (Z. 11/12).

Mit zunehmender Annäherung an die Slums verengt sich die Perspektive, ins Zentrum der Betrachtung rückt schließlich die Wellblechhütte von el Muecas, deren detailgenaue Beschreibung im Zentrum des Textes steht (Z. 23 - 54). Hier hausen auf **engstem Raum** el Muecas mit seiner Frau ("consorte", Z. 30) und seinen beiden fast erwachsenen Töchtern im heiratsfähigen Alter ("dos hijas núbiles", Z. 30/31). Aus verschiedenen Gründen schlafen alle vier Familienmitglieder auf einer einzigen Matratze (Z. 33ff.): Zum einen fördere die durch die Körperwärme erhöhte Raumtemperatur die **Aufzucht der Mäuse** (Z. 35f.; Z. 48 - 52), zum anderen sei aufgrund dieser Gewohnheit die **Kontrolle über seine Töchter** gewährleistet (Z. 38 - 40), und schließlich - so eine weitere Erklärung des **allwissenden Erzählers** - fühle sich der "Patriarch" (Z. 45) bei **engem, nächtlichem Körperkontakt** vor allem mit seinen **Töchtern** ganz besonders wohl (Z. 37f.; 44 - 46; 56). Der Auszug schließt mit einer **Zusammenfassung** der Gründe, weshalb die Existenz dieses ehrenwerten Herrn so lebenswert ist, seine Tage so heiter und unbeschwert verlaufen.

2. Localice el texto en la novela y explique su argumento.

El **extracto** está tomado de la **primera parte** del libro cuyo argumento es relativamente sencillo: El **joven médico** Pedro - todavía no aprobado - trabaja en una institución científica y hace **investigaciones sobre el cáncer**. Para poder realizarlas necesita ratones que le proporciona **Amador**, el cuasipariente de el **Muecas**, que los cría en un barrio de chabolas cerca de Madrid. Pedro vive en un hostal cuya dueña quiere casarle con su hija Dorita. Un día el Muecas, que tiene relaciones incestuosas con sus hijas, le llama tras un **aborto malogrado** de su hija Florita. Sin embargo, Pedro llega tarde, la joven muere. La policía le detiene y encarcela hasta que se prueba su **inocencia**. A pesar estar libre de culpa Pedro pierde su puesto de trabajo. Cuando una noche va a una verbena, acompañado de Dorita, **Cartucho**, el novio de Florita, **mata a la novia de Pedro** por motivos de venganza. La novela finaliza con **reflexiones pesimistas** del protagonista sobre el porqué de la existencia humana y las absurdidades de la vida.

3. Señale los aspectos relevantes de la técnica narrativa y del estilo.

Después de haber leído atentamente el fragmento tenemos la impresión de que hay una **discrepancia enorme** entre el **lenguaje** y el **estilo** por un lado y la **realidad descrita** por otro a causa de su **distorsión grotesca**. A continuación vamos a ejemplificar esta observación general.

Ya en el primer párrafo se nota un **fuerte contraste** entre el **ambiente** (las chabolas en las afueras de Madrid), el **personaje** (Amador, una figura bastante vulgar) y el **vocabulario** empleado para esbozar este escenario. Amador es comparado con Moisés sobre el monte Sinaí, donde según la Biblia Dios le dio a éste las Tablas de la Ley (l. 3). Con un gesto "solemne" (l. 4) señala un "vallizuelo escondido" (l. 5). El lector de estas **palabras cultas** y **rebuscadas** - esperando tal vez algo extra-ordinario o maravilloso - se ve desengañado al darse cuenta de que en realidad se trata de montones de "expoliada basura" (l. 6), "montañas de escombrera y cascote" (l. 6) y de un par de chabolas, llamadas **irónicamente** "alcázares de la miseria" (ll. 9 - 10). Pero no sólo sorprende la **incongruencia entre el escenario y el vocabulario**, también salta a la vista una **sintaxis sumamente elaborada**, casi barroca, que recuerda a autores como Quevedo o Góngora. Como ejemplo baste analizar la frase larga de este párrafo en la cual hay un **quiasmo** (*una* de *escombrera y cascote*, de ya vieja y expoliada *basura* ciudadana la *otra*, ll. 5 - 7), una **metáfora** ("florecían [...] los soberbios alcázares de la miseria", ll. 8ss.), el **símil** ya mencionado (Amador - Moisés), y la **explicación entre paréntesis** (ll. 7 - 8), que subrayan lo anteriormente dicho.

Martín-Santos escribe de esta manera no sólo en el fragmento elegido, sino a lo largo de toda la novela. Esta técnica narrativa con un **tono irónico** como característica principal es el **hilo conductor** de la obra. Ante este telón de fondo, la chabola del Muecas se convierte en una "residencia" (l. 17), él mismo - en realidad un chabolista pobre - es denominado un "digno propietario" (l. 18). Es decir, hay un **desajuste llamativo** entre el **mundo deprimente** y la forma de presentarlo como **idilio** - el barrio de las chabolas miserables aparece como un **'locus amoenus'** - el cual produce una **impresión grotesca**. El mejor ejemplo de este fenómeno es el último párrafo del extracto, lleno de **eufemismos** que provocan una **sensación amarga** a causa de su **acumulación exagerada**. Destaca de nuevo la construcción sintáctica de esta frase extraordinariamente larga que empieza por un **hipérbaton** ("Alegres, pues, transcurrían los días del caballero", l. 55) y que continúa con una **enumeración asindética** de expresiones aparentemente **inadecuadas**, por ser **eufemísticas**, para caracterizar las circunstancias verdaderas de la vida del Muecas: "gozoso...", "calentado...", "consolado...", "reconfortado...", "aureolado..." (ll. 55ss.). Así, por ejemplo, "calentado en la cama por varios cuerpos" (l. 56) se refiere a las relaciones incestuosas del padre con sus hijas, "consolado por ingestiones alcohólicas" (ll. 56 - 57) significa que está frecuentemente borracho después del consumo excesivo de alcohol y "no letrado" (l. 60) - un **litote** - quiere decir que es analfabeto. Procediendo de este modo, Martín-Santos **parodia** la **realidad** para provocar al mismo tiempo **la risa y la reflexión** del lector sobre una **situación social deplorable** de la España de posguerra.

4.   Caracterice al Muecas partiendo del extracto presente.

Según el extracto presente el Muecas es todo lo contrario de un "caballero" (l. 55). Llamado irónicamente un "patriarca bíblico" (l. 45), se comporta frente a su familia como un **tirano**. Su mujer le tiene miedo por su **carácter brutal e irascible** (l. 47), que se muestra ante todo cuando se ha emborrachado (l. 57). Vigila a sus hijas como a esclavas; no les concede libertades (l. 39).

El Muecas es especialmente **despreciable** a causa de sus **relaciones sexuales** con su propia hija Florita, lo que se sugiere en este fragmento varias veces (ll. 37 - 38, 46 y 56). Este incesto causará más tarde una catástrofe: la muerte de su hija tras un aborto malogrado.

Otros **rasgos** del Muecas, cuyo nombre ya es muy significativo ('Fratze'), son su **cinismo**, su **orgullo** y su **hipocresía**, características personales insinuadas sobre todo en el último párrafo del fragmento.

A pesar de su **existencia miserable** parece que dentro de la jerarquía de los habitantes en el barrio de las chabolas ocupa un **rango destacado**. Es respetado por su contacto con representantes de capas sociales más altas ("relaciones selectas", "protecciones de otro mundo", l. 61) y a causa de su **astucia** (ll. 57 - 60), porque aparentemente ha desarrollado una estrategia eficaz para sobrevivir en un mundo bastante hostil.

5.   Analice el papel de *Tiempo de silencio* con respecto a la renovación de la narrativa española de posguerra.

Dem Roman liegt das klassische Muster der **Reise des Protagonisten** zugrunde, und zwar **durch verschiedene Gesellschaftsschichten** im Madrid der Nachkriegszeit. Der Autor läßt den jungen Arzt Pedro ebenso Einblicke gewinnen in die Kreise des intellektuellen, aber oberflächlichen Establishments und der bürgerlichen Mittelschicht wie in die des verarmten Proletariats bzw. Subproletariats der Elendsviertel außerhalb der Stadt. Dadurch lenkt Martín-Santos den Blick des Lesers auf soziale Mißstände in einer **Dekade**, die aufgrund einer nahezu völligen **internationalen Isolation** Spaniens, der **Zensur** und der **Repressalien** des Franco-Regimes sowie in kultureller wie wissenschaftlicher Hinsicht weitgehend eine "Zeit des Schweigens" war.

So gesehen stellt er sich in die Tradition bzw. Strömung der **novela social**, deren Hauptwerke in den 50er Jahren geschrieben wurden: Cela: *La colmena* (1951), Rafael Sánchez Ferlosio: *El Jarama* (1956), Jesús López Pacheco: *Central eléctrica* (1958), Armando López Salinas: *La mina* (1959), Alfonso Grosso: *La zanja* (1961), etc.

Andererseits sprengt Martín-Santos den Rahmen eindimensionaler realistischer Zeitkritik der genannten Werke, denn für die Hauptperson Pedro beginnt der eigentliche "tiempo de silencio" - man beachte die Mehrdeutigkeit des Titels - erst <u>nach</u> der Haupthandlung gegen Ende des Buches, wenn dieser sich **existentielle Fragen** stellt nach dem **Sinn des Lebens** und über Themen wie **Einsamkeit** und **Entfremdung** reflektiert.

In Spanien wird dieses Werk zum Vorreiter neuer Schreibarttendenzen, weil es - wie schon die exemplarische Analyse in Punkt 3) zeigt - innovatorische Stilmerkmale als Ausdruck einer zunehmenden **Experimentierfreudigkeit** aufweist, die das literarische Panorama ab den 60er Jahren nachhaltig beeinflussen sollte. Es gilt daher als Prototyp der sogenannten **novela estructural** bzw. **experimental**, in der strukturelle Charakteristika eine ganz entscheidende Rolle spielen. Zu dieser Subgattung gehören Romane von Miguel Delibes (*Cinco horas con Mario*, 1966; *Parábola del náufrago*, 1969) und Juan Goytisolo (*Señas de identidad*, 1966; *Reivindicación del conde Julián*, 1970) ebenso wie *Volverás a Región* (1967) von Juan Benet oder *La saga / fuga de J. B.* (1972) von Gonzalo Torrente Ballester.

Die **Mischung traditioneller** (narrador omnisciente) und **avantgardistischer Erzähltechniken** (Fragmentierung der Handlung, Durchbrechung linearer Chronologie, Perspektivenwechsel, innerer Monolog) sowie ein gehöriger Schuß **Karikatur, Ironie bzw. Sarkasmus** in Verbindung mit den (existenzphilosophischen) **Digressionen** und einer aufgrund der extrem **elaborierten Syntax** (Satzperioden von mehr als einer Seite Länge) zeitweise **barock anmutenden Diktion** machen das lediglich 233 Seiten umfassende Werk zu einem Markstein der spanischen Narrativik.

Es parallelisiert zudem einen sich vollziehenden **Wandel** in der spanischen Gesellschaft zu Beginn der 60er Jahre, in denen eine Öffnung nach Europa und zur westlichen Welt, Industrialisierung, (Massen-)Tourismus und Konsumdenken zum Wegbereiter für ein Spanien werden, das dem "tiempo de silencio" - verstärkt durch intellektuelle wie politische Liberalisierungstendenzen - dauerhaft und erfolgreich den Rücken kehren sollte.

Vida y obras de Luis Martín-Santos

Luis Martín-Santos **nació** en **Larache** (Marruecos) en **1924**. Cursó la carrera de **Medicina** en la Universidad de **Salamanca** y se doctoró por la de **Madrid** en 1947. Residente en San Sebastián desde 1929, en 1951 pasó a dirigir el **Sanatorio Psiquiátrico** de dicha ciudad. En **1964 falleció en Vitoria** a consecuencia de un accidente de automóvil.

Es autor de los **ensayos** *Dilthey, Jaspers y la comprensión del enfermo mental* (1955) y *Libertad, temporalidad y transferencia en el psicoanálisis existencial* (Seix Barral, 1964).

Póstumamente se han reunido diversos textos suyos en el **libro misceláneo** *Apólogos* (Seix Barral, 1970), y ha aparecido su inacabada novela póstuma *Tiempo de destrucción* (Seix Barral, 1975).

Aunque abundante, la obra de Martín-Santos anterior a ***Tiempo de silencio*** es casi totalmente desconocida. La primera edición de este libro apareció en Biblioteca Formentor, Seix Barral, en **1962** y alcanzó casi inmediatamente, en el mundo de lengua española y fuera de él, una extraordinaria resonancia crítica.

Ha sido **traducido** al inglés, al francés, al italiano, al alemán y al holandés y está en curso de traducción a otras lenguas. Dondequiera ha sido señalada como una obra excepcional en el contexto de la literatura española contemporánea. *Tiempo de silencio* transcurre en Madrid precisamente durante el otoño de 1949. A partir de un accidente estúpido y de sus consecuencias - no por evitables menos determinadas - el autor nos muestra con **ojo irónico** el **panorama** completo de los **estratos sociales** de la ciudad. Lo más significativo del libro, no obstante, es su decidido y revolucionario empeño por alcanzar una **renovación estilística** a partir - ya que no en contra - del monocorde realismo de la novela española de la época en que apareció.

(aus Klappentext zu Luis Martín-Santos: *Tiempo de silencio*, Seix Barral, Barcelona [15]1979.)

Bibliografía

> Martín-Santos, Luis: *Tiempo de silencio* (1962), Seix Barral, 209, Barcelona [15]1979, S. 42, 48, 54 - 55, 59.

> Eoff, H.; Schraibman, J.: "Dos novelas del absurdo: 'L'étranger' y 'Tiempo de silencio'", in: *Papeles de Son Armadans*, 56, (1970), S. 213 - 241.

> Holzinger, W.: "'Tiempo de silencio': An Analysis", in: *Revista Hispánica Moderna*, 37, (1973), S. 73 - 90. (*)

> Cabrera, V.: "Elaboración temática técnica de 'Tiempo de silencio' de Luis Martín-Santos", in: *Sin Nombre*, 4, (1973), S. 64 - 74.

> Domingo, J.: *La novela española del siglo XX. II. De la posguerra a nuestros días*, Barcelona 1973.

> García Vino, M.: "'Tiempo de silencio' o el subjetivismo a ultranza", in: *Arbor*, 228, (1974), S. 233 - 237.

> Rey, A.: *Construcción y sentido de 'Tiempo de silencio'*, Madrid 1977. (*)

> Zulueta, C.: "El monólogo interior de Pedro en 'Tiempo de silencio'", in: *Hispanic Review*, 45, (1977), S. 297 - 309.

> Sanz Villanueva, S.: *Historia de la novela social española (1942 - 1975)*, 2 Bände, Madrid 1980.

> Soldevila Durante, I.: *La novela desde 1936*, Madrid 1980.

> Pérez Firmat, G.: "Repetition and Excess in 'Tiempo de silencio'", in: *Publications of the Modern Language Association of America*, 96, (1981), S. 194 - 209.

> Luna, N.: "Parallel Parody and Satire in 'Tiempo de silencio'", in: *Revista de Estudios Hispánicos*, 18, (1984), S. 241 - 257.

> Labanyi, J.: *Ironía e historia en 'Tiempo de silencio'*, Madrid 1985.

> Serra Martínez, E.; Otón Sobrino, A.: *Introducción a la literatura española contemporánea a través del comentario de textos*, Madrid 1986, zu *Tiempo de silencio* S. 165 - 179. (*)

> Rapin, R. F.: "The Phantom Pages of Luis Martín-Santos's 'Tiempo de silencio'", in: *Neophilologus*, 71, (1987), S. 235 - 243.

> Tusón Valls, V.: *Selectividad Literatura*, Madrid 1990, zu *Tiempo de silencio* S. 130 - 138. (*)

> Olmedo, J. A.: *El comentario literario. Lírica, narrativa y teatro de la Edad Media al siglo XX*, Madrid 1995, zu *Tiempo de silencio* S. 141 - 146. (*)

> Müller, G.: "Luis Martín-Santos. Tiempo de silencio", in: *Hauptwerke der spanischen und portugiesischen Literatur* (Kindlers Neues Literatur Lexikon), München 1995, S. 420 - 421.

> Sánchez Ferrer, J. L.: *Selectividad Literatura*, Madrid 1996, zu *Tiempo de silencio* S. 79 - 82. (*)

> Sánchez Ferrer, J. L.: *Selectividad Literatura*, Madrid 1997, zu *Tiempo de silencio* S. 33 - 37. (*)

Miguel Delibes: *Cinco horas con Mario* (1966)

En verdad os digo que cuantas veces hicisteis eso a uno de mis
hermanos pequeños, a mí me lo hicisteis. Escucha una cosa, Mario,
¿sabes que me gustaba cada vez que me decías "eres una pequeña
reaccionaria"? Supongo que lo dirías por mis <u>prontos</u>, a ver, ¿por
05 qué otra cosa si no?, pero con todo. Recuerdo que de chicos, Paco,
cuando me perseguía, siempre con "pequeña" a vueltas, como un
estribillo, que hubo una época que me gustó Paco, como lo oyes,
yo era una niña, desde luego, que entonces apenas si <u>reparaba en</u>
que ni hablar sabía, porque la familia de Paco era un poco así, ¿có-
10 mo te diría?, bueno, un poco, lo que se dice una familia artesana, y
en cuanto le rascabas asomaba el bruto, pero como andaba siempre
de broma se pasaba el rato con él, que en la vida he visto un hombre más <u>colado</u>, te digo mi verdad. [...] <u>Porque le quitas eso</u> y Paco,
como hombre, estaba pero que muy bien, y no te digo ahora, <u>curti-</u>
15 <u>do</u>, con sus <u>canitas</u>, que parece un actor, pero mi sino siempre parece haber sido atraer a la gente <u>basta</u>, Eliseo, Evaristo, Paco y así.
Valen dice que eso pasa cuando se está llenita, pero yo, quitando la
<u>poitrine</u>, que siempre tuve un poco de más, nunca fui gorda, ¿no te
parece? [...] Y una cosa que no te he dicho, Mario, que el otro día,
20 hará cosa de dos semanas, el 2 del pasado para ser exacto, Paco me
llevó al centro en su <u>Tiburón</u>, un cochazo de aquí hasta allá, no
veas cosa igual, que yo estaba parada en la cola del autobús y, de
repente, ¡plaf!, un frenazo, pero de película, ¿eh?, como te lo digo,
que hacía mil años que no veía a Paquito, no te vayas a creer, que
25 me puse encarnada y todo, fíjate qué rabia, que si hay algo que me
haga perder los <u>estribos</u> es notar que la sangre me sube a la cara y
no poder remediarlo. [...] Y ¡qué coche, Mario, de sueño, vamos!
Con decirte que se me iba la cabeza, pero es que ni notar los ba-
ches, que luego Paco conduce con una seguridad como si no hu-
30 biera hecho otra cosa en su vida, y yo, como parezco tonta, el corazón paf, paf, paf, todo el tiempo, no por nada, sólo de verme encerrada en un coche con otro hombre que no fueras tú, que, eso sí,
Paco no es el que era, qué manera de expresarse, Mario, pocas palabras pero las justas, en un medio tono, sin descomponer la cara
35 por nada, como la gente bien. Los hombres es una suerte, como yo
digo, con los años ganáis, y el que no está bien a los veinte no tiene más que esperar otros veinte, ahí tienes a Paco, hablando como
un libro, como muy varonil, que de chico, tan rubito, resultaba un
poco niño Jesús para mi gusto, como un poco blando, no sé, que
40 ahora a la legua se ve que tiene mundo. [...] Desde luego, él siempre fue trabajador y en la guerra se portó estupendamente, <u>menudo</u>
historial, un hermano caído y él un <u>metrallazo</u> en el pecho y un

montón de heridas más, que méritos de sobra, quién se lo iba a decir a él, aquel <u>chiquilicuatro</u>, las vueltas que da el mundo, ya ves si
45   yo me hubiera casado con él, a estas horas lo que quisiera. Porque
tú te reirás, Mario, pero hoy la gente, bien de dinero que gasta, que
es lo que más rabia me da, que tú de tonto ni un pelo pero ya ves, y
yo no digo un Tiburón, pero un <u>Seiscientos</u>... Un Seiscientos hoy
hasta las porteras, cariño, que no es que exagere, ya ves los domin-
50   gos en la calle, cuatro muertos de hambre y nosotros. No es por nada, Mario, pero lo de Paco me ha hecho reflexionar y es inclusive
pecaminoso desaprovechar los talentos que Dios nos ha dado, así,
que con escribir esas cosas que escribes en "El Correo" no adelan-
tas nada ni haces bien a nadie, perder el tiempo, como yo digo, mi-
55   ra Paco. Yo misma reconozco que el encuentro me dejó un poco
atontada, lógico, después de tanto tiempo, que no es que para mí
pueda haber más hombres que tú, entiéndeme, pero para una mujer
siempre es halagador saber que gusta. [...] Y no es que yo vaya a
decir ahora que me transfiguró que Paco me retuviese la mano, pe-
60   ro dejarás de reconocer que es un detalle, cosa que tú nunca tuviste
conmigo, cariño, que siempre fuiste más frío que otro poco, y no
digo besarme, que eso ni a ti ni al <u>lucero del alba</u> se lo hubiera
consentido, estaría bueno, pero sí un poquito más de pasión, <u>cala-
midad</u>, que siempre fuiste un apático, mucho "amor mío", mucho
65   "mi vida" y, luego, nada entre dos platos. ¡Mira que la noche de
bodas! Delicadezas, me río yo, que me pones en cada compromiso,
ya ves Valen, que ella sangró, pues yo tengo que decirla que también, por vergüenza, a ver, ¿con qué cara la digo que diste media
vuelta y si te he visto no me acuerdo? ¿Quieres más?

Anotaciones: 04: ideas espontáneas; 08: darse cuenta de; 13: enamorado,
también: fanfarrón; 13: con excepción de; 14: tostado por el sol; 15: cabellos blancos ('graue Schläfen'); 16: grosero, vulgar; 18: francés: pecho;
21: Citroën DS, coche de lujo; 26: aquí: el control; 41: aquí irónico: gran
historial; 42: herida causada por un disparo; 44: persona de poca importancia ('Bengel'); 48: Seat 600; 62: Planeta Venus; 63: persona torpe

Tareas:

1.   ¿Qué temática se aborda en el fragmento elegido?
2.   Describa la estructura del libro y localice el extracto en la obra.
3.   Caracterice la técnica y el lenguaje.
4.   Describa brevemente los rasgos personales de Carmen.
5.   Analice la importancia histórico-literaria de *Cinco horas con Mario* en el contexto de la novela de los años sesenta.

Erwartungshorizont

1. **¿Qué temática se aborda en el fragmento elegido?**

Hauptthema des Ausschnitts ist das **zufällige Wiedersehen** mit ihrem **Jugendfreund Paco**, das Carmen dem gerade verstorbenen Ehemann Mario am Totenbett 'beichtet' (Z. 19ff.). Als sie eines Tages an der Bushaltestelle stand, kam dieser unvermutet in einem schicken Auto vorbei und bot ihr an, sie in die Stadt mitzunehmen. In das zentrale Thema dieser Begegnung, die sich fortan wie ein **Leitfaden** durch die **Selbstgespräche** Carmens während der fünfstündigen Totenwache ziehen soll, um am Ende in das **Geständnis** eines **Beinaheehebruchs** zu münden, da sie um ein Haar Mario mit Paco in einem rauschhaften Anflug sexuellen Begehrens betrog, ist eine **Reihe von sekundären Themen** integriert, die punktuell und wiederholt zur Sprache kommen.

Da ist zunächst ein **arroganter Standesdünkel** Carmens zu nennen, der einhergeht mit einem stets zur Schau getragenen **Klassenbewußtsein** (Z. 8 - 11: Paco stammt aus einer einfachen Handwerkerfamilie, Carmen dagegen kommt aus 'gutbürgerlichem Hause'). Offenkundig wird ferner, daß sie unter einer insgesamt **unglücklichen Ehe** (Z. 45!) litt, da Mario nicht ihren - geheimen - Wünschen entsprach. Während ihr Paco in seinem flotten Wagen wie ein unwiderstehlicher Frauentyp (Z. 14 - 15) aus einem zeitgenössischen amerikanischen Film vorkommt (Z. 23 - 32), verhielt Mario sich ihr gegenüber **seit der Hochzeitsnacht** - trotz ihres im ganzen Werk oft betonten attraktiven Busens (Z. 18) - stets unterkühlt (Z. 63 - 69), konnte und wollte ihr **sexuelles Verlangen** ebensowenig stillen wie ihren sehnlichsten **Wunsch nach einem SEAT 600**, dem spanischen 'Käfer' der sechziger Jahre (Z. 48 - 50). **Sexuelle** wie **materielle Frustration** spielte also in ihrer Ehe eine bedeutende Rolle. Eng verknüpft mit dieser Problematik ist ferner die des **Bürgerkriegs**. Während die Jahre von 1936 - 1939 **für Mario eine Tragödie** bedeuten, setzt **Carmen** die **Guerra Civil** einem **Kreuzzug** gleich (Kap. V) und ist stolz auf Pacos Verhalten, Verwundungen und Auszeichnungen (Z. 40 - 43).

2. **Describa la estructura del libro y localice el extracto en la obra.**

El libro comienza con una **esquela mortuoria** de Don Mario Díez Collado, que murió el 24 de marzo de 1966 a los 49 años. Esta **introducción** poco frecuente de una novela presenta también a los **principales personajes**: su esposa Doña María del Carmen Sotillo, sus cinco hijos y sus familiares.

La **narración** en sí abarca **tres partes**. La **primera parte** trata de los **acontecimientos en el día de la muerte** de Mario. Después de muchas **visitas y pésames** la viuda está cansada, pero a pesar de todo quiere pasar las últimas horas de la noche antes del entierro sola con su marido muerto.

La **segunda parte**, la parte central, consta de en total **27 capítulos** y contiene el **monólogo interior** de Carmen durante el **velatorio**, las 'cinco horas con Mario'. Estos capítulos empiezan, respectivamente, con **citas de la Biblia**, subrayadas por Mario, que Carmen lee y toma como punto de partida de sus **pensamientos y reflexiones** sobre los años que pasó con él, es decir, **desde la Guerra Civil hasta 1966**.

La **última parte** de la obra tiene una estructura semejante a la primera. Al amanecer, el hijo mayor, Mario, habla con su madre que está completamente agotada después del velatorio nocturno. Al final del libro, el **cadáver del muerto es llevado a la iglesia**.

Como se ve, la obra - estrenada, por cierto, como pieza teatral a finales de los años setenta (en 1979) - obedece estrictamente a las **reglas aristotélicas de las tres unidades**: el **tiempo** comprende 24 horas, el **lugar** es la casa, o sea, la habitación de Mario, y la **acción** consiste en el mono-diálogo de Carmen con su marido recién muerto.

El **extracto elegido** corresponde a un **capítulo clave (X)** de la parte principal. En él, el lector nota que el **tono** relativamente **agresivo** de la viuda, que al principio de su velatorio se queja de las desatenciones del marido, **cambia** poco a poco. Aparentemente por casualidad menciona a su amigo Paco. Al final (cap. XXVII), sin embargo, las **quejas y acusaciones** de los primeros capítulos se convertirán cada vez más en una **justificación de su comportamiento**. En esta parte es donde nos enteramos de que Carmen casi había cometido adulterio con Paco.

3.   Caracterice la técnica y el lenguaje.

Die **Besonderheit der Erzähltechnik** im Hauptteil, der gut 90% des Buches einnimmt, besteht darin, daß Carmen einen **Dialog mit einem Toten** führt. Natürlich kann **Mario** nicht direkt teilnehmen, aber sein 'Part' ist dennoch nicht unbedeutsam. Als eifriger **Leser der Bibel** hatte er sich so manche Stelle unterstrichen, die nun als **Stichwort für** eine jeweils **umfangreiche Replik** Carmens während ihrer Totenwache fungiert. Dieser Kunstgriff führt dazu, daß der Leser - obwohl Carmens Monolog quantitativ dominiert - mit den **Perspektiven beider Eheleute** vertraut gemacht wird, **beider** Einstellungen und Ansichten zu privaten wie öffentlichen, sozialen oder historisch-politischen Themen bzw. Ereignissen kennenlernt.

Die **Sprache** Carmens in ihrem Monolog ist ein **getreues Abbild** der **zeitgenössischen Umgangssprache**. Auffällig ist das **Nebeneinander mehrerer Gedanken**, die auf den ersten Blick nichts miteinander zu tun haben. Carmen 'springt' im vorliegenden Textauszug von einem Thema zum nächsten: Jugenderinnerungen, Pacos Ausstrahlung, das Wiedersehen an der Bushaltestelle, der Krieg, das Leitmotiv des 'Seiscientos' als Statussymbol, die Hochzeitsnacht mit Mario - kurz sind die Wege in ihrem **'stream of consciousness' ('corriente de conciencia')**. Verbunden werden die Punkte durch gesprächstypisches **Anreden** des Partners: "Escucha una cosa" (Z. 2), "como lo oyes" (Z. 7), "Y una cosa que no te he dicho" (Z. 19), "te reirás, Mario, pero" (Z. 46), etc.. Neben der erwähnten **inkohärenten Diktion** und den vielen **kolloquialen Anreden** in Verbindung mit **rhetorischen Fragen** fallen ferner **Redewendungen** und Satzhülsen bzw. **Phrasen** auf, die typisch sind für **umgangssprachliche Konversation**: "a ver" (Z. 4); "¿cómo te diría?" (Z. 9/10), "te digo mi verdad" (Z. 13), "de sueño, vamos" (Z. 27), etc..

Insgesamt ist der Mono-Dialog aufgrund der **unterschiedlichen Positionen, Haltungen, ja Ideologien** Carmens und Marios **polemisch** angelegt. Auf der einen Seite stehen ihre **Vorwürfe** ihm gegenüber, auf der anderen ihre **Legitimationsversuche**, die von ihrem schlechten Gewissen herrühren, das sie zu beruhigen und zu entlasten versucht.

4.   **Describa brevemente los rasgos personales de Carmen.**

Para **Carmen**, la **apariencia de las cosas** y el **aspecto físico de la gente** son de gran importancia. En nuestro fragmento se muestra muy impresionada por Paco ("curtido, con sus canitas", ll. 14/15), su comportamiento (l. 33ss.) y, ante todo, por su coche (ll. 21, 27). Carmen, como mujer de los **años del desarrollo y de la apertura** en España, tiene muchos **deseos materiales** que su marido no ha podido cumplir (l. 46ss.). Por eso se queja frecuentemente e inculpa a Mario de haber fracasado: "si yo me hubiera casado con él [Paco], a estas horas lo que quisiera." (l. 45). Pertenece a la **burguesía tradicional** de la clase media **provinciana** en la cual los objetos de prestigio (como un 'Seiscientos') son indispensables para ser aceptado por los vecinos o los amigos.

Un pensamiento tal refleja - al igual que su habla coloquial - cierta **superficialidad**, hasta cierto grado una **falta de cultura**. Piensa que lo que escribe Mario para "El Correo" es una tontería, una pérdida de tiempo (l. 54). Su compromiso social y su opinión política le parecen sospechosos. Menosprecia sus actividades profesionales (profesor, periodista, ensayista, lírico) porque gana poco dinero, mientras que Paco, según ella, ha tenido éxito sin una formación intelectual, lo que admira (l. 40ss.), aunque siempre se ha sentido superior frente a él (l. 8ss.).

130

También está **frustrada por la apatía sexual** de su marido. Incluso la noche de bodas parece haber sido una auténtica catástrofe (l. 65ss.) Por otro lado hay que ver que en el curso de los años **ha criado a cinco hijos** bajo condiciones económicamente difíciles. Siempre ha sido **una esposa fiel**, a pesar de los problemas que los cónyuges han tenido en el curso de su matrimonio - **con una sola excepción**: el casi adulterio con Paco, que ahora provoca **remordimientos de conciencia y sentimientos de culpa**. Por eso su crítica, sus quejas y su tono a veces agresivo, en realidad son un pretexto tras el cual se esconde su intención de justificarse ante Mario. En resumen, Carmen personifica una **mujer típica del franquismo**: conservadora, tradicionalmente católica, trabajadora y frustrada.

5.   **Analice la importancia histórico-literaria de *Cinco horas con Mario* en el contexto de la novela de los años sesenta.**

Während in Romanen wie *La colmena* von Cela oder *El Jarama* von Sánchez Ferlosio ein kollektiver Protagonist die Erzählung beherrscht, dominiert in *Cinco horas con Mario* eindeutig eine **individuelle Perspektive**. Carmens **innerer Monolog** ist Ausdruck einer für den spanischen Roman der sechziger Jahre typischen **Experimentierfreudigkeit**, die sich manifestiert z. B. in linguistischen Experimenten, bewußten Stilbrüchen, der Fragmentierung der Handlung in unabhängige Sequenzen aus verschiedenen Blickwinkeln oder einer achronologischen Erzählstruktur. Er **protokolliert** eine fünfstündige Totenwache, die nicht nur die **Beziehung von Carmen und Mario**, sondern auch **drei Jahrzehnte spanischer Vergangenheit** Revue passieren läßt, und zwar vom Bürgerkrieg bis 1966, dem Jahr, in dem das Werk spielt **und** geschrieben wurde. **Beide Ehepartner** sind auf unterschiedliche Art und Weise **unzufrieden mit der Gegenwart**, Carmen auf die in 4) beschriebene, Mario, im Unterschied zu Carmen ideologisch eher links-liberal-progressiv einzuordnen, repräsentiert ein zukunftsorientiertes, intellektuell wie politisch zwar engagiertes Spanien, das aber aufgrund seiner Kompromißlosigkeit wenig erfolgreich ist. Delibes reflektiert vor dem Hintergrund eines grundverschiedenen Ehepaares die **politischen, sozialen, religiösen und mentalen Spannungen**, die Mitte der sechziger Jahre existieren und eine Öffnung des Landes sowie damit verbunden eine Besserung der Zustände unerläßlich werden lassen. Dies wird am deutlichsten artikuliert durch Marios Sohn, der am Morgen nach der Totenwache seiner Mutter zur Überwindung des schematischen Denkens ('rechts' = 'gut', 'links' = 'böse') rät. Er plädiert, und hierin liegt die zentrale Botschaft des Werks, für einen **vorurteilsfreien Neubeginn** Spaniens, der nicht von der Vergangenheit überschattet ist und sich jenseits der üblichen Schwarz-Weiß-Malerei vollziehen kann.

Vida y obras de Miguel Delibes

Nació en **1920** en **Valladolid**. Su infancia y juventud, incluyendo la experiencia de la guerra civil, aparecen reflejadas con una impresionante autoironía en la novela *377 A. Madera de héroe* (1987). Delibes, antes de dedicarse en exclusiva a la literatura, fue **profesor** de la Escuela de Comercio, y **redactor** del periódico *El Norte de Castilla* (desde 1958 redactor jefe). A comienzos de los años sesenta dimitió de su cargo en el periódico como consecuencia de los continuos conflictos con la censura.

Su primera novela - *La sombra del ciprés es alargada* - mereció en 1948 el galardón literario más importante de la época: el **Premio Nadal**. En 1950 publicó *El camino*. El éxito de esta novela es típico del efecto a largo plazo que desencadenan los textos de Delibes. Éstos nunca ocuparon los primeros puestos de las listas de *best sellers* (el autor es demasiado **reacio a la publicidad**), pero a la larga han alcanzado **mayor popularidad** que los de otros autores contemporáneos: de *El camino* se han vendido unos 3 millones de ejemplares; la versión teatral [1979] de *Cinco horas con Mario* [1966] permaneció durante 10 años ininterrumpidos en la cartelera teatral de Madrid.

La fuerza de Delibes para transmitir de manera auténtica la **mentalidad** y el **lenguaje** de sus personajes, que pertenecen casi siempre a los débiles, se confirma, además de en *Cinco horas*, en otras novelas, entre las que destacamos *Diario de un cazador* (1955), *La hoja roja* (1959), *El diputado voto del Sr. Cayo* (1978) y *Los santos inocentes* (1981). A menudo también los niños toman la palabra en sus obras, por ejemplo en *El camino, Las ratas* (1962) y *El príncipe destronado* (1973).

Muchos de sus **relatos cortos** se desarrollan en **Castilla**, cuyo suelo nunca ha abandonado duraderamente (por ejemplo, *Viejas historias de Castilla la Vieja* [1964] o la novela corta *El tesoro* [1985]). Pero sus raíces no le han impedido mirar por encima de los límites de su tierra. Así lo demuestran sobre todo esos textos de prosa refinada en los que se enfrenta a los **problemas históricos y sociales** de su país: *Parábola del náufrago* (1969) y *Las guerras de nuestros antepasados* (1974) entre otros.

(aus Neuschäfer, H. -J.: *Adiós a la España eterna*. Barcelona 1994, S. 356 - 357.)

Bibliografía

> Delibes, Miguel: *Cinco horas con Mario* (1966), Destino, 281, Barcelona [29]1981, S. 118 - 124.

> López Martínez, L.: *La novelística de M. Delibes*, Murcia 1973.

> Rey, A.: *La originalidad novelística de Delibes*, Santiago de Compostela 1975; bes. S. 181 - 203: "Forma y sentido de 'Cinco horas con Mario'". (*)

> Valle Spinka, R. F. del: *La conciencia social de Miguel Delibes*, New York 1976.

> Bartholomé Pons, E.: *Miguel Delibes y su guerra constante*, Madrid 1979.

> Soldevila Durante, I.: *La novela desde 1936*, Madrid 1980.

> Gullón, A.: *La novela experimental de M. Delibes*, Madrid 1980.

> Serra Martínez, E.; Otón Sobrino, A.: *Introducción a la literatura española contemporánea a través del comentario de textos*, Madrid 1986, zu *Cinco horas con Mario* S. 180 - 191. (*)

> Alvar, M.: *El mundo novelesco de Miguel Delibes*, Madrid 1987.

> Tusón Valls, V.: *Selectividad Literatura*, Madrid 1990, zu *Cinco horas con Mario* S. 126 - 129. (*)

> Wogatzke-Luckow, G.: *Figuren und Figurenkonstellation im erzählerischen Werk von Miguel Delibes*, Genf 1991.

> Cuevas, C. (Hg.): *Miguel Delibes, el escritor, la obra y el lector*, Barcelona 1992.

> Rodríguez Cáceres, M.: "Miguel Delibes. 'Cinco horas con Mario'", in: Dies.; Pedraza Jiménez, F. B. u. a. (coord.): *Textos Literarios Comentados*, Pamplona 1992, S. 369 - 378.

> García Domínguez, R.: *Miguel Delibes, la imagen del escritor*, Valladolid 1993.

> Jiménez Lozano, J. (Hg.): *El autor y su obra: Miguel Delibes*, Madrid 1993.

> Neuschäfer, H. -J.: *Adiós a la España eterna. La dialéctica de la censura. Novela, teatro y cine bajo el franquismo*, Barcelona 1994, zu *Cinco horas con Mario* S. 100 - 115.

> Neuschäfer, H. -J.: "Miguel Delibes. Cinco horas con Mario", in: Roloff, V.; Wentzlaff-Eggebert, H. (Hg.): *Der spanische Roman vom Mittelalter bis zur Gegenwart*, Stuttgart [2]1995, S. 407- 22. (*)

> Müller, G.: "Miguel Delibes. 'Cinco horas con Mario'", in: *Hauptwerke der spanischen und portugiesischen Literatur* (Kindlers Neues Literatur Lexikon), München 1995, S. 400 - 401. (*)

> Sánchez Ferrer, J. L.: *Selectividad Literatura*, Madrid 1996, zu *Cinco horas con Mario* S. 58 - 62.

> González Castro, F.: *Pruebas de Selectividad: Lengua y Comentario de Texto*, Madrid 1997, zu *Cinco horas con Mario*, S. 125ff.

Angel González:
Cementerio de Colliure (1969)

<u>Aquí paz,</u>
<u>y después gloria.</u>

Aquí,
a orillas de Francia,
05   en donde Cataluña no muere todavía
y prolonga en carteles de «Toros à Ceret»
y de «Flamenco's Show»
esa curiosa España de las ganaderías
de reses bravas y de <u>juergas</u> sórdidas,
10   reposa un español bajo una losa:

                              paz

y después gloria.

Dramático destino,
triste suerte
15   morir aquí

                - paz

y después... -

                 perdido,

abandonado
20   y liberado a un tiempo
(ya sin tiempo)
de una patria sombría e inclemente.

Sí; después gloria.

Al final del verano,
25   por las proximidades
pasan trenes nocturnos, <u>subrepticios</u>,
rebosantes de humana mercancía:
mano de obra barata, ejército
vencido por el hambre
30   - paz... -,
otra vez <u>desbandada</u> de españoles
cruzando la frontera, derrotados
- ... sin gloria.

Se paga con la muerte
35   o con la vida,
pero se paga siempre una derrota.

¿Qué precio es el peor?
                Me lo pregunto
y no sé qué pensar
40   ante esta tumba,
ante esta paz
            - «Casino
de Canet: spanish gipsy dancers»,
rumor de trenes, hojas... -,
45   ante la gloria ésta
- ... de reseco laurel -
que yace aquí, <u>abatida</u>
bajo el ciprés erguido,
igual que una bandera al pie de un mástil.

50   Quisiera,
a veces,
que borrase el tiempo
los nombres y los hechos de esta historia
como borrará un día mis palabras
55   que la repiten siempre, <u>tercas</u>, <u>roncas</u>.

Anotaciones:

01:    coloquial; resumidor final. Se usa para poner fin a una discusión o a un problema: "No discutáis; que cada uno coja lo suyo, y aquí paz y después gloria." Se dice también: "Borrón y cuenta nueva." Es una expresión para señalar que hay que olvidarse de todo lo anterior y empezar de nuevo.

09:    diversión en la que se bebe y causa alboroto

26:    ocultos

31:    huida, abandono, deserción

47:    derribada, echada por tierra, desalentada

55:    testarudas, tenaces

55:    broncas, ásperas (aquí fig.)

Tarea:

Comente el poema.

Erwartungshorizont

Angel González nimmt einen **Besuch am Grab** des 1939 im französischen Exil in Collioure nahe Perpignan verstorbenen **Dichters Antonio Machado** zum Anlaß, um über zwei **Ereignisse** bzw. **Umstände** zu **reflektieren**, die Spanien im 20. Jahrhundert unter historisch-politischen sowie sozioökonomischen Gesichtspunkten geprägt haben und zum Zeitpunkt der Abfassung des Gedichts wie eine Parenthese dreißig Jahre spanischer Geschichte umschließen.

In beiden Fällen handelt es sich um die **Emigration von Landsleuten**: 1939 war die **Flucht ins Exil** für viele Franco-Gegner die einzige Möglichkeit, der Diktatur zu entgehen; in den 60er Jahren folgten **Wellen von Gastarbeitern**, die im Ausland - notgedrungen ("vencido por el hambre", V. 29) - versuchten, ihre wirtschaftliche Situation zu verbessern. Auf diese Begebenheiten spielt Angel González in seinem Gedicht an, das in **drei Sinnabschnitte** unterteilt werden kann.

Der **erste Teil** (V. 3 - 23) wird eingebettet in die dem Gedicht quasi als **Motto** vorangestellte Phrase **"Aquí paz, y después gloria."** (V. 1 - 2), mit der der Dichter permanent arbeitet, indem er sie immer wieder als Leitfaden seiner Reflexion heranzieht, aufteilt, ja geradezu zerlegt, um sie alsbald wieder neu anzuordnen, zusammenzusetzen und ihr mit Nuancierungen eine neue Sinngestalt zu geben. Sie bedeutet soviel wie "Schluß jetzt, keine weiteren Diskussionen. Machen wir einen Neuanfang." und wird in einsprachigen Diccionarios (María Moliner, Salamanca, GDLE) erklärt mit dem synonymen, umgangssprachlichen "borrón, y cuenta nueva", das in etwa dem deutschen "Strich drunter, Schwamm drüber" entspricht.

In diesem Teil umklammern die Worte "Aquí" (V. 3) und "paz" (V. 11, mit konkreten Konnotationen wie Tod des Dichters, Ruhe, Frieden) eine lange **Satzperiode** (V. 4 -10), die Aufschluß gibt über die **Situation Spaniens** in den beiden Jahrzehnten **nach dem spanischen Bürgerkrieg**.

Das von Franco sprachlich wie kulturell diskriminierte **Katalonien** lebt - pars pro toto - gleichsam im Exil im angrenzenden Süden Frankreichs weiter, da hier, ähnlich wie im Baskenland, die politischen Grenzen nicht identisch sind mit den ethnischen (V. 5 - 6). **Klischeehaft** wird das Bild Spaniens im Ausland verkürzt auf sattsam bekannte Topoi wie **Stierkampf** und **Flamenco** (V. 6 - 7).

Eine **düstere und melancholische Atmosphäre** wird im folgenden evoziert durch zum Teil **vorangestellte Epitheta** wie "dramático", "triste" (V. 13f.), "perdido", "abandonado" (V. 18f.) oder "sombría e inclemente" (V. 22), durch die erneut eine Beziehung zum **Tod** geknüpft wird ("morir", V. 15), der hier gleichzeitig **Ende, Endgültigkeit und Befreiung** symbolisiert.

Bewußt abgesetzt von "aquí / - paz" (V. 15/16) und verstärkt durch das **Emphase** wie retardierende **Reflexion** implizierende "Sí;" (V. 23) wird der zweite Teil der Redewendung: "después gloria", der einerseits den **Endpunkt** einer Entwicklung markiert und andererseits neugierig macht auf das, was nun unter "gloria" beim Neubeginn zu verstehen sei.

Doch ähnlich wie in Vers 17, als die **Erwartungshaltung** nach den spannungssteigernden Gedankenpunkten mit "perdido" und "abandonado" **enttäuscht**, **Frieden** somit **ironisiert** wird, so entpuppt sich im **zweiten Teil** (V. 24 - 36) "gloria" als **Illusion**. In den 60er Jahren, als die straffen Zügel der Diktatur vorsichtig gelockert werden, als sich Spanien nach langen Jahren der Isolation wieder mehr an Europa orientiert, zieht erneut ein **Strom von Emigranten** über die Grenze Richtung Norden.

Diesmal sind es weniger politisch Verfolgte, sondern eher 'Wirtschafts-flüchtlinge', die als sog. Gastarbeiter - "mano de obra barata" (V. 28) - von westeuropäischen Industrieländern gezielt angeworben werden, weil dort in Zeiten konjunkturellen Aufschwungs und Vollbeschäftigung Arbeitskräfte fehlen. Ein Heer hungernder Hilfsarbeiter (V. 28f.) verkauft sich jenseits der Grenze voller Hoffnung auf Linderung wirtschaftlicher Not unter Wert; die eingangs zitierte refrainartige Redewendung schlägt um: "... sin gloria" (V. 33). **Bitter** klingt die **Quintessenz** (V. 34ff.) des Dichters aus den zuvor beschriebenen Ereignissen: Eine Niederlage wird immer bezahlt, mal mit dem Tod (Teil 1), mal mit dem Leben (Teil 2).

Dies ist der Moment, an dem der Dichter sich persönlich einbringt mit einer sich selbst gestellten Frage - "¿Qué precio es el peor?" (V. 37) -, die den **dritten Teil** des Gedichts einleitet. **Synthesenartig** fließen die Elemente aus den ersten beiden Teilen zusammen (V. 41 - 46), lassen das lyrische Ich **nachdenklich**, ja **ratlos** werden - "y no sé qué pensar" (V. 39) - angesichts der Frage, welches Übel das schlimmere ist, welcher Preis der höhere. Die **Grabplatte** vor einer schlanken **Zypresse** geht im übertragenen Sinne auf im Bild der vor einer **Fahnenstange** liegenden (spanischen) **Flagge**, die **Niedergeschlagenheit, Enttäuschung und Schmerz** des Dichters symbolisiert (V. 48 / 49).

Sarkasmus durchzieht diese Verse, das positiv konnotierte "paz" wird ebenso wie "gloria" in seiner derzeitigen Form durch das dreimal anaphorisch wiederholte "esta" (V. 40, 41, 45) in Frage gestellt. Mit dieser Haltung einher geht eine **bissige Kritik** an dreißig Jahren vom Franquismus geprägter spanischer Politik und Geschichte, die durch das die letzte Strophe einleitende "Quisiera" (V. 50) eine persönliche Note bekommt: Die Zeit möge die Namen und Fakten einer derart unglückseligen Epoche löschen ("borrase", V. 52). Mit dieser Anspielung auf das eingangs zitierte Motto, das jetzt in der abgewandelten Form "Borrón y cuenta nueva" suggeriert wird, schließt sich der Kreis. Angesichts der Vergänglichkeit (auch seiner Dichtung) bleiben dem lyrischen Ich nur seine **Worte**, die hartnäckig warnend und eindringlich mahnend die Erinnerung wachhalten, damit sich eine solche Geschichte nicht wiederholt.

Vida y obras de Angel González

Oviedo, 1925. Se adscribe este poeta a los **postulados realistas** de los años cincuenta, pero, al igual que muchos de sus compañeros, busca mecanismos superadores de dicha concepción restrictiva, mediante (entre otras fórmulas) **el distanciamiento irónico** de la realidad contemplada.

Su primer libro, *Áspero mundo* (1956), delimita ya esos perfiles, al tiempo que establece las **constantes temáticas** del poeta: **desolación y desesperanza**, que entrañan la exigencia de una solidaridad salvadora.
Éstas son las pautas de *Sin esperanza, con convencimiento* (1961) y *Grado elemental* (1962).

Tras la serenidad abierta por un **magistral poemario amoroso** (*Palabra sobre palabra*, 1965), vuelve González por los cauces de su **escepticismo** corrosivo en *Tratado de urbanismo* (1967 y 1976), *Breves acotaciones para una biografía* (1969) o *Muestra de algunos procedimientos narrativos y de las actitudes sentimentales que habitualmente comportan* (1976 y 1977), así como en su último trabajo, *Prosemas o menos* (1985), de lograda **voluntad experimentalista**.

Su poesía está compendiada en *Palabra sobre palabra* (1968, 1972 y 1977).

(aus: *Diccionario de literatura española e hispanoamericana*, dirigido por Ricardo Gullón, Madrid 1993, S. 645 - 646.)

Bibliografía

> González, Angel: "Cementerio de Colliure" (1969), in: *Cuadernos para el diálogo*, 71 - 72, (1969), S. 25.

> Cano, J. L.: *El tema de España en la poesía española contemporánea*, Madrid 1964.

> Alarcos Llorach, E.: *Angel González, poeta*, Oviedo 1969. (*)

> Castellet, J. M.: *Nueve novísimos*, Barcelona 1970.

> Olivio Jiménez, J.: "De la poesía social a la poesía crítica: a propósito de 'Tratado de urbanismo' de Angel González", in: *Diez años de poesía española: 1960 - 1970*, Madrid 1972, S. 281 - 327. (*)

> García de la Concha, V.: *La poesía española de posguerra*, Madrid 1973.

> Battló, J.: *Poetas españoles poscontemporáneos*, Barcelona 1974.

> Sanz Villanueva, S.: "Los inciertos caminos de la poesía de postguerra", epílogo a Víctor Pozanco (Hg.): *Nueve poetas de resurgimiento*, Barcelona 1976.

> Marco, J.: "La poesía", in: Ynduráin, D. (Hg.): *Época contemporánea: 1939 - 1980*, in: Rico, F. (Hg.): *Historia y crítica de la literatura española*, Band 8, Barcelona 1980, S. 109 - 138.

> Siebenmann, G.; López de Abiada, J. M. (Hg.): *Spanische Lyrik des 20. Jahrhunderts*, Spanisch / Deutsch, Stuttgart 1985.

> Palomero, M. P. (Hg.): *Poetas de los 70. Antología de poesía española contemporánea*, Madrid 1987.

> García de la Concha, V.: *La poesía española de 1935 a 1975*, 4 Bände, Madrid 1987.

> Debicki, A. P.: *Angel González*, Madrid 1989. (*)

> Crespo Matellán, S.: "Algunos recursos lingüísticos de la ironía en la poesía de Angel González", in: *Philologica II. Homenaje a don Antonio Llorente*, Salamanca 1989, S. 281 - 287. (*)

> Tietz, M. (Hg.): *Die spanische Lyrik der Moderne. Einzelinterpretationen*, Frankfurt 1990.

> Dirscherl, K.: "Die Lyrik im 20. Jahrhundert", in: Strosetzki, C. (Hg.): *Geschichte der span. Literatur*, Tübingen 1991, S. 343-367.

> García Martín, J. L.: "La poesía", in: Villanueva D. y otros: *Los nuevos nombres: 1975 - 1990*, in: Rico, F. (Hg.): *Historia y crítica de la literatura española*, Band 9, Barcelona 1992, S. 94 - 248.

> "Angel González", in: *Diccionario de literatura española e hispanoamericana*, dirigido por R. Gullón, Madrid 1993, S. 645f. (*)

> Delgado, T. (Hg.): *ZAS. Schnitte durch die spanische Lyrik 1945 - 1990*, München 1994.

> Neuschäfer, H. -J.: "Exil und Zensur: die Literatur vor und in der Francodiktatur", in: Ders. (Hg.): *Spanische Literaturgeschichte*, Stuttgart 1997, S. 362 - 389, bes. S. 385 - 389.

José María Valverde: *Vida es esperanza* (1970)

Basta de *razas ubérrimas, sangre de Hispania fecunda,*
nada de *marcha triunfal,* ni *cortejo,* ni *viejas espadas;*
en espíritu unidos, en miseria y *en ansias y lengua,*
siervos dispersos, rumiando, lo más, un pasado de mito,
05   bajo los ojos de Dios, los de lengua española, ¿qué somos?
¿Qué hemos dejado en su libro, qué cuentas, qué penas?
Si algo supimos cantar de su gloria en el mundo,
mucho pecamos alzando la cruz como espada (gritaba
el obispo del Cid, al galope: *Ferid, caballeros,*
10   *por amor de... el Criador,* dice el texto Pidal; *caridad,*
Per Abbat; ¿qué es peor?), y hasta hoy día retumban Cruzadas.
Pague, Señor, cada cual su pecado, y el pueblo,
víctima siempre, se libre de deuda y castigo.
¿De qué sirve el destello del Siglo de Oro al cansado?
15   ¿Y Don Quijote y el buen gobernador Sancho Panza,
de qué, al que no sabe leer ni esperar en un sueño?
Nuestra gente habla y dice: "trabajo", "mañana", "pues claro",
"los chicos", "es tarde", "el jornal", "un café", "no se puede";
no hay ni cultura europea ni estirpe latina en sus bocas,
20   sólo el escueto ademán del que afianza la carga en los hombros.
El que es siervo no habla español, ni habla inglés, ni habla nada;
su palabra es la mano de un náufrago que se agarra a las olas,
y las cosas le pesan y embisten sin volverse lenguaje.
Nadie cree ya en pueblos-Mesías, "destinos", "valores";
25   la tierra es un solo clamor, y el niñito en Vietnam o en el Congo
llora lo mismo que el niño en Jaén o en los Andes.
Pero el rico es más fuerte que nunca, y su miedo le hace
más hábil y duro, y pretende cerrar el mañana;
se arman los créditos, vuelan alarmas por radio, y, en tanto,
30   se amontona la cólera sacra de pueblos y pueblos.
Y algo se mueve también, con palabra española,
y suena a menudo: "esto no puede seguir así", o algún viejo
proverbio con nuevo sabor como: "no hay mal que cien años dure".
Y hasta si fuera a valer para un poco de paz y justicia,
35   más valdría borrar nuestra lengua, nuestro ser, nuestra historia.
La esperanza nos llama a poner nuestra voz en el coro
que para todos exige la escasa ración que nos debe la vida,
en la historia del hombre, en su ambiguo avanzar, malo y bueno,
trabajando y cayendo, pero acaso ayudando a los pobres,
40   hasta entrar bajo el juicio secreto, el amor enigmático,
la memoria de Dios donde un día las lenguas se fundan...

Tarea: Comente el poema.

Erwartungshorizont

El **mensaje central** del poema es la conclusión a la cual el autor llega después de haber analizado - de forma ejemplar - la historia española: la convicción de que hoy día sólo hay **un mundo para todos** los hombres.

Para **ilustrar su tesis** recurre a **acontecimientos históricos** concretos así como a **obras literarias** de distintas épocas. Al principio del poema, Valverde cita algunos versos de la poesía de **Rubén Darío** (p. ej. de "Marcha triunfal" de *Cantos de vida y esperanza*, 1905) que idealizan el **pasado glorioso** de la Hispanidad. Sin embargo, como ya indica la primera palabra del poema - "Basta" -, el poeta deja traslucir que está harto de tales glorificaciones, de la patética evocación de mitos pasados que se siguen repitiendo sin cesar ("rumiando", v. 4) aunque la **realidad** es bien **distinta**. Con respecto a los españoles prefiere tratar cuestiones esenciales como: "¿Qué somos?" o "¿Qué hemos dejado en su libro, qué cuentas, qué penas?" (vv. 5 - 6).

A continuación Valverde critica duramente el **catolicismo español** por su afán de convertir a los llamados infieles - violentamente - en cristianos. Aludiendo a la Reconquista contra los moros en la Edad Media (vv. 8 - 11) el poeta culpa a sus compatriotas de entonces de haber utilizado la cruz como espada (conversión o expulsión), no sólo en la época del Cid, sino también en los siglos XVI y XVII cuando surgió la Leyenda Negra como consecuencia del comportamiento de los españoles en el Nuevo Mundo y los abusos de la Inquisición.

Teniendo en cuenta la decadencia de los siglos pasados, el poeta se pregunta también de qué sirven las glorias de antaño y el **florecimiento de la cultura y literatura** españolas del Siglo de Oro si hoy día la gente 'cansada' de gobiernos malos y sin esperanza se preocupa sólo por las cosas cotidianas y si a pesar de su procedencia cultural 'noble' los deberes diarios no dan cabida a las Bellas Artes (vv. 14 - 20).

Viviendo y trabajando a principios de los años 70 en el **exilio en Canadá** Valverde reconoce que en un mundo cada vez más pequeño se aminoran las diferencias entre los pueblos y por eso piensa que todos los hombres son en su esencia más bien **ciudadanos mundiales** que representantes de nacionalidades distintas. Como ejemplo aduce que los niños en Vietnam o en el Congo, donde a principios de aquella década había guerras tremendas, "lloran lo mismo" (v. 26) que los niños en Jaén (Andalucía) o en los Andes, es decir, todos los niños - y desde luego todos los hombres tienen los mismos sentimientos, vivan donde vivan.

El autor cacereño se da cuenta del **cambio de valores** que se efectúa en su época y anticipa **tendencias futuras**. La discrepancia entre el rico y el pobre sigue creciendo (v. 27), la "cólera sacra" (v. 30) se amplía mientras se ha perdido la fe en "pueblos-Mesías" que parecen atávicos. (v. 26).

En vista de tales circunstancias en un mundo en el cual la **globalización** de problemas y relaciones juega un papel cada vez más decisivo, Valverde ve la necesidad de borrar los estrechos límites de las perspectivas nacionales para garantizar "un poco de paz y justicia" (v. 34).

En un tiempo en el cual en España la dictadura de Franco se acerca a sus últimos años, queda patente la **actitud cosmopolita** del poeta exiliado que había sido catedrático de la Universidad de Barcelona hasta su dimisión en 1965. Tanto el título de este poema como el de la antología (*Años inciertos*) se reflejan en los últimos versos. Más vale para él la **conciencia social** en el sentido más amplio de la palabra que cualquier mensaje cultural de carácter nacional. Dejando traslucir su religiosidad profunda, espera que algún día los pueblos vivan en paz, que los hombres se entiendan mejor y se ayuden mutuamente durante sus pocos años de existencia terrenal, porque está convencido de que después de la muerte de los hombres todas las lenguas se fundirán para siempre (vv. 36 - 41).

Vida y obras de José María Valverde

Valencia de Alcántara, **Cáceres, 1926**. Es **catedrático** de Estética en la Universidad de **Barcelona**. Ha sido también profesor en **Estados Unidos y Canadá**.

Como **poeta**, se inicia con el libro *Hombre de Dios* (1945), en el que muestra una intelección religiosa y franciscana de la poesía. *La espera* (1949) y *Versos del domingo* (1954) incorporan a esta característica fuertes acentos de **temporalidad**, de **cotidianeidad** y de **simpatía por los seres marginados**.

Enseñanzas de la edad. Poesía 1945-1970 (1971), compendio de su producción hasta esa fecha, insertaba, entre otras novedades, *Voces y acompañamientos para San Mateo* (1959), *La conquista de este mundo* (1960) y *Años inciertos* (1970). Posteriormente, sólo ha publicado *Ser de palabra* (1976), **reflexión metapoética** que sigue proclamando la encarnación humana de la poesía, y unas esperadas *Poesías reunidas* (1990), que facilitan el acceso a una obra necesitada de revisión por parte de la crítica. Es autor también de rigurosos **trabajos críticos** y de numerosas **traducciones**.

(aus: *Diccionario de literatura española e hispanoamericana*, dirigido por Ricardo Gullón, N - Z, Madrid 1993, S. 1682.)

Bibliografía

> Valverde, José María: "Vida es esperanza", in: *Años inciertos* (1970), III: "El profesor de español", in: Ders.: *Enseñanzas de la edad. Poesía 1945 - 1970*, Barral, Barcelona 1971, S. 207 - 208.

> Paraíso, M. I.: "J. M. Valverde, trayectoria de una vocación asumida", in: *Cuadernos Hispanoamericanos*, 62, (1965), S. 383 - 402.

> Marco, J.: "Los 'Años inciertos' de José María Valverde" (1972), in: Rico, F. (Hg.): *Historia y crítica de la literatura española*, Bd. 8: Ynduráin, D. (Hg.): *Época contemporánea: 1939 - 1980*, Barcelona 1980, S. 238 - 241. (*)

> García de la Concha, V.: *La poesía española de posguerra*, Madrid 1973, zu Valverde S. 458 - 464.

> Cano, J. L.: "Notas sobre José María Valverde", in: *Poesía contemporánea: Generaciones de posguerra*, Madrid 1974, S. 165-73.

> Siebenmann, G.; López, J. M. (Hg.): *Spanische Lyrik des 20. Jahrhunderts*, Stuttgart 1985, zu Valverde S. 286 - 291; 494 - 495. (*)

> García Martín, J. L.: "José María Valverde", in: *La segunda generación poética de posguerra*, Badajoz 1986, S. 305 - 308.

> Sánchez-Blanco, F.: "José María Valverde. Colofón", in: Tietz, M. (Hg.): *Die spanische Lyrik der Moderne*, Frankfurt 1990, S. 401-9.

Antonio Colinas: *Novalis* (1975)

Oh Noche, cuánto tiempo sin verte tan copiosa
en astros y en luciérnagas, tan ebria de perfumes.
Después de muchos años te conozco en tus fuegos
azules, en tus bosques de castaños y pinos.
05   Te conozco en la furia de los perros que ladran
y en las húmedas fresas que brotan de lo oscuro.
Te sospecho repleta de cascadas y <u>parras</u>.

Cuánto tiempo he callado, cuánto tiempo he perdido,
cuánto tiempo he soñado mirando con los ojos
10   arrasados de lágrimas, como ahora, tu hermosura.
Noche mía, no cruces en vano este planeta.

Deteneos, esferas, y que <u>arrecie</u> la música.
Noche, Noche dulcísima, pues que aún he de volver
al mundo de los hombres, deja caer un astro,
15   clava un arpón ardiente entre mis ojos tristes
o déjame reinar en ti como una luna.

<u>Anotaciones:</u> 07: cepas; 12: intensificarse, aumentar, crecer

Poética

Una vez más deseo - con todos los riesgos e inutilidades que ello
implica - teorizar sobre el fenómeno de la creación poética.[...] Por
encima de las consideraciones ya expresadas yo insistiría en el carácter personalísimo, fuertemente vocacional, enraizado en la vida,
05   de la poesía. Esto y el carácter de libertad - la creación por encima
de teorías, de grupos, de las nefastas imposiciones - son cuestiones
que se me ocurren destacar en estos momentos. También el hecho
de que creo más en los sentidos que en la filosofía de la vida.

Tareas:

1. Determine el tema del poema y explique su estructura interna.
2. Analice la forma externa de "Novalis".
3. Relacione el poema con la poética de Antonio Colinas y trate de
   localizarlo en el contexto histórico-literario de los años 70.

Erwartungshorizont

1. Determine el tema del poema y explique su estructura interna.

Thema des Gedichts ist die **Begegnung** des **lyrischen Ich** mit der **Nacht**, die ihm als langjährige Vertraute erscheint (V. 3ff.). Überwältigt von ihrer **Schönheit** und **Ausstrahlung** ("copiosa / en astros", "ebria de perfumes", V. 1 - 2, "fuegos / azules", V. 3f., "repleta de cascadas y parras", V. 7), möchte sich der Dichter nach einer langen Zeit des Schweigens, Hoffens und Träumens (V. 8ff.) mit ihr vereinigen, in ihr trunken vor Schwermut sein Ende finden oder wie ein Mond in ihr herrschen (V. 12 - 16), um ihr nahe zu sein, bevor der Tag anbricht und er in die "Welt der Menschen" (V. 14) zurückkehren muß.

Für ein profundes Verständnis dieses sehr **gefühlsbetonten** Gedichts (angesprochen werden alle **fünf Sinne**, manche mehrmals) ist der **Titel aufschlußreich**: Novalis ist ein deutscher Dichter der **Frühromantik** im ausgehenden 18. Jahrhundert (Friedrich von Hardenberg, 1772 - 1801). Nach dem frühen Tod seiner jungen Verlobten schrieb er die *Hymnen an die Nacht* (1800), in denen die **Nacht als schöpferisches Geheimnis der Existenz wie des Todes** dargestellt wird. Die geistige Verwandtschaft der beiden Poeten in dieser Hinsicht drückt sich durch den schwermütigen Tenor bei der Behandlung des Themas der Nacht aus, für die sie im Inneren eine tiefe Bewunderung verspüren.

2. Analice la forma externa de "Novalis".

La poesía contiene dieciséis **alejandrinos**, es decir, versos de **catorce sílabas métricas**, que se utilizaron frecuentemente y ante todo en la época del **Modernismo**, a principios del siglo XX.

Todo el poema está construido como un **monólogo**. El poeta se dirige a la Noche, **personificada** y con mayúscula, como a una amada, sin recibir de ella una respuesta. Por eso dominan en un **plano gramatical** la primera y la segunda forma del singular, tanto con respecto a los verbos como en cuanto a los pronombres (mía, mis, te, ti, tu(s)).

La **sintaxis** del poema es bastante **sencilla**. Las frases no son ni extremamente largas ni demasiado complicadas. En contraposición a esta **claridad sintáctica**, el **vocabulario** empleado es sumamente **literario**, **elitario** y **rebuscado** ("copiosa", "luciérnagas", "ebria de perfumes", vv. 1 - 2, "repleta" en vez de 'llena', v. 7, "astro" en vez de 'estrella', v. 14, "arpón ardiente", v. 15 - una **metáfora** con **aliteración**) e impresiona por su **exquisitez**.

145

Igualmente **rebuscado** es el **estilo**. Destacan muchos **recursos estilísticos** de los cuales se pueden mencionar de forma ejemplar los siguientes: las **hipérboles** ("copiosa / en astros y luciérnagas", "ebria de perfumes", vv. 1 - 2; "repleta de cascadas y parras", v. 7) con las cuales Colinas subraya la **belleza extraordinaria** de la noche; las **sinestesias** ("fuegos / azules", vv. 3 - 4; "Noche dulcísima", v. 13, esta última con **superlativo**) que ponen de relieve las **impresiones sensoriales**; la **comparación** en el último verso ("déjame reinar en ti como una luna") que expresa la **identificación** del poeta con la noche; varios **imperativos** ("no cruces", v. 11; "deteneos", "arrecie", v. 12; "deja", v. 14, etc.) que resaltan los **deseos** del yo lírico; la **repetición anafórica** de "cuánto tiempo" (vv. 1, 8, 9) que intensifica sus **anhelos** y la **personificación** de la noche, a la cual se dirige varias veces (vv. 1, 11, 13) para comunicarle sus **sentimientos más íntimos**.

3. **Relacione el poema con la poética de Antonio Colinas y trate de localizarlo en el contexto histórico-literario de los años 70.**

El poema "Novalis" corresponde perfectamente a la poética de Antonio Colinas a causa de su **carácter personal** y porque exterioriza **sensaciones y experiencias** del poeta. A primera vista no parece ser un poema 'moderno' en el sentido común de la palabra. El tema y el título aluden al romanticismo, los alejandrinos empleados recuerdan al modernismo de Darío y además falta por completo una actitud o un compromiso social, tan característico de la poesía de las décadas anteriores. Pero, como dice Colinas en su poética, a su modo de ver, el poeta debe tener la libertad de seguir su **vocación**, de buscar su manera personalísima - "por encima de teorías, de grupos, de nefastas imposiciones" - de escribir lírica.

Junto con poetas como Gimferrer, Panero o Siles Antonio Colinas pertenece a los llamados poetas **novísimos** de los años setenta. Su poesía significa una **ruptura** con la ya mencionada **poesía social** anterior (Celaya, Otero, etc.). Se buscan **formas de expresión nuevas** y poco formalizadas. Estos poetas se orientan p. ej. en T. S. Eliot, Ezra Pound, Novalis o Hölderlin utilizando un **estilo artificioso y culturalista**. Creen - según la teoría de Castellet, quien publicó en 1970 un libro sobre *Nueve novísimos poetas españoles* - en la **autonomía de la obra de arte**, el **valor absoluto** de la poesía o la **potenciación de los valores sensoriales** mediante la poesía y favorecen el **carácter lúdico** de la poesía y cierto **culturalismo**. Un buen ejemplo de esta poesía de la libertad a principios de la fase de transición del franquismo a la democracia a mediados de los años setenta es el poema elegido de Colinas, porque en él se encuentran casi todos los rasgos de esta teoría poética.

Vida y obras de Antonio Colinas

La Bañeza, **León, 1946**. Poeta de residencias múltiples - Córdoba, Madrid, Italia e Ibiza - que han dado a su obra, iniciada con *Poemas de la tierra y la sangre* (1967), una **dimensión cosmopolita**, centrada siempre en la **vibración del yo**. En este aspecto se distancia Colinas de los libros iniciales de sus coetáneos, más celosos de su intimidad, carencia que suplen con la exhibición culturalista. Sin que ésta sea rara en él, y al tiempo que participa de idéntica **preocupación por el lenguaje**, este poeta proclama **acentos neorrománticos y biográficos**, muy patentes en *Preludios a una noche total* (1969), libro al que siguió, con **orientación** más **esteticista**, *Truenos y flautas en un templo* (1972). Desde ***Sepulcro en Tarquinia* (1975)** y *Astrolabio* (1979) ha reaparecido una voz vital, adensada de **experiencias** y de **conmoción humana**, que se proyecta - previa recolección de todos los libros anteriores en *Poesía: 1967 - 1980* (1982 y 1984) - a los últimos volúmenes, cada vez más decantados: *Noche más allá de la noche* (1982), *La viña salvaje* (1985), *Jardín de Orfeo* (1988), *Libro de las noches abiertas* (1989) y *Los silencios de fuego* (1992). Es autor, además, de numerosos **ensayos y traducciones**, así como de dos **novelas**: *Un año en el Sur* (1985) y *Larga carta a Francesa* (1986).

(aus: *Diccionario de literatura española e hispanoamericana*, dirigido por Ricardo Gullón, A - M, Madrid 1993, S. 355.)

Bibliografía

> Colinas, Antonio: "Novalis", in: *Sepulcro en Tarquinia* (1975), in: *El Río de Sombra. Poesía, 1967 - 1990*, Madrid 1993, S. 100.

> Colinas, Antonio: "Poética", in: Moral, C. G.; Pereda, R. Mª. (Hg.): *Joven poesía española*, Cátedra, 107, Madrid 1985, S. 222.

> Castellet, J.: *Nueve novísimos poetas españoles*, Barcelona 1970.

> Barella, J.: "'El bello enigma de la quietud': la poesía de A. Colinas", in: *Tierra de León*, 42, (1981), S. 127 - 137.

> Martínez García, F.: "Antonio Colinas", in: *Historia de la Literatura leonesa*, León 1982, S. 1084 - 1113.

> AA.VV.: "Antonio Colinas. Antología poética y otros escritos. Selección de textos, documentos y homenajes", in: *Anthropos*, suplemento, Barcelona 1990.

> Soto Gutiérrez, C.; González Dorrego, B.: *Cuaderno de comentario de textos*, Madrid 1992, zu "Poesía contemporánea", S. 76ff.(*)

> Estébanez Calderón, D.: "Novísimos", in: *Diccionario de términos literarios*, Madrid 1996, S. 765 - 766. (*)

Juan Goytisolo:
De cara al futuro (1978)

Con la muerte del dictador en 1975, el panorama político del país
ha sufrido grandes transformaciones. En su testamento al pueblo
español, Franco aseguraba haber dejado todo "atado y bien atado"
para continuar su gobierno desde la tumba. Pero, a diferencia de la
05 obra teatral del Siglo de Oro titulada *Reinar después de morir*, la
historia se ha burlado de sus propósitos.

Dos años después de su fallecimiento [...] quisiera extenderme,
aunque sea brevemente, sobre lo que ha significado su existencia
para dos generaciones completas de españoles: los que éramos ni-
10 ños durante la guerra civil y los que nacieron en la inmediata posguerra.

Tal vez, la característica distintiva de la época que nos ha tocado
vivir haya sido ésta: la imposibilidad de realizarnos en la vida libre
y adulta de los hechos, de intervenir de algún modo en los destinos
15 de la sociedad fuera del canal trazado por él de una vez para siempre, con la consecuencia obligada de reducir la esfera de acción de
cada cual a la vida privada o empujarle a una lucha egoísta por su
bienestar personal y sometida a la ley del más fuerte. [...]

Ante la imposibilidad material de enfrentarse con el aparato repre-
20 sivo institucionalizado por él, todos nos hemos visto abocados, en
un momento u otro de nuestra vida, con el dilema de emigrar o
transigir con una situación que exigía de nosotros silencio y disi-
mulo, cuando no el abandono suicida de los principios, la resigna-
ción castradora, la actitud cínica y desengañada. Exilio, silencio,
25 dimisión o *wishful thinking*, trocado a la larga en mitomanía: años
y años de dolor, frustración y amargura mientras - a menudo por
razones que poco tenían que ver con su clarividencia personal y
aun con la coyuntura propiamente española - el panorama del país
se transfiguraba; fábricas, bloques de viviendas y complejos turís-
30 ticos destruían el paisaje ancestral, ríos de automóviles llenaban
calles y carreteras y la renta nacional brincaba en diez años de 400
a 2.000 dólares per cápita.

Sólo él no cambiaba: Dorian Gray en los sellos, diarios o enmarca-
do en los despachos oficiales, en tanto que los niños se volvían jó-
35 venes, los jóvenes alcanzaban la edad adulta, los adultos perdían
cabellos y dientes y quienes, como Picasso y Casals, juraron no
volver a España el tiempo en que él viviera bajaban al sepulcro lejos de la tierra en que nacieron y donde normalmente hubieran podido vivir y expresarse. [...]

40 Todos conocemos los efectos de dicho sistema opresivo en nuestra
propia conciencia: los vocablos suprimidos, las críticas informula-
das, las ideas ocultas o expresadas con cautela que se almacenan
en el pecho, el corazón y la sangre hasta intoxicarnos; la defensa
pasiva contra la palabra monopolizada en forma de bromas y chis-
45 tes de café; nuestra triste y eterna válvula de escape. Frente a tal situación de envenenamiento y asfixia, el sistema actual significa el
reajuste del lenguaje a los hechos, el fin de la continua y penosa
esquizofrenia de vivir día tras día entre los planos distintos e in-
conciliables.
50 Si Franco resucitara hoy, regresaría horrorizado a la tumba al des-
cubrir que el rey escogido por él ha resultado ser el liquidador oficial de su propio legado: los partidos políticos y organizaciones
sindicales han vuelto a la legalidad; España ha conocido sus primeras elecciones libres desde 1936; Cataluña y el País Vasco se
55 hallan en el proceso de recuperar los gobiernos autónomos establecidos durante la Segunda República y abolidos al final de la guerra. La composición del actual Parlamento - en el que la izquierda
es parte importante - muestra que el panorama político español se
asemeja mucho al que existía hace cuarenta años: es decir, que la
60 larguísima dictadura franquista no ha resuelto nada. Los problemas
que asediaron a la República y ocasionaron su caída siguen todavía pendientes.
La antigua injusticia social permanece y, tarde o temprano, los españoles deberán acometer la empresa insoslayable de remediarla.
65 A pesar de los innegables progresos que han convertido hoy a España en la décima potencia industrial del mundo, la herencia del
pasado pesa aún con gran fuerza. Como dice justamente Pierre
Vilar, "il existe toujours des *latifundia* et des *minifundia*, des
hommes sans terre, des terres sans hommes et des terres où tous
70 s'entassent"; los próximos años serán decisivos para el porvenir del
país y, para tomar la expresión del historiador francés, "il n'existe
pas un homme, aujourd'hui, qui ne se sente un peu solidaire de son
destin".

Anotaciones:

07: muerte; 22: simulación, fingimiento; 30: perteneciente o relativo a
los antepasados; 42: cuidado, precaución; 52: herencia; 64: no evitable

Tareas:

v. las tareas correspondientes al fragmento siguiente de Antonio Gala:
España nueva (1982)

Vida y obras de Juan Goytisolo

Nació en **1931** en **Barcelona**. A los siete años, durante la guerra civil, perdió a su madre en un ataque aéreo. Como era (y es) habitual en hijos de familias ricas **estudió** en un colegio de **jesuitas**. A continuación inició la carrera de **Derecho** que interrumpió en **1953**. [...] Emprendió varios viajes a **París**, ciudad que se convirtió para él - tras cumplir el servicio militar en 1956 - en un **exilio autoelegido**. [...] En 1963 visita por primera vez el **Magreb**. Siguen varios viajes a los **Estados Unidos**. Más tarde Goytisolo vivirá a caballo entre París, España y Marruecos.

La **fase temprana** de su **producción literaria** comprende **novelas realistas** encuadradas dentro de la línea tradicional de la *littérature engagée*: entre otras *Juegos de manos* (1954), *Duelo en el paraíso* (1959), *La isla* (1961) y *Fin de fiesta* (1962). Con **Señas de identidad** (1966) su concepción literaria da un viraje decisivo: se aleja de cualquier intento de describir y poner en evidencia una realidad externa para enfrascarse en una **complicada autorreflexión** y en una **crítica de los mitos**. Esta tendencia se acentúa todavía más en la discutida trilogía *Reivindicación del conde don Julián* (1970), *Juan sin tierra* (1975) y *Makbara* (la palabra árabe equivalente a «cementerio» [1980]). [...]

Como **ensayista**, Goytisolo ha sido poderosamente influenciado por *La realidad histórica de España* (1948), la memorable obra de Américo Castro que rehabilitaba el Islam medieval y las heterodoxias reprimidas por la Contrarreforma. Los títulos de su obra ensayística son muy significativos al respecto. Citaremos, entre otros, *Furgón de cola* (1967), *Disidencias* (1977), *Libertad, libertad, libertad* (1978), **España y los españoles (1979)**, *Crónicas sarracinas* (1982). Hasta su libro más reciente - *Las virtudes del pájaro solitario* (1988) - se basa en el concepto de Castro del «mestizaje cultural».

También son dignos de leer, además de muy originales, sus **escritos autobiográficos**: *Coto vedado* (1985) y *En los reinos de Taifa* (1986).

(aus Neuschäfer, H. -J.: *Adiós a la España eterna*, Barcelona 1994, S. 358 - 359.)

150

Bibliografía

> Goytisolo, Juan: "De cara al futuro" (1978), in: *España y los españoles*, Barcelona 1979, S. 206 - 207, 213 - 214.

> Rodríguez Monegal, E.: "Juan Goytisolo. Destrucción de la España Sagrada", in: *Mundo Nuevo*, 12, Juni 1967.

> Schwartz, K.: *Juan Goytisolo*, New York 1970.

> Levine, L.: *J. Goytisolo: la destrucción creadora*, Mexiko 1976.

> Díaz, E.: *Notas para una historia del pensamiento español actual (1939 - 1975)*, Madrid 1978.

> Jiménez Losantos, F.: "Unas cuantas disidencias con Juan Goytisolo", in: *Lo que queda de España*, Barcelona 1979.

> Navajas, G.: *La novela de Juan Goytisolo*, Madrid 1980.

> Rivero Salavert, N.: *Geschichte und Gesellschaft Spaniens im Werk Juan Goytisolos*, Bamberg 1983. (*)

> Lázaro, J.: *La novelística de Juan Goytisolo*, Madrid 1984.

> Pérez, J.- C.: *La trayectoria novelística de Juan Goytisolo: El autor y sus obsesiones*, Zaragoza 1984.

> Carrasquer, F.: "Juan Goytisolo, ensayista, o la crítica hace al hombre", in: *Anthropos*, 60/61, Barcelona / Madrid 1986, S. 51 - 67. (*)

> Polanco, L. R.: *La iconoclaria profética: La desmitificación en la novelística de Juan Goytisolo*, Ann Arbor 1987.

> Ruiz Lagos, M. (Hg.): *Escritos sobre J. Goytisolo*, Almería 1988.

> Garscha, K.: "Juan Goytisolo und der Islam", in: *Auch Spanien ist Europa (Rowohlt Literaturmagazin)*, 23, (1990), S. 91 - 104.

> Sotomayor, C.: *Una lectura orientalista de Juan Goytisolo*, Madrid 1990.

> Martínez-Tolentino, J.: *La cronología de 'Señas de identidad' de Juan Goytisolo*, Kassel 1992.

> Pope, R.- D.: "El autorretrato postmoderno de Juan Goytisolo", in: Mercadier, G. (Hg.): *L'autoportrait en Espagne*, Aix-en-Provence 1992, S. 319 - 330.

> Bernecker, W.; Pietschmann, H.: *Geschichte Spaniens*, Stuttgart 1993, bes. S. 326 - 383. (*)

> Ingenschay, D.; Neuschäfer, H. -J. (Hg.): *Abriendo caminos. La literatura española desde 1975*, Barcelona 1994.

> Neuschäfer, H. -J.: "Juan Goytisolo: 'Señas de identidad' (1966) o: el cambio en España visto desde el exilio", in: Ders.: *Adiós a la España eterna*, Barcelona 1994, S. 115 - 136.

> Asholt, W.: Juan Goytisolo. 'Señas de identidad'", in: Roloff, V.; Wentzlaff-Eggebert, H. (Hg.): *Der spanische Roman vom Mittelalter bis zur Gegenwart*, Stuttgart ²1995, S. 423 - 444.

> Neuschäfer, H. -J.: "Literatur im Exil", in: Ders. (Hg.): *Spanische Literaturgeschichte*, Stuttgart 1997, S. 366 - 372.

Antonio Gala: *España nueva* (1982)

Nos pongamos como nos pongamos, España es un país triste. En la historia, dentro y fuera, tenemos fama de eso. No hablo de esta o aquella nacionalidad, de esta o aquella región: hablo de España - una vez más - y de los españoles. La verdad es que no somos
05 unas castañuelas. Yo, el primero. Me duele la acusación, pero sin previo conocimiento no hay enmienda posible. Y no sé si se tratará de un destino, de una forma de ser o de que, poco a poco, las cosas y los hechos nos fueron convirtiendo en lo que somos. [...]
El caso es que, en las bodas regias, hasta la última belga por lo me-
10 nos, se invitaba a las damas españolas, dada la tendencia tradicional, a ataviarse con trajes no demasiado oscuros. El caso es que hasta la raza castellana de gallinas tiene la pluma negra. El caso es que a la llamada *fiesta nacional* puede calificársela de todo - ritual, abrumadora, sangrienta, vergonzosa, emocionante, épica -
15 menos de alegre: por mucho pasodoble que se le eche y mucho cascabel que se les cuelgue a las pobres mulillas.[...] El caso es que nuestros pintores, los mejores del mundo, pintaron con frecuencia temas atroces, y que a Velázquez, por la *Venus del espejo*, y a Goya, por la *Maja desnuda*, les sobrevinieron graves complica-
20 ciones. El caso es que al Greco se le mandó que se pusiera a tono o que se fuera, y el tono era terrible: cubrir las acariciadas, las casi magreadas, carnes de sus Mauricios y sus Sebastianes y sus ángeles con corazas y trajes de un siniestro guardarropa. El caso es que lo que en otros sitios tiene *la novedad* de valor añadido, aquí se
25 recibe con pavor: decimos *sin novedad* para indicar que la cosa va bien; el mismo Covarrubias advierte en su diccionario que la novedad "suele ser peligrosa por traer consigo mudanza de uso antiguo". [...]
Aquí el regalo y el bienestar - lo que ahora se llama consumismo -
30 eran afeminamiento. Austeridad y sobriedad y desdén. Para el español típico - y tópico también -, como para santa Teresa, esta vida es una mala noche en una mala posada. Nuestra empresa es el *sustine firmiter et abstine fortiter*. Vivimos con los dientes apretados y los vellos de punta. No es extraño que seamos tan proclives a
35 considerar la muerte como una liberación. [...]
Continuamente hemos oído decir aquí que el verdadero y supremo bien era la fama. *Muera el hombre y viva el nombre*: desde el infante Juan Manuel para acá y mucho antes. Disfrutar de la vida es de gentuza. Divertirse y reír y holgar y revolcarse, de cerdos. Los
40 soldados españoles de la Contrarreforma solían tener un lema: «Por la honra pon la vida, / y pon las dos - honra y vida - / por tu Dios.»

Acaso el origen de tanta tiniebla española esté precisamente en nuestra religiosidad. Porque el catolicismo - con sus penitencias y sus sacrificios y sus *valles de lágrimas* - amargó a medio mundo
45 y procuró cargarse al otro medio, pero más que a ninguno nos amargó a nosotros. A nuestro concepto de religión, unas veces fomentado por la Iglesia y otras fomentado por quienes gobernaban, le debemos haber pasado guerreando toda la Historia, que se dice muy pronto. Por no hablar sino de la más reciente: contra los mo-
50 ros, contra los herejes, contra los turcos, contra los indios. [...] Y cuando se nos acabaron los imaginarios enemigos exteriores - porque nos quedamos más solos que la una; ahora, eso sí, cristianos viejos -, nos pusimos a pelear, *en el nombre de Dios*, contra nosotros mismos con el mote que fuese: secesión, sucesión,
55 tradición, alzamiento, naranjas de la China. Un espanto. [...] Tan sólo me consuela mirar hacia el futuro. Me consuelan los nuevos españoles. Vestidos como les sale del níspero; meneándose al son que les tocan; con los pelos cortados como quieren; evitándose gratuitos malos tragos; entendiéndose con la gente de su edad del
60 universo mundo. Ojalá los nuevos españoles sean españoles nuevos: curiosos, admirativos, capaces de sorpresa y de ilusión y de entusiasmo. Capaces de mandar a tomar viento a la espada del Cid, y de soltar al viento - al viento libre - su carcajada histórica.

Anotaciones: 05: alegres; 11: vestirse y adornarse; 16: bola hueca de metal con un trozo de latón o hierro dentro que suena al agitarla; 22: acariciadas, sobadas; 23: armadura de hierro, fig.: protección; 29: aquí: gusto o placer de los sentidos; 39: gente despreciable; 55: se usa para indicar rechazo o desprecio; 57: Mispel; aquí: como les gusta; 57: moverse de un lado a otro; 63: risa fuerte y ruidosa

Tareas:

1. ¿Qué temática se aborda en los fragmentos de Goytisolo y Gala?
2. Determine el género literario de los textos y sitúelos, respectivamente, en el conjunto de *España y los españoles* y *En propia mano*.
3. Juzgue el pronóstico de Goytisolo: "los próximos años serán decisivos para el porvenir del país" (ll. 69 - 70) y la esperanza de Gala: "Ojalá los nuevos españoles sean españoles nuevos: curiosos, admirativos, capaces de sorpresa y de ilusión y de entusiasmo." (ll. 60 - 62). Analice el desarrollo de España en el último cuarto del siglo después del franquismo.

Erwartungshorizont

1.   ¿Qué temática se aborda en los fragmentos de Goytisolo y Gala?

Goytisolo beschreibt in "De cara al futuro" die **Lage der Nation** in Spanien nach dem Ende der fast vier Jahrzehnte dauernden Diktatur Francos und analysiert ihre **Auswirkungen** auf zwei Generationen seiner Landsleute.

Als besonders bedrückend stellt er die **fehlende Freiheit des Individuums** heraus, da unter Franco die Alternativen lauteten: Rückzug auf einen eng begrenzten privaten Wirkungskreis (Z. 16 - 18), Emigration ins Exil, Schweigen, Verstellung, Zynismus oder Wunschdenken angesichts vieler Jahre voller Schmerz, Frustration und Bitterkeit (Z. 21 - 26).

Obwohl sich in den 60er Jahren aufgrund des konjunkturellen Aufschwungs und des einsetzenden (Massen-)Tourismus die wirtschaftliche Lage vieler Spanier besserte (Z. 28 - 32), litten dennoch zwei Generationen unter der **Unbeweglichkeit des Caudillo** (Z. 33ff.) sowie einem durch die permanente Unterdrückung **vergifteten Klima** (Z. 40ff.).

Die Betrachtung der Vergangenheit ist eingebettet in die **Bestandsaufnahme der Gegenwart**. Francos Erwartungen haben sich zum Glück nicht erfüllt (Z. 1 - 6), er würde sich gar "im Grabe umdrehen" (Z. 50), sähe er die Veränderungen der 'transición' von 1975 bis 1978 zur Demokratie, in der nicht zuletzt der von ihm designierte König **Juan Carlos I** eine entscheidende Rolle spielt.

Politisch gesehen haben laut Goytisolo vierzig Jahre Franquismus praktisch **nichts** bewirkt: Katalonien und das Baskenland setzten ihre Autonomiebestrebungen aus der Zeit der Zweiten Republik (1931 - 1936) fort, im Parlament gäbe es damals wie heute eine Beinahe-Mehrheit der Linken, und viele Probleme aus der Zeit vor dem Bürgerkrieg seien auch jetzt noch nicht gelöst (Z. 54 - 62).

Der Autor schließt seine Ausführungen mit einem **Blick in die Zukunft** und verleiht seiner Überzeugung Ausdruck, die kommenden Jahre seien von entscheidender Bedeutung für die Zukunft Spaniens (Z. 65 - 73).

Auch in **Galas Artikel** "España nueva" geht es um die **Zukunft Spaniens** und der **Spanier** zu einem Zeitpunkt, zu dem richtungsweisende Weichenstellungen erfolgen sollten, nämlich im Jahr 1982.

Wie Goytisolo, so stellt auch Antonio Gala eine ganz persönliche Hypothese seinen Überlegungen - in diesem Fall zur **Mentalitätsgeschichte** seiner Landsleute - voran: Spanien ist für ihn ein "trauriges Land" (Z. 1), die Spanier folglich die **Personifikation düsterer Tristesse**.

Diese einleitende Behauptung belegt er durch eine Vielzahl von - z. T. nicht ganz ernst gemeinten bzw. sarkastisch-ironischen - **Beispielen**. So bestünde bei königlichen Hochzeiten im Ausland oft die Gefahr, geladene Gäste des spanischen Hochadels erschienen in Trauerkleidung, spanische Hühner hätten schwarzes Gefieder, der Stierkampf sei - aller Farbenpracht zum Trotz - ein Trauerspiel, die Malerei Goyas und El Grecos vor allem 'pintura negra', und während Veränderungen anderswo willkommen seien, stünde man ihnen - siehe Covarrubias - hierzulande überaus skeptisch gegenüber (Z. 9 - 28).

Unter Berufung auf Santa Teresa würde das Lebens vor allem als notwendiges Übel vor dem erlösenden Tod gesehen (Z. 30 - 35), und ein guter Leumund (**fama**) sowie eine unbefleckte Ehre (**honra**) seien seit jeher wichtiger gewesen als eine glückliche irdische Existenz (Z. 36 - 41).

In diesem Zusammenhang spiele - besonders seit der Gegenreformation - der **Katholizismus** eine entscheidende Rolle, habe Spanien sich doch stets bemüht, andere Völker und Rassen mit dem einzig wahren Glauben zu beglücken: Mauren, Ketzer (Protestanten), Türken, Indios (Z. 42 - 50). Und sobald außerhalb der Landesgrenzen kein Ungläubiger mehr hätte gesichtet werden können, habe man im eigenen Land im Namen Gottes zuweilen ein schreckliches Blutbad angerichtet (Z. 50 - 55).

Nach dieser Fülle von Beispielen, die die bisherige spanische Wesensart charakterisieren sollen, und die im knappen Resümee "un espanto" gipfeln (Z. 55), richtet Gala den Blick auf **Gegenwart und Zukunft**. Die **ungezwungene, weltoffene Art seiner Zeitgenossen** macht ihm Mut, daß aus Fehlern der Vergangenheit gelernt werden könne, und daß jetzt "neue Spanier" das Bild des durch das "Schwert des Cid" exemplarisch typisierten Landes dauerhaft korrigieren (Z. 56 - 63).

2. Determine el género literario de los textos y sitúelos, respectivamente, en el conjunto de *España y los españoles* y *En propia mano*.

Los dos textos son fragmentos de **ensayos**, un género literario de **estructura libre**, en los cuales un autor escribe en un **estilo personal** sobre **temas variados**. En tales textos no se presentan ni argumentos científicamente exactos ni conclusiones irrefutables; más bien se trata de una **discusión** sobre problemas, iniciada por una **hipótesis personal** (p. ej. en el fragmento de Gala: "España es un país triste", l. 1).

En una época decisiva para España, es decir, en la fase de **transición** de la dictadura de Franco a la democracia, los dos escritores expresan su **preocupación por el porvenir del país**. Analizando la **mentalidad** de sus compatriotas en general (Gala: "no somos unas castañuelas", ll. 4 - 5) y la de las dos generaciones afectadas por el franquismo (Goytisolo: "los efectos de dicho sistema opresivo en nuestra propia conciencia", l. 40s.), se preguntan qué es lo que traerá el futuro para su patria.

Aunque **Goytisolo** admite que hay "grandes transformaciones" (l. 2) o "innegables progresos" (l. 65) y que Juan Carlos I es el "liquidador oficial" del legado de Franco (ll. 51 - 52), reconoce también que el influjo del pasado sigue siendo palpable: "la herencia del pasado pesa aún con gran fuerza" (ll. 66 - 67). La **conclusión** que saca en 1978 - "los próximos años serán decisivos para el porvenir" (l. 70) - **se verificaría** pronto. El procedimiento de **Gala** es semejante. Partiendo de la hipótesis ya mencionada aduce muchos ejemplos para ilustrarla y probarla. Al final del fragmento expresa su **esperanza** de que los "nuevos españoles" (l. 60) - en 1982 ya nos encontramos un poco más lejos de la muerte de Franco y con la transición realizada - tengan un carácter diferente de sus antepasados; desea que sean verdaderamente "españoles nuevos" para poder integrarse en el mundo moderno occidental a finales del siglo XX.

Los dos textos pertenecen, respectivamente, a una **antología** o **colección de ensayos**. **Goytisolo** analiza en *España y los españoles* la **historia, la cultura y la mentalidad españolas** desde una perspectiva muy personal, a veces un poco unilateral y arbitraria. La verdad es que no quiere ser un historiador objetivo, sino un observador crítico. Expresa su opinión que el lector puede aceptar o rechazar. Su punto de vista individual, su **lucha contra la mitificación** de la España eterna se hace evidente en "Homo hispanicus: el mito y la realidad", "El caballero cristiano" o "España ya no es diferente" por mencionar sólo tres de los capítulos de este libro, escrito ya a finales de los años sesenta. Como en aquel entonces no fue posible publicarlo en España, el autor lo revisó más tarde y añadió en 1978 el texto comentado.

"España nueva" es uno de los aproximadamente **cien ensayos** breves de **Antonio Gala** publicados en 1983 en un solo tomo bajo el título *En propia mano*. Como ya lo indica el mismo título, esta antología se caracteriza también por la **actitud personal** del articulista frente a problemas y temas actuales. Sus **reflexiones**, sin embargo, **reflejan** en la mayoría de los casos **la opinión, las preocupaciones y los sentimientos** de muchos de sus **contemporáneos** en la joven democracia a principios de la década de los ochenta. Esto ocurre no sólo en el fragmento elegido sino también en artículos como por ejemplo "Salvar a Europa", "Cultura europea", "Nuestra realidad" o "Navidad 1982", entre otros.

3.　　**Juzgue el pronóstico de Goytisolo: "los próximos años serán decisivos para el porvenir del país" (ll. 69 - 70) y la esperanza de Gala: "Ojalá los nuevos españoles sean españoles nuevos: curiosos, admirativos, capaces de sorpresa y de ilusión y de entusiasmo." (ll. 60 - 62). Analice el desarrollo de España en el último cuarto del siglo después del franquismo.**

Ambos autores han tenido razón con sus conclusiones, esperanzas y horizontes de expectativas: Los **años desde 1975** hasta finales del siglo XX han sido verdaderamente **decisivos para el porvenir** del país y los **españoles de hoy** son - en comparación con generaciones anteriores - "**españoles nuevos**".

En este último cuarto del siglo XX **España se ha desarrollado** más **rápidamente** que cualquier otro país europeo. En cuanto a la **historia oficial** hay varios hitos que no pueden ser pasados por alto en este conjunto. Ya en **1976**, sólo un año después de la muerte de Franco, tiene lugar un **referéndum** sobre un proyecto de reformas democráticas, y dos años más tarde, en **1978**, entra en vigor la nueva **Constitución**. La **transición a la democracia** se realiza sin interrupción, aunque está en peligro una vez tras el intento de un golpe de Estado (el "23 F" de 1981), impedido por el Rey Juan Carlos I, quien ordena el mantenimiento del orden constitucional votado por el pueblo español.

A partir de **1982** España llega a ser el décimosexto miembro de la **OTAN**, y en **1986 se incorpora a** la entonces **CE** (hoy **UE**). Esta adhesión a la Europa moderna es vital para el futuro del país - España está ahora plenamente integrada en el mundo democrático occidental. Siguen acontecimientos histórico-políticos y político-culturales de primera categoría como por ejemplo en **1992** (el "año español" a causa de los **Juegos Olímpicos** en Barcelona, la **Expo** en Sevilla con motivo del quinto centenario del descubrimiento de América y Madrid como **capital cultural** de Europa) que fomentan el papel de España y reflejan su reconocimiento mundial. Además, hay que mencionar los **progresos económicos y sociales** del país durante el gobierno de **Felipe González** de **1982 a 1996**, y a pesar de algunos problemas que siguen sin solución (p. ej. el paro) la favorable situación política y económica hace posible el ingreso de España en el grupo de los países miembros de la UE que a partir de **1999** tendrán una moneda única. Esta **evolución del duro español al euro europeo** simboliza de forma ejemplar el progreso rápido de **España** que hoy día **ya no es "diferente"** sino un país absolutamente 'normal' con todas sus ventajas y desventajas.

Esto es válido también para sus **habitantes** que han vivido todos estos cambios y etapas en menos tiempo que otros pueblos después de la Segunda Guerra Mundial en Europa. Los españoles de finales de siglo son tan **modernos, emancipados, internacionales** o universales como los franceses, alemanes, holandeses o italianos. Por una parte han conservado su **identidad nacional y regional**, pero por otra son **ciudadanos europeos** como los vecinos de cualquier otro país de la Unión Europea.

Vida y obras de Antonio Gala

Brazatortas, **Ciudad Real, 1930**. Presidente del Instituto Internacional de Teatro (España), fue Premio Adonais 1959 con *Enemigo íntimo*. Colaborador de *Pueblo*, *Sábado Gráfico*, *Actualidad Española* y *El País*, consigue notoria popularidad con sus **series periodísticas** (*Charlas con Troylo* es una de ellas). Su actividad como **dramaturgo** comienza con *Los verdes campos del Edén*, que en 1963 obtuvo el Premio Nacional de Teatro Calderón de la Barca. Autor de **guiones** para televisión - los de la serie *Paisaje con figuras*, editados en 1985, son los más notables - y adaptador de textos de Paul Claudel y Edward Albee, entre otros, ha cultivado también el **ensayo**.

Es autor de las siguientes **obras teatrales**: *El caracol en el espejo* (1964), *El sol en el hormiguero* (1966), inspirada en el *Gulliver*, de Jonathan Swift, *Noviembre y un poco de yerba* (1967), drama, con la Guerra Civil como fondo, que se desarrolla en la cantina de un apeadero de ferrocarril, *La Petenera*, que no se ha estrenado, *Spanish strip-tease* (1970), *Los buenos días perdidos* (1972), *Anillos para una dama* (1973), en torno a la figura de doña Jimena, esposa del Cid, y a su amarga soledad, *Las cítaras colgadas de los árboles* (1974), *¿Por qué corres, Ulises?* (1975), *Petra Regalada* (1980), *la vieja señorita del Paraíso* (1980), *El cementerio de los pájaros* (1982), *Samarkanda* (1985), sobre el reencuentro de dos hermanos en un refugio de guardabosques, *El hotelito* (1985), *Séneca o el beneficio de la duda* (1987), que constituye una reflexión sobre el compromiso del intelectual con el poder, *Carmen, Carmen* (1988) y *La truhana* (1992). En estas obras, caracterizadas por la **mezcla de realismo y lirismo**, A. Gala recurre con frecuencia a la **alegoría** o el **símbolo** para que el espectador pueda imaginar posibles referencias a la **realidad histórica española más cercana**; el ejemplo más claro de esto quizá sea *El hotelito*. Este teatro que, por lo general, ha alcanzado un **éxito espectacular de taquilla**, ha sido **recibido de manera desigual por la crítica**. Su primera **novela**, *El manuscrito carmesí* (1990), tiene como protagonista a Boabdil.

(aus: *Diccionario de literatura española e hispanoamericana*, dirigido por Ricardo Gullón, A - M, Madrid 1993, S. 583.)

Bibliografía

> Gala, Antonio: "España nueva" (1982), in: Ders.: *En propia mano* (1983), Madrid 1995, S. 265 - 267.

> Fundación FOESSA: *Estudios sociológicos sobre la situación de España 1975*, Madrid 1976.

> Giner, S.: *La estructura social de España*, Madrid 1980.

> Fundación FOESSA: *Informe sociológico sobre el cambio político en España 1975 / 1981*, Madrid 1981.

> Cueto, J.: "Prólogo" zu A. Gala: *En propia mano*, Madrid 1983, S. 11 - 20. (*)

> Waldmann, P.; Bernecker, W. L.; López-Casero, F. (Hg.): *Sozialer Wandel und Herrschaft im Spanien Francos*, Paderborn 1984.

> Marías, J.: *España inteligible. Razón histórica de las Españas*, Madrid 1985.

> Tamames, R.: *Guía del Mercado Común Europeo. (España en la Europa de los Doce)*, Madrid 1986.

> Sánchez-Agesta, L.: *Sistema político de la Constitución española de 1978: ensayo de un sistema*, Madrid ⁵1987.

> Segoviano, C. und S. (Hg.): *Lengua, Literatura, Civilización en la clase de español, Actas de Schwäbisch Hall*, Bonn 1987.

> Artola, M. (Hg.): *Economía y sociedad*, Band 1 der *Enciclopedia de la historia de España*, Madrid 1988.

> Tornos, J. u. a.: *Informe sobre las Autonomías*, Madrid 1988.

> Munzinger, L. (Hg.): *Spanien. Fakten - Personen - Ereignisse*, Dreieich 1989.

> Bernecker, W. L.; Fuchs, H. -J.; Hofmann, B.; Schmidt, B. u. a.: *Spanien-Lexikon. Wirtschaft, Politik, Kultur, Gesellschaft*, München 1990.

> Frey, P.: *Spanien und Europa. Die spanischen Intellektuellen und die europäische Integration*, Bonn 1990.

> Bernecker, W. L.; Pietschmann, H.: *Geschichte Spaniens. Von der frühen Neuzeit bis zur Gegenwart*, Stuttgart 1993, S. 359 - 383. (*)

> Vones, L.: *Geschichte der Iberischen Halbinsel im Mittelalter 711 - 1480. Reiche - Kronen - Regionen*, Sigmaringen 1993.

> López-Casero, F.; Bernecker, W. L.; Waldmann, P. (comp.): *El precio de la modernización. Formas y retos del cambio de valores en la España de hoy*, Frankfurt 1994.

> Geijo, F.: "Antonio Gala", in: *Ecos de España y Latinoamérica*, 8/1997, S. 20 - 23.

> Allebrand, R.: "Alles unter der Sonne? Gemeinplätze, Irrtümer und Halbwahrheiten über Spanien", in: *Hispanorama*, 78, (1997), S. 43 - 52.

José Luis Alonso de Santos:
Bajarse al moro (1985)

Habitación <u>destartalada</u> en una calle céntrica del Madrid antiguo.

Elena: No quiero molestar. Si no queréis, no me quedo y me voy.

Jaimito: Eso es, no queremos.

Chusa: (*Enfrentándose con él.*) No tiene casa. ¿Entiendes? Se ha
05   escapado. [...] ¿Dónde va a ir? No ves que no sabe, además.

Jaimito: Pues que haga un cursillo, no te jode. Yo lo que digo es
que no cabemos. Y no digo más.

Chusa: Sólo es por unos días, hasta que <u>se baje al moro</u> conmigo.

Jaimito: ¿Qué se va a bajar al moro contigo? Tú desde luego tienes
10   mal la <u>caja</u>. [...]

Elena: ¿Y cómo nos lo vamos a traer, lo que compremos?

Chusa: En el culo, en el <u>chumi</u>, nos lo comemos, lo que sea. Hay
que pasarlo. [...]

Elena: Tengo que decirte una cosa. ¡Yo no puedo! En el culo a lo
15   mejor... pero nada más. Chusa, soy virgen.

Chusa: ¿Qué eres qué?

Elena: Virgen. Que nunca he... Nunca. Ni una vez.

Chusa: No me estarás hablando en serio. [...] Eso hay que arreglar-
lo enseguida. Se lo decimos esta noche a Alberto y ya está. [...]

20   Elena: Que me da vergüenza, de verdad.

Chusa: Más vergüenza tenía que darte ser virgen en mil novecien-
tos ochenta y cinco, y tan mayor. Debes quedar tú sola, guapa.

Elena: Yo y mi madre. También es virgen, ¿sabes?

Chusa: ¿Quién? Tu madre? (Elena *asiente con la cabeza.*) Sí claro.
25   Y a ti te trajo la cigüeñita.

Elena: De cesárea. Nací de cesárea. Y se quedó embarazada en una
piscina municipal, con el bañador puesto y todo, y eso que era de
los antiguos. Bueno, eso dice ella. [...] Yo soy hija de mi madre y
de un espermatozoide buceador. [...]

30   Chusa: Oye, ¿tú eres un poco rara o me lo parece a mí? Claro, debe
ser por lo de virgen. No te regirán bien las neuronas. Esta noche,
Alberto te pasa al gremio de las normales, no te preocupes.

Anotaciones: 01: medio roto, mal cuidado; 08: viajar al norte de Africa
para comprar hachís; 10: la cabeza; 12: chumino: vagina

Tareas: 1. ¿De qué trata el extracto? 2. Sitúe la escena en el conjunto de
la obra y describa su estructura. 3. Analice a los personajes principales.
4. Analice el lenguaje de *Bajarse al moro* partiendo del texto presente.
5. Explique la intención de Alonso de Santos al concebir la pieza teatral.

Erwartungshorizont

1. ¿De qué trata el fragmento?

Präsentiert wird in dieser Szene die **Planung von zwei Initiationsritualen**, denen sich **Elena**, eine junge Studentin aus Madrid, unterziehen soll. Mehr aus Neugierde denn aus wirklicher Not (die Gründe entpuppen sich bald als vorgetäuscht, Z. 4f.) hat sie Kontakt zur **marginalisierten Chusa** aufgenommen, die mit ihrem Cousin **Jaimito** in einer schäbigen madrilenischen Altstadtwohnung lebt. Chusa will nun ihre neue Freundin zum **Rauschgiftkauf** in Marokko mitnehmen und sie so in die **Drogenszene** einschleusen (Z. 8ff.). Mag der anale Rücktransport der 'heißen Ware' für Elena gerade noch akzeptabel sein (Z. 14/15), so stößt der vaginale auf ein **unvorhergesehenes Hindernis**: Elena ist - von ihrer im Schwimmbad durch herumtreibendes Sperma befruchteten Mutter per Kaiserschnitt entbunden - wie diese noch **Jungfrau** (Z. 15 - 29). Nach einem kurzen Augenblick ungläubigen Staunens weiß Chusa jedoch ebenso praktischen wie großzügigen Rat: ihr Freund und Liebhaber **Alberto**, der auch ein Quartier in der Wohnung hat, soll die **Defloration Elenas** fachmännisch durchführen (Z. 19 und 32).

2. Sitúe la escena en el conjunto de la obra y describa su estructura.

Bajarse al moro hat **zwei Akte** mit **vier bzw. drei Szenen**. Das Stück folgt dem klassischen Schema 'presentación' - 'nudo' - 'desenlace'. Der **Auszug** stammt aus der **ersten Szene des ersten Aktes**. Sie ist der Beginn einer Entwicklung, in deren Verlauf sich **Elena** und die mit ihr verbundenen **Pläne** als **Sprengsatz** erweisen sollen, der ein bis dahin harmonisches Beziehungsgeflecht zwischen den sozialen Randfiguren Jaimito, seiner Cousine Chusa und dem gemeinsamen Freund Alberto (seit kurzem Polizist) pulverisiert.

Die **Handlung** gleicht einer **Kette von Fehlschlägen**. In **I, 2** scheitert der zuvor beschriebene Plan Chusas zur Entjungferung Elenas durch Alberto, da dessen Mutter im ungünstigsten Moment auftaucht. In **I, 3** gerät Jaimitos Annäherungsversuch an Elena zur kläglichen Farce, da diese offensichtlich Gefallen an Alberto gefunden hat. Doch auch deren zweiter Versuch eines Koitus in **I, 4** schlägt fehl, da im besagten Augenblick zwei Drogenabhängige, Abel und Nancho, gewaltsam in die Wohnung eindringen, um Rauschgift zu erpressen. Zu allem Überfluß verletzt Alberto Jaimito auch noch versehentlich mit seiner Dienstpistole.

161

Akt II setzt die Reihe der **Frustrationen** fort. Als in **II, 1** Jaimito aus dem Krankenhaus zurückkehrt, wird er mit unangenehmen Neuigkeiten empfangen: Elena wird Alberto heiraten, und seine ohne ihre neue Freundin nach Marokko aufgebrochene Cousine wurde beim Drogenschmuggel von der Polizei überrascht und festgenommen.

In **II, 2** werden die **Brüche in den Beziehungen** noch konkreter: Statt seiner ehemaligen Freundin Chusa zu helfen, kneift Alberto, packt seine Sachen und zieht mit Elena zusammen. Dadurch endet gleichzeitig die seit ihrer Kindheit bestehende Freundschaft zu Jaimito, der ihm Feigheit vorwirft. In **II, 3** zerbricht schließlich die noch junge Freundschaft zwischen Elena und Chusa, die mit Jaimito in ihrer marginalisierten Welt einsam - und eventuell schwanger - zurückbleibt, während sich Alberto und Elena in die Welt der Etablierten (re)integrieren.

3.   **Analice a los personajes principales.**

Los **cuatro personajes principales** de la obra son Jaimito, Chusa, Elena y Alberto.

Jaimito es tal vez el personaje más importante de los cuatro. Al principio y al final hace sandalias, una actividad que nos recuerda a la generación hippy y que simboliza - al igual que la vivienda, una "habitación destartalada", - su **posición marginal**. Jaimito envidia a su amigo Alberto, porque no es tan atractivo como él. Su acercamiento a Elena resulta ser un fracaso completo. Así personifica, al menos en la **primera mitad** de la pieza teatral, al típico **antihéroe**. En la **segunda**, sin embargo, asume cada vez más el papel del **héroe**. Cuando los drogadictos Abel y Nancho atracan a los amigos, él se viste el uniforme de policía de Alberto y les ahuyenta. Se convierte, finalmente, en un verdadero héroe **responsable**, cuando trata de liberar a Chusa que ha sido detenida por la policía. Pero, como ya indica la mencionada actividad de hacer sandalias, Jaimito permanece en su ambiente marginal, **solitario y aislado** del mundo de los integrados.

Lo mismo le pasa también a **Chusa**, la prima de Jaimito. En el fragmento aparece - en un **nivel mitológico-simbólico** - como **guía y sacerdotisa** que quiere introducir a su nueva amiga Elena en un mundo hasta entonces desconocido. "Bajarse al moro" con Chusa será para Elena un rito iniciático, desde el punto de vista geográfico un viaje hacia el sur, en sentido figurado una experiencia peligrosa, un 'descensus ad inferos' mediante el cual conocerá el mundo de los drogadictos y de la delincuencia. Además, Chusa es una **mediadora** generosa con respecto a la iniciación amorosa de Elena. Su papel aquí es el de una **Celestina moderna**.

Ambos proyectos, sin embargo, fracasan. Chusa tiene que viajar sola a Marruecos para comprar hachís y es detenida por la policía, mientras Elenas aprovecha la situación y se queda con Alberto. Esto significa que Chusa es también **víctima**, o sea la **perdedora** de los cuatro personajes. Su situación al final es triste y deprimente. Además, aunque no lo sabe exactamente, está probablemente embarazada de Alberto que se ha ido con Elena.

Elena, una estudiante universitaria, pertenece a la **clase social media**. Es una falsa rebelde, encontrada por Chusa en la calle. Al principio parece tener sólo un papel pasivo, siendo el objeto de los proyectos de Chusa. Pero pronto se convierte en el **catalizador del deterioro de las relaciones** entre Alberto y Jaimito, cuya rivalidad provoca, y entre Chusa y Alberto. Como consecuencia de sus experiencias sexuales con Alberto y la intención de vivir con él se rompen las relaciones existentes entre éste y Chusa. En la última escena llega también el fin definitivo de la amistad entre las dos mujeres, por motivos monetarios: Elena reclama - en vano - el dinero prestado para comprar drogas. Después de estas experiencias, y saciada su curiosidad, **Elena se reintegra** en el mundo de los establecidos y se casa con Alberto.

Alberto es mencionado al principio dos veces por Chusa, es el último de los cuatro que aparece en escena. Obviamente Chusa le admira, y la verdad es que Alberto empieza como **héroe**. Es presentado como amigo (de Jaimito) y novio (de Chusa), que se mueve hábilmente en el ambiente de la delincuencia y el de la ley. Aunque es el hijo de un delincuente encarcelado y a pesar de sus fuertes vínculos a su madre, representa - después de haberse hecho policía nacional - al **prototipo de autoridad y poder**. Es anunciado también como el gran experto con respecto al amor (v. ll. 19 y 32). Sin embargo, en el curso del tiempo **pierde** poco a poco su **prestigio** y al final también su **honor**. Su **conducta** es **ambivalente**, en los momentos decisivos fracasa. Sin su uniforme y sin el fálico símbolo de la porra (en la escena del atraco está medio desnudo) su comportamiento es **cobarde**. Pero, aún peor, cuando Chusa, su ex-novia, necesita urgentemente su ayuda, se muestra totalmente **egoísta** y sin perfil alguno. Se comporta como un **señorito mimado** y prefiere recoger sus cosas e irse de la "habitación destartalada" para quedarse con Elena. Desde el punto de vista material gana al establecerse en Móstoles (comprando un piso, casándose con Elena, etc.), pero desde el punto de vista moral es un perdedor, porque sacrifica a sus amigos y amistades para salvarse por los pelos.

4.   **Analice el lenguaje de *Bajarse al moro* partiendo del texto presente.**

Como ya se puede ver en este fragmento breve, el lenguaje es un fiel reflejo del **registro coloquial** y del **argot callejero** a principios y mediados de los años ochenta. En cuanto al **nivel sociolingüístico** predomina el lenguaje de los **grupos juveniles y marginales**. Se utilizan muchos **giros y modismos** de moda, como por ejemplo "bajarse al moro" (l. 8) en vez de comprar hachís en el norte de Africa, "tener mal la caja" (l. 9s.) en vez de "estar loco" o el típico "no te jode" (l. 6) que son una muestra de un **código restringido**. Un fenómeno característico del **lenguaje generacional** es el **apócope** que se usa en toda la obra ('poli', 'tranqui(s)', etc.). El único ejemplo que encontramos al respecto en este extracto es el "chumi" (l. 12) en vez de 'chumino'. También se leen frecuentemente **frases hechas** como "Hay que pasarlo." (ll. 12/13) o **muletillas** como "no te preocupes" (l. 32). Como la pieza gira en torno al mundo de la droga, el vocabulario respectivo tiene un influjo enorme en el léxico usado: 'harina', 'pico', 'chocolate', 'chutarse'. La **sintaxis** de muchas frases de Jaimito y Chusa es muy sencilla y refleja la falta de formación escolar típica de jóvenes para quienes la vida diaria es una lucha continua para sobrevivir.

5.   **Explique la intención de Alonso de Santos al concebir la pieza teatral.**

In *Bajarse al moro*, das in der Sekundärliteratur wiederholt als **'neosainete'** oder als zeitgenössisches Sainete bezeichnet wird, mischen sich **mehrere Ebenen**. Auf der wortwörtlichen Ebene geht es um **Freundschaft und Beziehungsprobleme** sozialer Randfiguren im drogennahen Milieu, um die Frage von **Marginalisierung und Integration** in die zeitgenössische Konsumgesellschaft im Madrid der achtziger Jahre. In diesem Zusammenhang spielt auch die Thematik der **Ehre** und des **Stolzes** eine Rolle; die sozial marginalisierten Jaimito und Chusa stellen mehr Ehrgefühl unter Beweis als die '(neu)etablierten' Alberto und Elena. Liest man das Stück oder einzelne Passagen im **übertragenen Sinne**, werden die Pläne Chusas zu einem **Initiationsritual**; das Stück läßt eine **mythologisch-symbolische Interpretation** zu. Dabei gewinnt so manche Szene auch eine **parodistische Dimension**, z. B. die im vorliegenden Auszug, wenn Elena über ihre **grotesk-komisch** anmutenden Geburtsumstände spricht. Dieser **humorvolle Anstrich** legitimiert die gattungsspezifische Etikettierung als Sainete, da sich auch in jenen - vornehmlich aus dem 18. Jahrhundert stammenden und meist in Madrid spielenden - kurzen Theaterstücken **Milieustudien** mit teils didaktisch-moralisierenden Zielsetzungen in einem **costumbristisch-heiteren Gewand** präsentierten.

Vida y obras de José Luis Alonso de Santos

Valladolid, 1942. Profesor de Interpretación de la Real Escuela Superior de Arte Dramático de Madrid. Trabajó en los grupos de teatro independiente («TEM», «TEI», «Tábano» y «Teatro Libre de Madrid) y se dio a conocer como **autor teatral** con *¡Viva el duque nuestro dueño!* (1975); ganó en 1980 el **Premio de Teatro** de la editora **Aguilar** con *El combate de don Carnal y doña Cuaresma*, pero es con *La estanquera de Vallecas* (1981) (una crónica sobre la delincuencia, escrita con un tipo de humor próximo al sainete) y sobre todo con *Bajarse al moro* **(1985), Premio Tirso de Molina** 1984, cuando ha conseguido un notable **éxito de público y de crítica**. Otras obras: *El álbum familiar* (accésit al Premio Lope de Vega 1982), *Fuera de quicio* (1987), *Pares y Nines* (1988), *Trampa para pájaros* (1990) y *Vis a vis en Hawai* (1992).

(aus: *Diccionario de literatura española e hispanoamericana*, dirigido por Ricardo Gullón, Madrid 1993, S. 51.)

Bibliografía

> Alonso de Santos, José Luis: *Bajarse al moro* (1985), Cátedra, 289, Madrid 91995, S. 99 - 125.
> Strosetzki, C.: "Spanisches Theater der achtziger Jahre zwischen Parabel und Sainete: J. L. Alonso de Santos", in: *Hispanorama*, 44, (1986), S. 110 - 116. (*)
> Tamayo, F.; Popeanga, E.: "Introducción", in: J. L. Alonso de Santos: *Bajarse al moro*, Cátedra, Madrid 1988, S. 11 - 95. (*)
> Rubio Jiménez, J.: "Vom Unabhängigen Theater zum Neocostumbrismo. Das spanische Theater der achtziger Jahre", in: Floeck, W. (Hg.): *Spanisches Theater im 20. Jahrhundert*, Tübingen 1990, S. 311 - 330.
> Rodríguez Richart, J.: "J. L. Alonso de Santos: Vom Experimentaltheater zum Neosainete", in: Ingenschay, D.; Neuschäfer, H. -J. (Hg.): *Aufbrüche. Die Literatur Spaniens seit 1975*, Berlin 1991.
> Medina Vicario, M.: *Los géneros dramáticos en la obra teatral de José Luis Alonso de Santos*, Madrid 1993.
> Floeck, W.; Toro, A. de: *Teatro español contemporáneo. Autores y tendencias*, Kassel 1995.
> Ragué-Arias, M. -J.: *El teatro de fin de milenio en España (De 1975 hasta hoy)*, Barcelona 1996.
> Sánchez-Ferrer, J. L.: *Selectividad Literatura*, Madrid 1996, zu *Bajarse al moro*, S. 88 - 91. (*)

Rosa Montero: *Amado amo* (1988)

Está bien, pensó César, me he equivocado. He hecho mal viniendo a esta maldita fiesta. Pero entonces todos hubieran pensado que envidiaba a Nacho su Globo de Oro. Y lo envidiaba, ¡sí! Desesperadamente, amorosamente lo envidiaba. Pero no era eso lo peor. Lo

05 peor era estar ahí, en la fiesta, fingiendo un regocijo inexistente; lo peor era carecer de la hombría necesaria para aguantar abiertamente el peso de su enemistad con Nacho. Porque eran, sin duda, adversarios feroces; y Nacho no detendría su ascensión carnicera hasta haber degollado definitivamente a César. [...]

10 Claro que su posición había empeorado sensiblemente, pensó César. Ahora se encontraba en medio de la sala, había perdido el refugio de su acogedor rincón y se sentía expuesto a un riesgo indefinido. No debía haber venido. Esta casa, que antes fue un cobijo para él, era ahora una trampa. Aunque no, siempre fue una trampa; sólo

15 que él no se había dado cuenta. [...]
Cómo pudo tardar tanto en comprenderlo. Por ejemplo: el quedarse sólo a la hora de comer. Tantos años llevaba César en la *Golden Line*, tantos años incluso desde antes, desde que la agencia se llamaba *Rumbo*. Tantos años almorzando con sus compañeros en al-

20 guno de los tres o cuatro restaurantes de la zona, y de pronto empezaban a pasar cosas extrañas, de pronto todo el mundo desaparecía subrepticiamente de la agencia a la hora de comer y César se descubría súbitamente solo, rezagado, descolgado de todos los demás. [...]

25 Por ejemplo: el que Nacho se hiciera cargo de la campaña de bronceadores que había empezado él. ¡Pero si al principio César intentó incluso alegrarse! Porque, cuando trajo a Nacho a la agencia, César tuvo que luchar con todo empeño para que lo aceptaran. Los americanos, el propio Quesada e incluso Morton encontraban que Na-

30 cho era demasiado moderno; que, viniendo como venía de Alemania, no sabía adaptarse al mercado español; en fin, que no servía. Pensaron echarlo varias veces durante el período de prueba, y fue César quien consiguió que al final se le firmara el maldito contrato.

Tareas:
1. Resuma las ideas centrales del texto.
2. Trate de situar el fragmento en el conjunto de *Amado amo* y describa su estructura.
3. Analice la perspectiva de narración de la obra, partiendo del extracto presente.
4. Explique el mensaje de la novela teniendo en cuenta la situación de los años 80.

Erwartungshorizont

1.   Resuma las ideas centrales del texto.

Der Ausschnitt spiegelt die **Gedanken**, die César Miranda, dem Protagonisten des Romans, während einer Feier durch den Kopf gehen, die anläßlich der Verleihung des Globo de Oro an seinen Kollegen Nacho ausgerichtet wird. César bedauert sein Kommen (Z. 1f., 13) und kann nur mühsam **Eifersucht und Neid** verbergen (Z. 2 - 4), zumal er selbst es war, der seinen jetzigen Widersacher stets protegiert, dessen Aufstieg in der Firma Golden Line ermöglicht und wiederholt dafür gesorgt hatte, daß Nacho nicht während der Probezeit entlassen wurde (Z. 27 - 33). Doch nun muß César erkennen, daß aus seinem ehemaligen Zögling ein **erbitterter Gegner** geworden ist, der mit allen Mitteln versucht, seine Position zu schwächen, ihn zu isolieren, zu übergehen bzw. auszumanövrieren (Z. 16 - 26), und diese Erkenntnis schmerzt ihn, das Urgestein von *Golden Line*, (Z. 17) zutiefst.

2.   Trate de situar el fragmento en el conjunto de *Amado amo* y describa su estructura.

Der ausgewählte Text stammt aus dem **dritten** von insgesamt **neun** etwa gleich langen Kapiteln, die den **unaufhaltsamen Abstieg** des einst so erfolgreichen Werbezeichners César Miranda protokollieren. Er ist Mitte vierzig und steckt in einer (Schaffens-)Krise. Als erstes, äußeres Zeichen seiner zunehmend prekären Situation im *Golden Line* ist die **Besetzung seines Firmenparkplatzes** durch einen Kollegen zu werten (Kap. 1). Während er - sich selbst beschwichtigend - diese Maßnahme noch auf seine seltene Präsenz in der Firma zurückführen kann, treffen ihn die oben besprochene **Preisverleihung** an seinen Intimfeind Nacho (Kap. 3) und die **Verkleinerung seines Büros** sowie die **Zuteilung einer frustrierten Sekretärin** (Kap. 4) ins Mark. Den nach der Übernahme durch ein US-amerikanisches Unternehmen eingeführten knallharten **Managementstrukturen** zeigt sich César ebenso wenig gewachsen wie den Anforderungen, die **zwischenmenschliche Bindungen** an ihn stellen. Nach **zwei gescheiterten Beziehungen** (zu Clara und Paula), die er in Kap. 5 Revue passieren läßt, nimmt seine private wie berufliche Einsamkeit zu. Bei einem **routinemäßigen Gesundheitscheck** fühlt er sich **ausspioniert** (Kap. 7), und seine **Manie**, vor dem Zubettgehen Wasserhähne zu kontrollieren, bringt ihn ebenso um den Schlaf wie sein **Verdacht**, Paula habe sich mit Nacho eingelassen (Kap. 8). Der Tiefpunkt seines Abstiegs ist im letzten Kapitel erreicht, als er auf Verlangen seiner Vorgesetzten wider besseres Wissen und aus egoistischen Motiven heraus eine **Unterschrift** leistet, mit der er Paula belastet, Insiderwissen an eine Zeitung verkaufen zu wollen. Unmittelbar danach muß er jedoch erkennen, daß Paula ihm mit einer ebenfalls belastenden Unterschrift bereits zuvorgekommen ist, wodurch seine ohnehin wackelige **Position** in der Firma nur **noch mehr geschwächt** wurde (Kap. 9).

3. **Analice la perpectiva de narración de la obra, partiendo del extracto presente.**

El **punto de vista** que predomina no sólo en este extracto presente sino también en *Amado amo* en general es el de **César Miranda**. Narrada en la **tercera persona**, la obra de Rosa Montero permite participar inmediatamente en los pensamientos del protagonista, en sus reflexiones durante la fiesta de Nacho y en sus sentimientos y frustraciones en el curso del relato. Así el lector se viene confrontado con un **fluir de la conciencia** de César, se acorta la distancia entre los personajes de la novela y los lectores y a causa de la disminución de la distancia **crece la tensión**.

4. **Explique el mensaje de la novela teniendo en cuenta la situación de los años 80.**

La novela de Rosa Montero refleja hasta cierto grado las estructuras que caracterizan el **mundo moderno de los negocios**. La España contemporánea, integrada plenamente en el mundo occidental a partir de la década pasada, se ve obligada a **competir** con otros países en un **mercado libre** y muchas empresas tienen que actuar según las reglas que dictan otras, en este caso una compañía norteamericana. Estas nuevas tendencias se concretan en la empresa *Golden Line*, ahora una sucursal de una multinacional estadounidense que antes, bajo la dirección española, se llamaba *Rumbo*. Con este cambio empiezan a soplar vientos más fuertes para sus empleados, sobre todo para César Miranda, hasta entonces la gran estrella de la empresa. En el curso del relato se muestra incapaz de adaptarse a los nuevos métodos de trabajo y de aguantar las **nuevas estructuras del poder**. Fracasa rotundamente después de una **grave crisis de identidad**. *Amado amo* trata, pues, del **funcionamiento del poder** tanto en un **nivel personal** jefe - empleado (simbolizado por un despacho con menos metros cuadrados que el anterior o la falta del aparcamiento personal) como en un **nivel más amplio** de los mercados nacionales e internacionales que representan el estado de la sociedad actual. Así la novela implica asimismo una **gran dosis de crítica social** porque Montero ataca - aunque aparentemente en un tono ligero, irónico y divertido - la **competitividad excesiva** que no perdona ni errores ni crisis y a la cual se somete hoy día la sociedad española al igual que otras sociedades occidentales que tratan de mantener su 'ranking' en un mercado cada vez más globalizado.

Vida y obras de Rosa Montero

Rosa Montero nace en **Madrid** en **1951**. Estudia **Periodismo** y **Psicología** y al mismo tiempo colabora con algunos grupos de teatro independiente, como Tábano o Canon. Desde 1969 trabaja como **periodista**, publicando en diversos medios de comunicación (*Pueblo, Arriba, Mundo Diario, Hermano Lobo, Posible, Fotogramas*, etc.). Actualmente trabaja en el diario *El País*, en donde fue redactora-jefa del Suplemento Dominical desde 1980 a 1981. En **1978** gana el **Premio Mundo** de entrevistas, y en **1980** el **Premio Nacional de Periodismo** de reportajes y artículos literarios. Ha publicado dos recopilaciones de **entrevistas** y las **novelas** *Crónica del Desamor* [1979], *La función Delta* [1981], *Te trataré como una reina* [1983], ***Amado amo* [1988]** y *Temblor* [1990].

(aus Klappentext zu Rosa Montero: *Bella y oscura*, Seix Barral, Barcelona 1995.)

Bibliografía

> Montero, Rosa: *Amado amo* (1988), Editorial Debate, Madrid ⁹1995, S. 43, 50, 58 - 60.

> Gascón Vera, E.: "R. Montero ante la escritura femenina", in: *Anales de literatura española contemporánea*, 12, (1987), S. 59 - 77.

> Ciplijauskaité, B.: *La novela femenina contemporánea*, Barcelona 1988, zu Rosa Montero bes. S. 191 - 195.

> Hanke-Schaefer, A.: "Rosa Monteros neuester Roman »Amado amo«", in: *Tranvía*, 10, (1989), S. 26 - 29. (*)

> Arribas, I.: "Poder y feminismo en 'Amado amo' de Rosa Montero", in: *Romance Languages Annual*, 3, (1991), S. 348 - 353.

> *Diccionario de literatura española e hispanoamericana*, dirigido por Gullón, R., Madrid 1993, S. 1084 - 1092: "Narrativa española posterior a 1975".

> Ingenschay, D; Neuschäfer, H. -J. (Hg.): *Abriendo caminos. La literatura española desde 1975*, Barcelona 1994.

> Rössler, A.: "Rosa Montero: 'Amado amo'", in: *Hauptwerke der spanischen und portugiesischen Literatur* (Kindlers Neues Literatur Lexikon), München 1995, S. 427 - 428. (*)

> Neuschäfer, H. -J.: "Nach 1975. Tendenzen der spanischen Gegenwartsliteratur", in: Ders. (Hg.): *Spanische Literaturgeschichte*, Stuttgart 1997, S. 389 - 400, zu Rosa Montero bes. S. 393.

> Sánchez, D.: "Rosa Montero", in: *Ecos*, 9/1998, S. 20 - 23.

Antonio Muñoz Molina:
La disciplina de la imaginación (1990)

Si la literatura, como tiende ahora a creerse, es un adorno, un fetiche de prestigio para <u>pavonearse</u> ante los ojos embobados de la tribu, si es una materia fósil y apartada de la vida que sólo puede interesar a los eruditos, entonces tienen razón quienes la desdeñan y
05 quienes poco a poco la eliminan de los planes de estudio, y también tiene razón esa <u>abrumadora</u> mayoría del público que jamás se interesa ni se interesará por ella. [...]
A nadie le interesa aprender cosas inútiles. Desde que nacemos nuestra necesidad de aprendizaje está ligada a nuestro instinto de
10 supervivencia. Queremos saber lo que nos resulta necesario, y buscamos fuera de nosotros lo que existe como un esbozo o una intuición dentro de nosotros mismos. Por eso sólo amaremos los libros si nos damos cuenta de que no son inútiles y de que pertenecen al reino de nuestra propia vida. [...] Un libro verdadero - porque también
15 hay libros <u>impostores</u> - es algo tan material y necesario como una barra de pan o un jarro de agua. Como el agua y el pan, como la amistad y el amor, la literatura es un atributo de la vida y un arma de la inteligencia y de la felicidad. [...]
Decía Ortega y Gasset que los grandes escritores nos plagian, porque
20 al leerlos descubrimos que están contándonos nuestros propios sentimientos. En este sentido, yo no creo que el escritor sea alguien aislado de los otros y singularizado por el genio o por el talento. El escritor, más bien, es el que más se parece a cualquiera, porque es aquél que sabe introducirse en la vida de cualquier hombre
25 y contarla como si la viviera tan intensamente como vive la suya propia.
La literatura, pues, [...] es [...] un tesoro infinito de sensaciones, de experiencias y vidas que están a nuestra disposición igual que lo estaban a la de Adán y Eva las frutas de los árboles del Paraíso.
30 Gracias a los libros nuestro espíritu puede romper los límites del espacio y del tiempo, de manera que podemos vivir al mismo tiempo en nuestra propia habitación y en las playas de Troya, en las calles de Nueva York, en las llanuras heladas del Polo Norte, y podemos conocer a amigos tan fieles y tan íntimos como los que no
35 siempre tenemos a nuestro lado pero que vivieron hace cincuenta años o veinticinco siglos. La literatura nos enseña a mirar dentro de nosotros y mucho más lejos del alcance de nuestra mirada. Es una ventana y también un espejo. Quiero decir: es necesaria. [...]

170

Aprender a escribir libros es una tarea muy dura, un placer extre-
40 madamente laborioso que no se le regala a nadie. Lo que se llama
la inspiración, la fluidez en la escritura, la sensación de que uno no
arranca las palabras al papel, sino de que ellas van por delante señalando el camino, sólo llega, cuando llega, después de mucho
tiempo de disciplina diaria. [...] Y aprender a leer los libros y a go-
45 zarlos también es una tarea que requiere un esfuerzo largo y gra-
dual, lleno de entrega y de paciencia, y también de humildad. [...]
Ya sé que todo esto que digo suena a herejía en estos tiempos, y
que todo aquél que, en el oficio de ustedes o en el mío, defienda
estas convicciones está condenado a la extravagancia o a la margi-
50 nalidad. [...]
Parece imposible que el número de lectores crezca en España y que
la gente ame la literatura y haga placentero el trabajo de ustedes,
pero vale la pena la temeridad de intentarlo. Porque la literatura no
está en esos grandilocuentes actos oficiales, en las conversaciones
55 chismosas de los escritores, en las entrevistas de la televisión.
Donde está y donde importa la literatura es en esa habitación cerrada donde un hombre escribe a solas a altas horas de la noche, en el
dormitorio de un niño que se desvela leyendo a Emilio Salgari, en
el aula de un Instituto donde un profesor sin más ayuda que su
60 entusiasmo y su coraje le transmite a uno solo de sus alumnos el
amor por los libros.

Anotaciones:

02: presumir una persona de una cualidad suya o de una cosa que
posee
06: muy grande, muy importante o imponente
15: falsario, tramposo
55: cuentero

Tareas:

1. Explique el concepto de literatura de Antonio Muñoz Molina.
2. ¿Cómo ve el autor las tareas del escritor y del lector?
3. ¿Qué papel juega la literatura en la sociedad española de hoy?
4. Analice las tendencias de la literatura española actual con respecto
a los géneros principales.

Erwartungshorizont

1.   Explique el concepto de literatura de Antonio Muñoz Molina.

Für Muñoz Molina darf **Literatur** weder fossile Materie noch welt- bzw. lebensfremder Luxus sein (Z. 1 - 3); sie liefe sonst Gefahr, niemanden für sich begeistern zu können. Seines Erachtens ist ein gutes Buch so **lebensnotwendig** wie "Wasser und Brot, wie Freundschaft und Liebe" (Z. 16 - 17). **Literatur** berge in sich einen unermeßlich reichhaltigen **Schatz von Gefühlen und Erfahrungen**, den sie für uns bereithalte wie das Paradies seine Früchte für Adam und Eva (Z. 27ff.). Dank der Literatur sei es für den Leser problemlos möglich, die Grenzen von Raum und Zeit zu sprengen (Z. 30 - 33), denn sie ist **Fenster** (zur Außenwelt) und **Spiegel** (der Innenwelt) in einem (Z. 36 - 38).

2.   ¿Cómo ve el autor las tareas del escritor y del lector?

Laut Antonio Muñoz Molina bereite es zwar Vergnügen ("placer", Z. 39), Bücher zu schreiben, jedoch handele es sich um eine Art von **Vergnügen**, das sich der Autor hart **erarbeiten** muß. Die scheinbar so leicht, spielerisch und flüssig zu Papier gebrachten Wörter, Sätze, Zeilen und Texte seien das Ergebnis "täglicher **Disziplin**" (Z. 44), und ebenso mühsam, ja gewöhnungs- und erarbeitungsbedürftig sind **Lektüretechniken**, die den Leser zum Verständnis der Tiefenstruktur des geschriebenen Wortes, zum Genuß eines Buches führen (Z. 44 - 46). Dabei kommt dem **Lehrer als Mittler** zwischen Buch und Leser eine wichtige Rolle zu, kann er doch mit seinem Enthusiasmus - gerade in der heutigen Zeit - die Liebe seiner Schüler zur Literatur wecken (Z. 59 - 61).

3.   ¿Qué papel juega la literatura en la sociedad española de hoy?

Según el autor la **literatura lo tiene difícil** en la España actual, e incluso "parece imposible que el número de lectores crezca en España y que la gente ame la literatura" (ll. 51 - 52). Sin embargo, Muñoz Molina no sólo se limita a constatar este fenómeno deprimente, sino que también trata de explicarlo.
A su modo de ver, una parte de la **responsabilidad** la tiene la **enseñanza escolar**, porque en muchos colegios e institutos la literatura es tratada como "adorno" o "materia fósil", es decir como algo superfluo que habría que eliminar del horario o de los planes de estudio. Por eso se dirige a los profesores de español cuya tarea juzga de suma importancia.

Si ellos no logran despertar el interés por la literatura, por tratarla como materia muerta, sin "entusiasmo", los alumnos no leerán voluntariamente libros después de salir del colegio y no se pondrán en contacto con un mundo en el cual la imaginación requiere cierta disciplina. En una época, en la cual los **medios electrónicos** y la **alta tecnología** juegan un papel muy importante en la vida cotidiana, tanto en el campo profesional como en las ofertas de ocio, la **competencia** para el libro es enorme. El hecho de que se publiquen y vendan cada vez más libros no significa implícitamente que se lea más que antes.

4. Analice las tendencias de la literatura española actual con respecto a los géneros principales.

Hoy día, la oferta de literatura contemporánea es enorme, por no decir inabarcable. Siguen escribiendo muchos de los **autores consagrados** como Cela, Delibes, Goytisolo o Gala, tratados en los capítulos anteriores, e incluso Alberti, el último representante vivo de la llamada Generación del 27, es activo en la década de los 90. Por otro lado hay una multitud de **autores jóvenes** y todavía poco conocidos que publican sus obras en editoriales pequeñas, es decir, más que nunca se puede hablar - con respecto a todos los géneros - de una **coexistencia** de tendencias literarias muy variadas.

A causa de la **falta de la distancia histórica** resulta, naturalmente, difícil establecer ciertas etapas, juzgar el desarrollo de algún escritor joven y, además, hay que tener en cuenta que la **publicidad** influye más que antes en las cifras de venta de un libro (al igual que los diversos **premios literarios**) y que hoy día la **interdependencia entre el libro y el cine** es más estrecha que por ejemplo en los años 50.

Cualquier vista general de breve extensión corre el peligro de ser superficial, y seguramente es ilusorio querer describir detenidamente el panorama de la literatura española después de 1975 en poco más de una página, pero sí es posible mostrar las **corrientes más destacadas**.

En la **lírica** se pueden distinguir al menos **cinco generaciones** de poetas, desde el ya mencionado Alberti hasta los postnovísimos de los últimos años. En realidad, hay de todo, y si se leen las listas de autores (casi 300) y obras en el último tomo de la *Historia y crítica de la literatura española* de Rico o en el *Diccionario de literatura española e hispanoamericana* de Gullón la situación parece confusa a causa de su pluralidad. Por un lado hay un **lirismo reflexivo** con meditaciones sobre el porqué de la existencia o las experiencias y preocupaciones personales, por otro se notan **tendencias neorrománticas** cuyos temas son la soledad, el amor, la religión o la melancolía y cuyo **estilo** es **neobarroco** con formas clásicas.

Junto a estas vertientes destacan las revitalizaciones del **surrealismo**, re-adaptaciones de la **épica**, la recuperación del **realismo**, conceptos de **poesía pura e impura**, poesía **urbana**, corrientes **minimalistas**, tendencias al **tradicionalismo** y, no en último término, **poesía femenina**.

En cuanto al **teatro** se pueden distinguir los siguientes tipos de obras: Siguen estrenándose las **piezas teatrales clásicas** del Siglo de Oro hasta el siglo XIX, aunque menos que durante el franquismo. Autores 'clásicos' del **teatro serio** en el siglo XX son dramaturgos como p. ej. Buero Vallejo, Gala, o también Delibes (con la versión dramática de *Cinco horas con Mario*) y, especialmente después de 1975, Valle-Inclán y ante todo García Lorca. Pero el teatro crítico actual está en una crisis, porque faltan autores sobresalientes cuyas obras podrían atraer a las masas. En el teatro comercial predominan **comedias burguesas** o **neosainetes** destinados en primer lugar a entretener al público. Los autores más conocidos de este tipo de teatro son tal vez José Sanchis Sinisterra y José Alonso de Santos, aunque también en sus casos el éxito de piezas como *¡Ay Carmela!* (1989) y *Bajarse al moro* (1985) ha dependido en cierta medida de la actuación del actor Antonio Banderas o del director Carlos Saura. Un fenómeno interesante es sin duda el **teatro de experimentación** que tiene éxito a partir de la segunda mitad de los años setenta. Grupos teatrales - ante todo catalanes - como *Els Comediants*, *La Fura dels Baus*, *Dagoll-Dagom* o *Els Joglars*, que ofrecen sus espectáculos provocadores preferentemente en espacios abiertos, tienen cada vez más reputación.

Con respecto a la **narrativa** posterior a 1975 se puede hablar de un verdadero 'boom'. La diversidad temática es tan grande como la de los subgéneros y la lista de autores es interminable. Entre los subgéneros más cultivados de las últimas dos décadas juegan un papel de primera categoría la **novela policiaca** (Vázquez Montalbán), la **novela histórica** (Mendoza, Muñoz Molina), la **novela erótica** (Almudena Grandes), la **novela intimista** (Llamazares, Millás), la nueva **novela experimental** (Marías, Guelbenzu) o el **relato corto** (Madrid, Atxaga, Rivas). Muchos de los autores son a la vez **periodistas** (Pérez Reverte, Rosa Montero, Maruja Torres) y saben tratar temas actuales de una forma cautivadora en sus libros. También ha aumentado el número de autoras, ante todo porque el **papel de la mujer** en la sociedad española ha cambiado. Aparte de las ya mencionadas destacan Soledad Puértolas, Lourdes Ortiz o Ana María Matute.

Finalmente hay que constatar un auge en la **narrativa** no castellanohablante, es decir **catalana**, **gallega** o **vasca**, que refleja la variedad de culturas y tradiciones dentro del territorio nacional español. A esta temática se refiere por ejemplo Juan Marsé en su novela *El amante bilingüe* de 1990.

Vida y obras de Antonio Muñoz Molina

Úbeda, Jaén, 1956. Es uno de los grandes escritores españoles contemporáneos. *Un invierno en Lisboa* (1987) le proporcionó el **Premio Nacional de Literatura** y el de la **Crítica** y le descubrió como un **narrador** de gran hondura y de enorme **capacidad de fabulación**. Su primera **novela**, *Beatus Ille*, publicada el año anterior, supuso su descubrimiento,

y desde entonces su obra no ha dejado de suscitar expectación y entusiasmo. En 1991 obtuvo el **Premio Planeta** por *El jinete polaco*. La misma obra obtuvo el premio Nacional de Literatura al año siguiente. Otras obras suyas son: *Las otras vidas* (1988), *Beltenebros* (1989), *Nada del otro mundo* (1993), *El dueño del secreto* (1994), *Ardor guerrero* (1995). Es **miembro** de la **Real Academia**.

(aus Klappentext zu Muñoz Molina, A.: *Plenilunio*, Alfaguara, Madrid 1997.)

Bibliografía

> Muñoz Molina, Antonio: "La disciplina de la imaginación" (1990), in: Ders. u. García Montero, L.: *¿Por qué no es útil la literatura?*, Madrid 1993, S. 50 - 52, 56 - 57, 59 - 60.

> Villanueva, D. y otros (Hg.): *Los nuevos nombres: 1975 - 1990*, Band 9 von Rico, F. (Hg.): *Historia y crítica de la literatura española*, Barcelona 1992, zur Lyrik: García Martín, J. L.: "Introducción" u. "Nómina: poetas que se dieron a conocer a partir de 1975", S. 94 - 151; zum Theater: Oliva, C.: "Introducción", S. 432 - 457; zum Roman: Sanz Villanueva, S.: "Introducción", S. 249 - 280. (*)

> *Diccionario de literatura española e hispanoamericana*, dirigido por Gullón, R., Madrid 1993, bes.: "Narrativa española posterior a 1975", S. 1084 - 1092; "Poesía española posterior a 1975", S. 1299 - 1304; "Teatro español posterior a 1975", S. 1595 - 1601. (*)

> Ingenschay, D.; Neuschäfer, H. -J. (Hg.): *Abriendo caminos. La literatura española desde 1975*, Barcelona 1994.

> Umbral, F.: *Diccionario de literatura. España 1941 - 1995: de la posguerra a la posmodernidad*, Madrid 1995.

> Estébanez Calderón, D.: *Diccionario de términos literarios*, M. 1996.

> Neuschäfer, H. -J.: "Nach 1975. Tendenzen der spanischen Gegenwartsliteratur", in: Ders. (Hg.): *Spanische Literaturgeschichte*, Stuttgart 1997, S. 389 - 400. (*)

José Angel Mañas:
Historias del Kronen (1994)

Me jode ir al Kronen los sábados por la tarde porque está siempre
hasta el culo de gente. No hay ni una puta mesa libre y hace un calor insoportable. Manolo, que está currando en la barra, suda como
un cerdo. Tiene las pupilas dilatadas y nos da la mano, al vernos.

05 - Qué pasa, chavales. ¿Habéis visto el partido, troncos? - pregunta.
- Una puta mierda de equipo. Del uno al once, son todos una mierda - dice Roberto.
Me han jodido el baño en Cibeles, tronco. Si esto sigue así, acaba-
ré haciéndome del Atleti. A ver, ¿qué queréis?

10 Pillamos un mini y unas bravas.
Roberto echa una ojeada a nuestro alrededor para ver si Pedro ha
llegado. Luego, mira su reloj y dice: joder con el Pedro, desde que
tiene novia pasa de todo el mundo.
- ¿Hemos quedado con alguien más? - pregunto.

15 - Sí. Con Fierro, Raúl y con Yoni. [...]
- ¿Habéis visto al mariconazo de Míchel cómo ha fallado el penal-
ti? Si es que estaba tan acojonado que ni ha levantado la vista. Qué
malo es el hijoputa - dice [Pedro].
- Sí que lo hemos visto. Mientras te esperábamos.

20 Ya. Lo siento. Es que estaba con Silvia y no me daba tiempo a llegar a tu casa. Me hubiera perdido medio partido por el camino.
En la mesa de enfrente hay una cerda con una camiseta sin mangas
que me está mirando.
- Tú, atontado. Déjame salir, que voy a mear. Aparto mi silla y de-

25 jo salir a Roberto. [...]
Roberto llega, empujando gente, y se sienta. Mientras aparto mi silla para que pueda pasar noto una mano pesada que se apoya en mi
hombro.
- Qué pasa, Carlos.

30 No puedo evitar hacer un movimiento brusco para quitarme la mano de encima.
- Hombre, no te pongas así, que tampoco es para tanto.
- Mira, Raúl, sabes perfectamente que me jode que te apoyes en mi
hombro.

35 - Bueno, bueno, tranquilo, chaval.
Raúl y Fierro dicen que han quedado con Yoni más tarde, en Graf.
Yo y Roberto protestamos inmediatamente y dejamos bien claro
que nosotros pasamos de ir al Graf. Luego nos ponemos a hablar
del partido y Raúl empieza a decir tonterías. Si es que ahí estaban

40 los <u>Boisos Nois</u>, qué hijos de puta, apoyando al Atlético. Lo único
que les importa es que pierda <u>el Madrid</u>. No hay más que rencor, y
en toda España están igual. En todos lados pasa lo mismo: en el
País Vasco, en Cataluña. En Canarias nos llaman <u>godos</u>, en Astu-
rias te tachan Oviedo para escribir Ovieu; hasta una andaluza me

45 dijo el otro día que era la tiranía de Madrid lo que empobrecía Andalucía. Estamos en una situación de preguerracivil. Aquí va a pasar como en Yugoslavia y en Rusia... Roberto finge bostezar y le
dice a Raúl que deje de echarnos la charla. Los demás reímos y yo
pregunto si alguien quiere beber algo.

50 - Yo no puedo beber, ya lo sabes.
- Joder, Fierro, eres de lo más antisocial. Tómate al menos una cer-
veza.
- Que no puedo, de verdad.
- Venga, sólo una cerveza. Seguro que una cerveza no te hace

55 nada.

Anotaciones:

02: repleto de
03: trabajar mucho; 'malochen'
08: se refiere al baño que los aficionados al Real Madrid toman des-
     pués de victorias importantes en la famosa fuente de la Cibeles
09: el Atlético de Madrid
10: patatas bravas
16: aquí: hijo de puta; 'Scheißkerl'
16: centrocampista del Real Madrid en la segunda mitad de los años
     ochenta y la primera de los años noventa
17: tenía mucho miedo; 'die Hosen voll haben'
22: puta
40: hinchas del C. F. Barcelona
41: el Real Madrid
43: españoles de la Península Ibérica (fam. en las Islas Canarias)

Tareas:

1. Resuma brevemente el texto.
2. Sitúe el extracto en el conjunto de la obra y resuma el contenido
    de la novela.
3. Analice el lenguaje del fragmento y explique su función.
4. Interprete *Historias del Kronen* y su mensaje en el contexto del
    panorama novelístico español de finales del siglo XX.

Erwartungshorizont

1. Resuma brevemente el texto.

Aus der **Perspektive von Carlos** wird von einem Treffen mehrerer junger Leute in der Bar *Kronen* berichtet, die am Samstagabend immer sehr gut besucht ist. Die **Gespräche der Jugendlichen** drehen sich um **Fußball**, und Roberto regt sich darüber auf, daß Real Madrid nicht gewonnen hat (Z. 6f.), da Míchel einen Elfmeter nicht verwandeln konnte (Z. 16ff.), weshalb ihm das übliche Bad im Cibeles-Brunnen versagt blieb (Z. 8). Während man noch auf andere Freunde wartet, mischt sich Raúl in die Fußballdiskussion ein und beklagt, daß in ganz Spanien alle stets auf Niederlagen des Renommierclubs aus der Hauptstadt hoffen. Er überträgt die **sportliche Rivalität** auf eine **politische Ebene** miteinander konkurrierender Regionen, zieht gar Vergleiche zu Jugoslawien und Rußland, wird aber von seinen Freunden gebremst und belächelt (Z. 39 - 48). Der Auszug endet mit der **Aufforderung Carlos'**, **Fierro** solle doch auch etwas **Alkoholisches** zu trinken bestellen, der im Verlaufe des Romans noch große Bedeutung zukommen soll. Fierro lehnt jedoch **aus gesundheitlichen Gründen** dankend ab (Z. 50 - 55).

2. Sitúe el extracto en el conjunto de la obra y resuma el contenido de la novela.

Die Auszüge stammen aus dem **ersten** von insgesamt **vierzehn Kapiteln**, die zusammen mit dem Epilog die *Historias del Kronen* bilden, wobei 'Kronen' als Abkürzung der französischen Brauerei Kronenbourg zu verstehen ist, die in Madrid eine gleichnamige Bar betreibt. Der **Inhalt** des 227 Seiten umfassenden Romans ist schnell erzählt; eine Handlung im aristotelischen Sinne liegt nicht vor: Einige Jugendliche aus Madrid verbringen zu **Beginn der Sommerferien** ein paar **Tage bzw. Nächte in diversen Kneipen** ihres Stadtviertels, vorzugsweise im erwähnten 'Kronen'. Sie konsumieren **Alkohol** und **Drogen**, schlagen sich die Nächte mit Rock- und Technomusik um die Ohren, unterbrochen nur durch **flüchtige sexuelle Abenteuer**, und die Mahlzeiten bei ihren Familien stellen die einzigen Bindungen zum Elternhaus dar. So 'plätschern' die Episoden scheinbar austauschbar dahin, bis plötzlich der vom gewissen- und gefühllosen Carlos zum Alkoholgenuß erst animierte und dann gezwungene **Fierro an einer Alkoholvergiftung stirbt**, und die unbeschwerten, rauschhaften Tage der Jugendlichen ein abruptes Ende finden.

3. Analice el lenguaje del fragmento y explique su función.

El **lenguaje** usado en este fragmento y en el resto de la obra es sumamente **coloquial**, por no decir vulgar. Es un **fiel reflejo** del lenguaje **oral** de muchos **jóvenes** de los **años 90**. La mayor parte de *Historias del Kronen* se compone de **diálogos** entre Carlos y sus amigos que se caracterizan por **frases cortas, palabras sueltas, braquilogías, tacos y modismos** típicos de los jóvenes que quieren separarse y distinguirse de los registros lingüísticos de la burguesía establecida. Para comprobarlo baste repasar el primer párrafo del texto que es, a la vez, el primero de toda la novela. No sólo es un comienzo según el clásico **'medias in res'**, es aún más: constituye un verdadero choque a causa de la expresividad brutal de las palabras: "me jode...", "hasta el culo", "una puta mesa", "está currando", "suda como un cerdo". Un comienzo tal debe, desde luego, **sorprender**, **despertar**, **provocar** al lector que, a partir de la primera frase, se ve forzado a enfrentarse con el **mundo urbano juvenil** de Carlos y sus compañeros. Esto no significa que José Angel Mañas se identifique con el lenguaje de sus protagonistas jóvenes, sino que sólo se sirve de él para **imitar al máximo la realidad actual**, es decir, el lenguaje es para él un medio importante para formular su mensaje.

Para comprender los muchísimos **cortes, neologismos o tacos** que constituyen el fundamento de la expresión oral de estos jóvenes madrileños hay que tener conocimientos profundos de las referencias y alusiones ocultas, es decir, hay que conocer su **fondo sociocultural** (fútbol, sexo, alcohol y drogas, tele, cine, etc.) en un **ámbito geográfico limitado** (aquí la capital española). Como el lenguaje de los personajes de *Historias del Kronen* es un **sociolecto** de un determinado grupo de personas en un determinado ambiente social, resulta extraordinariamente **expresivo** con respecto a los **valores** de una parte de la sociedad finisecular española.

4. Interprete *Historias del Kronen* y su mensaje en el contexto del panorama novelístico español de finales del siglo XX.

La novela de José Angel Mañas introduce al lector en un mundo en el cual las **normas de la burguesía** establecida **han perdido** su **valor** y su **función** tradicionales. Los jóvenes madrileños retratados en *Historias del Kronen* buscan un **refugio** que recompense la falta de seguridad y afecto del entorno que les rodea. Como **sustitución** se crean su propia realidad que hasta cierto grado no sólo representa el cambio de la sociedad española a finales del siglo XX, sino el desarrollo de la sociedad juvenil occidental en general. La identificación con un club de fútbol en vez del seno familiar, un bar como el 'Kronen' donde pasan más tiempo que en su propia casa o las relaciones sexuales superficiales en vez de amistades duraderas simbolizan este **desarraigo** de Carlos y sus amigos que parecen perdidos en una megalópolis como Madrid.

Mañas pone de relieve en *Historias del Kronen* **la falta de perspectivas** de gran parte de la juventud española y subraya el fracaso de los responsables que no se han preocupado suficientemente por los jóvenes parados y sin rumbo. Si se tiene en cuenta que en algunos barrios madrileños casi la mitad de los jóvenes no tiene trabajo y que a su vez más del 40% de estos parados son drogadictos, no cabe duda de que la situación es grave. Con su obra el autor pone el dedo en la llaga de una sociedad, cual es la española actual, en la que la **discrepancia entre** los **privilegiados y los desaventajados** sigue creciendo.

Ante este trasfondo es fácil entender el comportamiento de Carlos y sus compañeros para los que la violencia, las drogas, el sexo y el alcohol son una **válvula** para evadirse de la realidad cotidiana en busca de nuevas **señas de identidad**.

En términos histórico-literarios, pues, a la novela de José Angel Mañas se le podría dar el nombre de **novela neosocial** o **neorrealista**, sumamente representativa de la sociedad española contemporánea. Su estilo de escribir **sin rodeos**, empleando el **lenguaje oral de la calle**, su forma de integrar el **ambiente ciudadano** con todas sus tentaciones para muchos jóvenes y su manera de llamar la atención del lector sobre la **soledad** del individuo y su **creciente aislamiento** en un mundo caracterizado cada vez más por la **ausencia de puntos de referencia** estables son rasgos de una nueva forma de novelar que se encuentra todavía en sus principios.

Vida y obras de José Angel Mañas

José Angel Mañas **nació** en **Madrid**, el 22 de octubre de **1971**, en el seno de una familia con un alto nivel de educación. [...] La casa en que maduraron sus aficiones literarias además de ser su hogar de juventud contiene una **importante biblioteca**, que el padre ha ido coleccionando en sus infatigables visitas a anticuarios del viejo y del nuevo mundo. Es decir, que la lectura, la literatura, formaban parte integral de su entorno familiar cuando daba los primeros pasos en el ámbito de las letras. [...] No menos significativo es que se aprovechó de la posibilidad de los intercambios Erasmus para **pasar dos años estudiando en el extranjero**. Uno en la Universidad de Sussex, en Inglaterra, y el otro en Grenoble, en Francia. Domina con habilidad nativa tanto el inglés como el francés.

La **obra** que le dio a conocer y lanzó al éxito fue, sin duda, *Historias del Kronen* **(1994)**, novela que quedó **finalista en el premio Nadal**. [...] La segunda novela, que continúa el ciclo inaugurado de *Historias del Kronen*, se titula *Mensaka* [Barcelona 1995; ...] Su última novela, *Soy un escritor frustrado* (Madrid 1996), es la primera escrita, alrededor de los diecinueve años. [...] La próxima narración llevará el título de *La ciudad rayada*, y bien puede ser ese cierre del ciclo.

(aus Gullón, G.: "Introducción" zu Mañas, J. A.: *Historias del Kronen*, Barcelona 1998, S. XIV - XVIII.)

Bibliografía

> Mañas, José Angel: *Historias del Kronen* (1994), Clásicos Contemporáneos Comentados, 28, Barcelona 1998, S. 11 - 13.

> Garrido, A.; Ribera, T.: "Escritores jóvenes y rebeldes se convierten en un filón editorial", in: *Tribuna*, 14 de febrero de 1994, S. 67.

> Conte, R.: "Reseña de 'Historias del Kronen'", in: *ABC Cultural*, 4 de marzo de 1994.

> Capanaga, P.: "La creación léxica en 'Historias del Kronen'", in: *Lo Spagnolo d'Oggi: Forme della Comunicazione*, Rom 1995, S. 49ff.

> Arco, M. A. del: "Generación Kronen", in: *Tiempo*, 15 de mayo de 1995, S. 10 - 16.

> Gullón, G.: "Cómo se lee una novela de la última generación (apartado X)", in: *Insula*, 589 - 590, 1996, S. 31 - 33.

> Boggards, A. M. A. J.: *El mundo X: La temática de una generación*, Tesina de licenciatura, Universidad de Amsterdam 1997.

> Dorca, T.: "Joven narrativa en la España de los noventa: la generación X", in: *Revista de Estudios Hispánicos*, 31, (1997), S. 309-24.

> Gullón, G.: "Introducción", in: Mañas, J. A.: *Historias del Kronen*, Barcelona 1998, S. V - XXXIX. (*)

> Moral, M.; Betz, M.: *Diccionario idiomático del español coloquial actual*, Bonn 1998.

Glosario

A

Acción: serie de acontecimientos o situaciones que forman el entramado de una historia o de una pieza teatral; *unidad de acción* (Luzán: I, 118)

Acto: parte de una obra teatral, en función del tiempo y del desarrollo de la acción; se compone frecuentemente de varias escenas

Acumulación: figura retórica que consiste en la enumeración de palabras; *goza cuello, cabello, labio y frente* (Góngora: I, 50; v. también Guillén: II, 61)

Aguda: una palabra que se acentúa en la última sílaba es aguda; *la marejada / me tira del corazón. / Se lo quisiera llevar.* (Alberti: II, 54)

Alegoría: procedimiento retórico que consiste en expresar un pensamiento mediante una o varias imágenes o metáforas; así se pasa de un sentido literal a un sentido figurado o alegórico (Calderón de la Barca: I, 95)

Alejandrino: verso de catorce sílabas métricas, dividido en dos hemistiquios; *Cuánto tiempo he callado, cuánto tiempo he perdido* (Colinas: II, 144)

Aliteración: repetición de uno o varios fonemas en palabras consecutivas; *verme morir entre memorias tristes* (Garcilaso: I, 22; v. también Unamuno: I, 192)

Alta comedia: corriente teatral del s. XIX como reacción frente a la estética del Romanticismo; responde a los gustos y valores de la burguesía española de la 'época moderada'. Benavente es el representante más importante de la alta comedia en el s. XX.

Alusión: figura retórica utilizada para designar una realidad mediante otra relacionada con la primera; *Granada / agua oculta que llora* (M. Machado: II, 80)

Anacreóntica: poesía que canta los placeres del amor, la vida de los pastores o la naturaleza estilizada, también el vino y la comida (Meléndez Valdés: I, 136)

Anáfora: repetición de una o más palabras al comienzo de varios versos de una estrofa; *¡Oh noche que guiaste!; / ¡oh noche amable más que la alborada!; / ¡oh noche que juntaste /* (San Juan de la Cruz: I, 42; v. también Bécquer: I, 176 y Otero: II, 108)

Anagnórisis: el momento del reconocimiento de un personaje por otro; provoca el desenlace de un conflicto

Anécdota: relato breve de un hecho curioso para ilustrar una argumentación (Feijoo: I, 113; Larra: I, 166)

Anónimo: una obra escrita por un autor desconocido es anónima (*Lazarillo de Tormes*: I, 34)

Anticlímax: gradación retórica descendente; *en tierra, en humo, en polvo, en sombra, en nada* (Góngora: I, 51)

Antihéroe: es un antagonista o un protagonista sin las cualidades típicas del héroe como valor, nobleza, juventud, etc. (Quevedo: I, 83; Alonso de Santos: II, 162)

Antítesis: contraposición de dos expresiones, palabras o términos; *cerrar / abrir* (Unamuno: I, 191)

Antología: selección de textos que tienen características comunes o que son escogidos según ciertos criterios (aspectos artísticos, didácticos, ideológicos, etc.) (Gala: II, 156)

Antónimos: palabras que tienen significados opuestos

Aparte: recurso empleado en piezas teatrales, por el cual un personaje que parece estar hablando consigo mismo comunica al público sus pensamientos

Apócope: pérdida de sonidos al final de la palabra; *poli, tranqui* (Alonso de Santos: II, 164)

Apología: defensa oral o escrita, de carácter panegírico contra ataques de otros autores (Ruiz de León: I, 126)

Apóstrofe: figura retórica, utilizada para dirigirse a personas u objetos presentes o ausentes; *¡Oh dulces prendas por mi mal halladas,* (Garcilaso: I, 22; v. también Bécquer: I, 176: *Tú eras el huracán*)

Arcaísmo: empleo de palabras anticuadas que han caído en desuso; *non fuyades* (Cervantes: I, 63)

Argot: lenguaje característico de un grupo social (Mañas: II, 179)

Argumento: trama o disposición de los acontecimientos de una obra literaria (Calderón de la Barca: I, 94)

Arte mayor: versos de más de ocho sílabas

Arte menor: versos de menos de nueve sílabas

Artículo de costumbres: texto publicado en un periódico en el que el autor expone su opinión sobre un tema actual de la época (Larra: I, 166)

Ascética: término empleado para describir las etapas del 'camino de perfección' hacia Dios (vía purgativa, vía iluminativa, vía unitiva) (San Juan de la Cruz: *En una noche oscura*: I, 42)

Asíndeton: supresión de conjunciones, utilizada para intensificar una impresión; *amó, vivió, murió por dentro* (Otero: II, 107)

Asonancia: rima imperfecta que consiste en la repetición de las vocales a partir de la última vocal acentuada; *Aquí tenéis, en canto y alma, al hombre / aquel que amó, vivió, murió por dentro / y un buen día bajó a la calle: entonces / comprendió: y rompió todos sus versos* (Otero: II, 105, rimas asonantes en **o - e / e - o**)

Auto sacramental: pieza dramática, de un acto, que sirve para exaltar la Eucaristía (Calderón de la Barca: I, 94)

Autobiografía: narración retrospectiva en prosa de la propia vida (Quevedo: I, 83)

B

Barbarismo: palabra tomada de una lengua extranjera que se adapta e incorpora a la propia; *fútbol* en vez de 'football' / 'balompié' (Mañas: II, 176)

Bibliografía: recopilación de escritos sobre un autor, un tema o una materia científica

Bimembre (estructura): distribución de componentes en secuencias formadas por dos elementos; *tomóle el parto y parióme allí* (Lazarillo de Tormes: I, 34)

Biografía: historia de la vida de una persona

Blancos (versos): versos que están sujetos al cómputo silábico y a las leyes rítmicas, pero que no tienen rima; *Basta de razas ubérrimas, sangre de Hispania fecunda, / nada de marcha triunfal, ni cortejo, ni viejas espadas* (Valverde: II, 140)

Braquilogía: expresión elíptica que se utiliza en vez de una frase completa, cuyo sentido se sobreentiende; *Conforme.* en vez de "estoy conforme con lo que dices" (Valle-Inclán: II, 49; v. también Mañas: II, 179)

Bucólico (poema): trata de la naturaleza idealizada en general y ante todo de la vida idealizada de los pastores y sus experiencias amorosas (Meléndez Valdés: I, 134)

Burlesco: estilo cómico exagerado, usado para ridiculizar personajes o para burlarse de instituciones, costumbres o valores (Alemán: I, 54; Quevedo: I, 80)

C

Cacofonía: repetición de sonidos que produce una sensación desagradable; *una endiablada chillería de chiquillos* (Jiménez: II, 42)

Canción: en el Siglo de Oro, composiciones poéticas de tema amoroso se llaman 'canciones' (Garcilaso de la Vega: I, 26); más tarde reciben este nombre poesías que tienen otros temas

Cancionero: colección de canciones

Capítulo: parte de un texto o de un libro; muchas veces sus títulos resumen en pocas palabras el contenido; *Cuenta Lázaro su vida y cúyo hijo fue* (Lazarillo: I, 34)

Captatio benevolentiae: recurso literario con el cual el autor quiere alcanzar una acogida favorable de su obra o una actitud positiva de los lectores frente a su protagonista (Lazarillo de Tormes: I, 36)

Caracterización: técnica de retratar los aspectos principales de un personaje, por ejemplo la descripción física, su modo de actuar, su manera de hablar o su mentalidad (Cervantes: I, 70)

Caricatura: descripción deformadora de un personaje, acentuando, exagerando y ridiculizando sus aspectos físicos o sus defectos morales (Quevedo: I, 80)

Carpe diem: expresión que exhorta al goce del momento a causa del carácter efímero de la vida (Góngora: I, 51)

Carta: escrito que se manda a una persona para comunicarle algo (Cortés: I, 16)

Catástrofe: desenlace desgraciado de una pieza teatral (Pérez Galdós: I, 185; García Lorca: II, 76)

Censura: represión de la expresión libre por un organismo oficial que controla los escritos antes de que se publiquen (Buero Vallejo: II, 101)

Certamen: concurso convocado por una institución oficial con el objetivo de desarrollar por ejemplo las actividades literarias de escritores (Ruiz de León: I, 126)

Cesura: breve pausa en un verso que lo divide en dos hemistiquios; *Como góndola que viene* || *de las islas del ensueño* / *adelanta el cisne blanco* || *de inviolada vestidura* (Rueda: II, 22)

Clímax: punto culminante de la gradación ascendente o momento de máxima tensión (Pérez Galdós: I, 185)

Coloquial (lenguaje): nivel de lenguaje utilizado en las conversaciones cotidianas (Alonso de Santos: II, 164)

Comedia: pieza teatral cuyo rasgo específico es la comicidad y cuya acción desemboca casi siempre en un desenlace feliz (Fernández de Moratín: I, 160)

Cómico: algo que divierte o produce risa es cómico

Comparación (o símil): figura retórica mediante la cual se comparan dos cosas o dos personas; *el gaznate, largo como avestruz* (Quevedo: I, 80)

Cómputo silábico: determinación del número de sílabas que tiene un verso, teniendo en cuenta las licencias métricas (sinalefa, diéresis, acento final en la última palabra, etc.) que pueden alterar el número real de las sílabas

Conflicto: oposición o desacuerdo entre personajes; el término se utiliza preferentemente en el teatro, por ejemplo hay un conflicto entre el Comendador y los habitantes de Fuente Ovejuna (Lope de Vega: I, 74) o entre Bernarda Alba y Adela (García Lorca: II, 72)

Contexto: realidad externa (histórico-política, económico-social, autobiográfica, histórico-literaria) que circunda a un texto literario

Correlación: correspondencia sintáctica o conceptual de varios elementos en versos consecutivos; *cabello* (A1) - *frente* (A2) - *labio* (A3) - *cuello* (A4) = *oro* (B1) - *lilio* (B2) - *clavel* (B3) - *cristal* (B4) (Góngora: I, 48)

Corriente de conciencia: monólogo interior como expresión de pensamientos y sentimientos de un personaje (Delibes: II, 129)

Costumbrismo: corriente literaria de la primera mitad del siglo XIX, especialmente a partir de 1830 (v. **artículo de costumbres**); en general se incluye también el 'cuadro de costumbres' del Siglo de Oro en el que se describen tipos, escenas y costumbres tradicionales (Cervantes: *Rinconete y Cortadillo*: I, 68)

Crisis: capítulo (v. Gracián: *El Criticón*: I, 100)

Crónica: tipo de literatura historiográfica en el cual se relatan sucesos históricos, por ejemplo las *Crónicas de Indias* (v. Colón: I, 4; Cortés: I, 16; Las Casas: I, 28)

Cuadro de costumbres: escritos breves en los cuales se describe la realidad social por medio de escenas, costumbres y personajes típicos de la época (Larra: I, 166)

Cuarteto: estrofa de cuatro versos con rimas abrazadas o cruzadas; *¡Oh dulces prendas por mi mal halladas, / dulces y alegres, cuando Dios quería! / Juntas estáis en la memoria mía / y con ella en mi muerte conjuradas.* (Garcilaso de la Vega: I, 22)

Cuento: relato breve (frecuentemente oral) de una historia ficticia; muy conocidos son los *Cuentos de las mil y una noches* o *Los cuentos de la Alhambra* (de Washington Irving, 1832)

Cultismo: palabra adoptada de una lengua clásica (especialmente del latín y del griego) que se utiliza en la actual en un nivel estilístico exigente; *materia protoplasmática* (Unamuno: I, 192)

D

Deleitar aprovechando: combinación armoniosa de lo agradable (para entretener al lector con episodios divertidos) y lo útil (para darle lecciones morales) (Iriarte: *Fábulas literarias:* I, 143)

Desenlace: final de una pieza teatral, en el que se resuelve el nudo de la obra; hay un desenlace feliz en *El sí de las niñas* (de Fernández de Moratín: I, 158) y un desenlace trágico en *La casa de Bernarda Alba* (de García Lorca: II, 74)

Destinatario: la persona a la que va dirigida una obra; el destinatario de las *Cartas de relación* de Cortés es el emperador Carlos V (Cortés: I, 18); el destinatario (ficticio) de las memorias de Pascual Duarte es Joaquín Barrera López (Cela: II, 92)

Dialefa: la acentuación separada de la vocal final de una palabra y de la vocal inicial de la palabra siguiente se llama dialefa; el contrario es la sinalefa

Diálogo: conversación entre dos personas; forma literaria predilecta de los humanistas y erasmistas con objetivos didácticos (p. e. hermanos Valdés: *Diálogo de la lengua* o *Diálogo de Mercurio y Carón*, etc.), utilizada preferentemente también por Cervantes en su *Don Quijote de la Mancha:* I, 64)

Diario: en general, un escrito autobiográfico en primera persona que trata de acontecimientos personales (diario íntimo); en el caso de Colón: *Diario de a bordo* es un diario de viaje oficial cuyo objetivo principal es la justificación del autor ante los Reyes Católicos que financiaron su expedición (Colón: I, 6)

Dicción: manera de hablar o escribir (Salinas: II, 69)

Didáctica (literatura): obras cuyo objetivo principal es la enseñanza (religiosa, científica, moral, literaria, etc.) pertenecen a la literatura didáctica (Feijoo: I, 112; Iriarte: I, 142)

Diéresis: separación de dos vocales que forman un diptongo para obtener el número necesario de sílabas en un verso según el cómputo silábico; *vïola truncada* (Góngora: I, 48)

Digresión: historias intercaladas que interrumpen el relato principal se llaman digresiones; sirven para ilustrar una idea o un tema mediante ejemplos o reflexiones (Alemán: I, 57; Cervantes: I, 65)

Diptongo: combinación de una vocal fuerte (a, e, o) con una vocal débil (i, u) que se pronuncian en una misma sílaba

Discurso: exposición de un tema de una forma ensayística (Feijoo: I, 112; v. también Jovellanos: I, 148)

Discusión: intercambio de ideas, opiniones; debate, controversia (Ganivet: I, 197)

Drama: pieza teatral en general; subgénero teatral con elementos de la tragedia y de la comedia (Tirso de Molina: I, 89)

E

Egloga: poema breve que trata de un amor imposible en un ambiente bucólico-pastoril; ss. XVI - XVIII (Garcilaso de la Vega: I, 26; Iriarte: I, 144)

Elegía: poema lírico que trata de un sentimiento doloroso o que expresa la tristeza del yo lírico por la muerte de una persona querida (Garcilaso: I, 26; Jiménez: II, 43, 45)

Elipsis: supresión de palabras sin las cuales se puede comprender una frase o un verso porque el sentido no es alterado; *Almería dorada... / Plateado Jaén...* (Manuel Machado: II, 80)

Elisión: pérdida de la vocal final de una palabra ante la palabra siguiente que empieza por la misma vocal; *y fue desta* [de esta] *manera* (Lazarillo de Tormes: I, 34)

Elogio: panegírico, discurso en alabanza de una persona, laudatoria (Jovellanos: I, 148)

Encabalgamiento: la pausa propia del final de verso no coincide con la pausa gramatical; si el grupo gramatical del primer verso se detiene después de la quinta sílaba del segundo verso, se denomina este tipo **encabalgamiento suave**; *¿Quién me dijera, cuando en las pasadas / horas en tanto bien por vos me vía,* (Garcilaso de la Vega: I, 22); si el grupo gramatical se detiene antes de la quinta sílaba del segundo verso, se habla de un **encabalgamiento abrupto**; *no sólo en plata o vïola truncada / se vuelva,* (Góngora: I, 48)

Enciclopedia: obra en la que se trata de todas las ramas del saber humano en forma de artículos según el orden alfabético (Feijoo: I, 112)

Endecasílabo: verso de once sílabas; *Mientras por competir con tu cabello* (Góngora: I, 48)

Endecha: poema compuesto por un número ilimitado de heptasílabos (Meléndez Valdés: I, 136)

Enfasis: fuerza que se le da a la expresión o a la entonación para subrayar su importancia; *rejuvenecer, revivir y refrescar* (Unamuno: I, 192)

Ensayo: género literario de estructura libre, en el cual el autor escribe sobre temas variados en un estilo personal; no se presentan ni argumentos científicamente exactos ni conclusiones irrefutables; más bien se trata de una presentación de la opinión del autor o una discusión sobre problemas iniciadas por una hipótesis individual (Ganivet: I, 197; Baroja: II, 13; Goytisolo: II, 155; Gala: II, 155)

Entremés: breve pieza teatral de tono humorístico o cómico que se representa entre los actos de otra obra, p. ej. una comedia (de la Cruz: I, 130; Cervantes: I, 72)

Enumeración: vinculación sucesiva de elementos con la misma función gramatical; *al cabo perecen ellos y sus mujeres e hijos, y toda su generación* es una **enumeración polisindética** (Las Casas: I, 30); *aquel que amó, vivió, murió por dentro* es una **enumeración asindética** (Otero: II, 107)

Epanadíplosis: repetición de una palabra al principio y al final de una oración o un verso; *Yo te quiero, soy yo.* (Salinas: II, 67)

Epica: narración de hazañas de personalidades históricas que son representantes de los ideales de un grupo social o de todo un pueblo (Solís: I, 107; Ruiz de León: I, 124)

Epígrafe: texto breve o cita al principio de una obra literaria que contiene su lema o la idea central; *Porque el hijo deshonra al padre, la hija se levanta contra la madre, la nuera contra su suegra: y los enemigos del hombre son los de su casa. (Miqueas, VII, 6)* (Buero Vallejo: II, 98)

Epigrama: inscripción breve, esculpida por ejemplo en una losa sepulcral; composición literaria breve que expresa un pensamiento ingenioso o satírico (Iriarte: I, 144)

Epílogo: parte o capítulo final de un libro que contiene una moraleja. El capítulo XXXIII de *Doña Perfecta* (Pérez Galdós: I, 182), por ejemplo, es un epílogo: *Esto se acabó. Es cuanto por ahora podemos decir de las personas que parecen buenas y no lo son. Fin de «Doña Perfecta». Madrid. Abril de 1876.*

Episodio: en general, parte de una obra literaria; también las narraciones o historias intercaladas en una novela son episodios que sirven para la diversión o para la ampliación de la trama principal (Alemán: I, 57; Cervantes: I, 71)

Epístola: carta en prosa o en verso, frecuentemente con fines didácticos o moralizadores (Garcilaso de la Vega: I, 26)

Epíteto: adjetivo calificativo o explicativo; *dramático destino, / triste suerte* (González: II, 136)

Epopeya: narración de hazañas de héroes populares históricos en forma de versos que tratan de la génesis de un pueblo o de una cultura; *El Cantar de Mío Cid* es la epopeya española más famosa (Costa: II, 4)

Escena: parte de un acto en una pieza teatral; como comienzo y final de la misma se puede reconocer la entrada y salida de los personajes, respectivamente (Alonso de Santos: II, 161)

Esdrújula: una palabra acentuada en la antepenúltima sílaba es esdrújula o proparoxítona; *Málaga* (Manuel Machado: II, 80)

Espacio: lugar en el que se desarrolla la acción de una obra literaria, se llama también lugar de acción; el **espacio temporal** es la porción de tiempo que transcurre, en *El sí de las niñas*, por ejemplo, es muy limitado y abarca sólo diez horas (Moratín: I, 161)

Esperpento: subgénero teatral (farsa trágica o tragedia grotesca) y categoría estética que consiste en la sistemática deformación caricaturesca y grotesca de la realidad española, mezclando elementos trágicos, burlescos e irónicos (Valle-Inclán: II, 50-51)

Estilo: la manera particular de escribir, de hablar, de expresarse un autor y los rasgos típicos lingüísticos de un texto o de un conjunto de escritos caracterizan el estilo de una obra literaria, de un género literario o de una época (Cervantes: I, 65)

Estribillo: repetición regular de uno o varios versos al final o después de una estrofa; *muérome de amores / desde que te vi* (Meléndez Valdés: I, 135); *me queda la palabra* (Otero: II, 109)

Estrofa: determinado número de versos combinados en una estructura regular que se repite en el curso de un poema (Guillén: II, 60; Otero: II, 106)

Estructura: ordenación de los elementos internos que componen un texto (Salinas: II, 67; Gala: II, 155)

Eufemismo: uso de una palabra o expresión agradable o inofensiva en vez de un término agresivo, hiriente, peligroso o desagradable; *calentado en la cama por varios cuerpos* [de sus hijas] en vez de 'tener relaciones incestuosas'; *como inteligente era aunque no letrado* en vez de 'era analfabeto' (Martín-Santos: II, 121)

Exclamación: figura retórica que se emplea para expresar con énfasis emociones o sentimientos; *¡No pudo ser!* [...] *¡No pudo ser!* [...] *¡No pudo ser!* (Bécquer, I, 176)

Exposición: parte introductoria de una pieza teatral que da informaciones sobre los personajes, los antecedentes de la acción o las circunstancias que han llevado a la situación actual (Pérez Galdós: I, 185)

F

Fábula: relato breve de carácter didáctico, en verso o en prosa, cuyos protagonistas suelen ser animales y mediante el cual el autor quiere ilustrar una moraleja o enseñanza moral; los fabulistas españoles más conocidos son Félix María de Samaniego y Tomás de Iriarte (Iriarte: I, 142)

Farsa: pieza teatral relativamente breve, aunque su extensión puede variar; está caracterizada por elementos cómicos y satíricos mediante los cuales el autor critica vicios humanos, aspectos grotescos o ridículos de los personajes o el comportamiento y las costumbres de ciertos representantes de la sociedad en general (Benavente: II, 18)

Florilegio: v. antología

Fluir de la conciencia: proceso mental de la conciencia que se desarrolla como una 'corriente' (Montero: II, 168)

Folclore: conjunto de costumbres y tradiciones de un pueblo (Alberti: II, 57; Manuel Machado: II, 81)

Frase hecha: locución; *Hay que pasarlo.* (Alonso de Santos: II, 164)

G

Generación: con respecto a la historia de la literatura: grupo de personas unidas por varios factores (fecha de nacimiento, formación, relaciones personales, experiencia común de un hecho histórico clave, lenguaje empleado, etc.); en España el concepto de generaciones es importante en la periodización de la historia de la literatura (Generación del 98: Azorín: II, 40; Generación del 27: Guillén: II, 64, etc.)

Géneros literarios: distintas clases de escritos; los tres géneros literarios principales son: la épica, la lírica y la dramática

Gracioso: tipo jocoso o personaje cómico en una pieza teatral, preferentemente en el teatro del Siglo de Oro, que sirve, por ejemplo, de confidente al galán, para la distensión en el desarrollo de la intriga, para comentar realidades sociales o para representar la función del coro del teatro clásico; muchas veces está caracterizado por su deseo de bienestar (vino, buena comida) o su miedo en situaciones peligrosas; en *Fuente Ovejuna* Mengo representa al gracioso (Lope de Vega: I, 75)

Gradación: sucesión de elementos que siguen un orden **ascendente** (hacia el clímax); *sobre el corazón un ancla / y sobre el ancla una estrella / y sobre la estrella el viento / y sobre el viento la vela* (Alberti: II, 57); o **descendente** (en dirección del anticlímax) *en tierra, en humo, en polvo, en sombra, en nada* (Góngora: I, 48)

Grotesco: se deriva del italiano 'grottesco', que se refiere a pinturas encontradas en grutas; en la literatura, 'grotesco' tiene connotaciones como raro, cómico, exagerado, deformado; los personajes de la literatura grotesca son frecuentemente pícaros, bufones, rameras, mendigos, es decir, personajes al margen de la sociedad; una obra grotesca es caracterizada por la exageración caricaturesca de la realidad que se transforma en algo irreal, pero a diferencia de la sátira se ponen de relieve aquí elementos y detalles materiales; la función principal consiste en el desengaño, es decir, en desenmascarar un mundo aparente que se presenta tan distorsionado que finalmente se desmorona, porque su estructura es demasiado frágil (Lazarillo de Tormes: I, 39; Quevedo: I, 80)

H

Hemistiquios: partes de un verso, separadas por una cesura; *Romana y mora, ‖ Córdoba callada.* (Manuel Machado: II, 80)

Heptadecasílabo: verso de diecisiete sílabas; *Basta de 'razas ubérrimas, sangre de Hispania fecunda',* (Valverde: II, 140)

Heptasílabo: verso de siete sílabas; *En una noche oscura* (San Juan de la Cruz: I, 44)

Héroe: personaje principal, protagonista de un relato épico o de una pieza teatral que destaca por sus hazañas (Ruiz de León: I, 125; Alonso de Santos: II, 162)

Hexadecasílabo: verso de dieciséis sílabas; *Como góndola que viene de las islas del ensueño / adelanta el cisne blanco de inviolada vestidura* (Rueda: II, 23)

Hexasílabo: verso de seis sílabas; *muérome de amores* (Meléndez Valdés: I, 136)

Hiato: cuando dos vocales no forman un diptongo, se habla de un hiato, es decir, según el cómputo métrico no se produce una sinalefa

Himno: composición musical o poética mediante la cual se cantan por ejemplo las glorias de un héroe, de una nación o de una época (Alemán: I, 59; Guillén: II, 63)

Hipérbaton: alteración del orden de las palabras; inversión por razones métricas o para subrayar la importancia de una palabra; *Tiendas de paz, brizados pabellones, ‖ eran sus brazos* (Otero: II, 107); *Alegres, pues, transcurrían los días del caballero* (Martín-Santos: II, 121)

Hipérbole: exageración desmesurada, empleada para dar énfasis a lo descrito, para engrandecer lo extraordinario de una situación o para idealizar impresiones o sentimientos; *hay árboles de mil maneras* (Colón: I, 7); *increíbles trabajos* (Las Casas: I, 30); *Del sol llevaba la lumbre, / y la alegría del alba,; celestiales ojos; perfección sobrehumana* (Meléndez Valdés: I, 137)

Homógrafas: congruencia con respecto a la pronunciación y la grafía de dos palabras que significan algo distinto; *esposas* (1. mujeres casadas; 2. aros metálicos unidos por una cadena para sujetar las muñecas de los presos) (de la Cruz: I, 128)

I

Imagen: representación de una idea abstracta, de un concepto o de una sensación que el autor transmite mediante connotaciones o metáforas; *manadas de papagayos que oscurecen el sol* (Colón: I, 6); *Estos hombres de genio nacional, cuyo espíritu es todo carne y sangre, cuyo pecho anda, como el de la serpiente, siempre pegado a la tierra, si se introducen en el paraíso de una comunidad eclesiástica, o en el cielo de una religión, hacen en ellas lo que la antigua serpiente en el otro paraíso, lo que Luzbel en el cielo: introducir sediciones, desobediencias, cismas, batallas.* (Feijoo: I, 111)

In medias res: forma o técnica de empezar una narración en un momento significativo; en este tipo de relatos se reconstruye posteriormente el desarrollo de la historia o de la acción de forma retrospectiva; *Me jode ir al Kronen los sábados por la tarde porque está siempre hasta el culo de gente.* (Mañas: II, 176, 179)

Incunables: los primeros libros impresos después de la invención de la imprenta se llaman incunables, por ejemplo la primera edición de *La Celestina* (Rojas: I, 10)

Informe: exposición sistemática de datos sobre un hecho (Jovellanos: I, 150)

Interrogación retórica: recurso estilístico que se emplea para subrayar algo de lo que se está seguro antes de hacer la pregunta; *¿Está todo moribundo? No, el porvenir de la sociedad española espera dentro de nuestra sociedad histórica, en la intrahistoria, en el pueblo desconocido,* [...] (Unamuno: I, 188)

Intriga: nudo de una narración o conjunto de conflictos en una obra teatral que los protagonistas tienen que solucionar para alcanzar sus objetivos

Inversión: medio estilístico parecido al hipérbaton que se usa al alterar la sintaxis lógica de una frase o de un verso para llamar la atención del lector o a fin de poner de relieve el mensaje; *Esos españoles eminentes* [...], *movidos estaban de una insaciable curiosidad intelectual* (Martínez Ruiz: II, 35); *Dramático destino, / triste suerte / morir aquí* (González: II, 134)

Ironía: recurso retórico empleado para decir lo contrario de lo que se quiere expresar (de la Cruz: I, 131)

J

Jerga: lenguaje que caracteriza a un grupo social o a representantes de un grupo profesional; también se llama 'argot'; *Jaimito: Pues que haga un cursillo, no te jode. Yo lo que digo es que no cabemos. Y no digo más. Chusa: Sólo es por unos días, hasta que se baje al moro conmigo. Jaimito: ¿Qué se va a bajar al moro contigo? Tú desde luego tienes mal la caja.* (Alonso de Santos: II, 160)

Jocoso: gracioso, chistoso; se refiere a literatura destinada a divertir a los lectores o al público (Larra: I, 168)

Jornada: en el Siglo de Oro los actos de una pieza teatral (drama, comedia) se llamaban 'jornadas' (Tirso de Molina: I, 86)

Juego de palabras: forma de emplear palabras que tienen dos o más significados; así una frase puede tener varios sentidos lo que produce un efecto cómico o humorístico; *Potajera: Y tú, Manolo, bien venido seas, / si vuelves a cumplirme la palabra. / Manolo: ¿De qué? Potajera: De esposo. Manolo: Pues en vano esperas, / que tengo aborrecidas las esposas / dempués que conocí lo que sujetan.* (de la Cruz: I, 128)

L

Laudatoria: panegírico; discurso en alabanza de una persona, por ejemplo con motivo de la conmemoración de un aniversario (Jovellanos: I, 148)

Lenguaje: forma de expresarse o de comunicarse; hay distintos niveles de lenguaje: coloquial, familiar, administrativo, comercial, científico, culto, etc. (Cervantes: I, 65; de la Cruz: I, 131; Mañas: II, 179)

Léxico: conjunto de palabras que forman la lengua de un pueblo o de un individuo

Leyenda: narración en verso o en prosa de hechos fabulosos, basada en sucesos históricos o mitológicos, transmitida de una generación a la siguiente, frecuentemente de forma oral (Bécquer: I, 179)

Libre albedrío: posibilidad del hombre de decidirse y de actuar según su voluntad (Tirso de Molina: I, 90; Calderón de la Barca: I, 95)

Libro de caballerías: novela o conjunto de relatos novelescos cuyos temas centrales son las aventuras de los caballeros andantes (héroes galantes, por ejemplo hidalgos, acompañados por un escudero) en un ambiente fantástico o misterioso; el estímulo de estos caballeros es la fama personal y el servicio a su dama idolatrada; uno de los libros de caballerías más conocidos en España es *Amadís de Gaula*, de autor anónimo, (edición príncipe: Roma 1519); Cervantes anuncia su *Quijote* en el 'Prólogo' como "invectiva contra los libros de caballerías", es decir, uno de los objetivos de esta obra es la parodia de los libros de caballerías (Cervantes: I, 65)

Libro de viaje: subgénero literario en prosa cultivado en España a partir del Siglo de Oro; tema central es un viaje (frecuentemente ficticio); muy popular también en el siglo XVIII cuando dominan finalidades didáctico-moralizadoras; a la literatura de viaje pertenecen por ejemplo *El diario de a bordo* de Colón o las *Cartas de relación* de Cortés; el libro de viaje más conocido del siglo XVIII es: *Cartas marruecas*, una sátira epistolar seudooriental (Cadalso: I, 154)

Licencia poética (o métrica): libertad del poeta de emplear recursos que permiten corresponder a las necesidades métricas (cómputo silábico) de un poema mediante la sinalefa, la diéresis o el apócope, etc.

Lira: quintilla (estrofa de cinco versos), en la cual se mezclan heptasílabos (1.°, 3.°, 4.°) con endecasílabos (2.° y 5.°), es decir, el esquema es *aBabB*; todas las rimas son consonantes; riman el primer verso con el tercero, y el segundo con el cuarto y el quinto; *En una noche oscura, / con ansias, en amores inflamada, / ¡oh dichosa ventura!, / salí sin ser notada, / estando ya mi casa sosegada;* (San Juan de la Cruz: I, 44)

Lírica: género literario poético cuyo contenido son emociones y sentimientos íntimos

Litote: recurso estilístico que se emplea para expresar la negación de lo contrario de lo que se quiere decir; *no letrado* en vez de 'analfabeto' (Martín-Santos: II, 122)

Llana: una palabra que se acentúa en la penúltima sílaba es llana; ***Noche mía, no cruces en vano este planeta***. (Colinas: II, 144)

Loa: pieza dramática breve, representada a partir del teatro del Siglo de Oro antes del comienzo de la obra principal; servía para establecer el contacto con el público o de introducción al tema de la comedia (de la Cruz: I, 132)

Locución: frase hecha, de nivel culto o de nivel coloquial; *Hija, qué bien te caen a ti; te vienen que ni pintados.* (Sánchez Ferlosio: II, 115)

Locus amoenus: tópico procedente de la literatura clásica que consiste en la descripción de un 'lugar ameno', es decir, un idilio paisajístico como escenario adecuado para la acción cuyos elementos principales son: árboles frondosos, un prado con flores, un arroyo, pájaros, etc. (Antonio Machado: II, 31; Jiménez: II, 44; Martín-Santos: II, 121)

Lugar (unidad de): sitio donde se desarrolla la acción de un relato, de una obra teatral, etc. (Luzán: I, 118; Fernández de Moratín: I, 161)

M

Manuscrito: texto escrito a mano u original de una obra impresa

Máxima: pensamiento o sentencia de carácter didáctico que contiene una enseñanza moral o una regla de conducta; *Sin reglas del arte, / borriquitos hay / que una vez aciertan / por casualidad.* (Iriarte: I, 143)

Medias in res: v. **in medias res**

Melodrama: pieza teatral popular en España a partir del siglo XVIII en la que se ponen de relieve de forma exagerada temas patéticos, aspectos sentimentales e intenciones morales con un triunfo de la virtud o de lo bueno (Jovellanos: I, 150)

Metáfora: recurso estilístico que consiste en usar una palabra con el significado de otra, porque hay una relación entre ellas a causa de características parecidas; *el cielo se deshace en rayos de oro* (Bécquer: I, 178)

Metateatro: término que se refiere a piezas teatrales cuyo tema principal es la tesis de que el mundo es un teatro en el que se representa la vida de los hombres; la obra más famosa de este tipo de teatro es el auto sacramental *El gran teatro del mundo*, una representación alegórica de la vida humana (Calderón de la Barca: I, 92)

Metonimia: medio estilístico que consiste en designar una cosa con el nombre de otra con la que hay una relación; *Y tanto se da el presente / Que el pie caminante* [en vez del hombre] *siente / La integridad del planeta.* (Guillén: II, 62)

Métrica: disciplina que trata de la composición de los versos (medida, cómputo silábico, rimas, etc.)

Misterio medieval: obras dramáticas de la Edad Media cuyos temas centrales son la vida de Cristo, episodios bíblicos o biografías de santos; antecedente del auto sacramental del Siglo de Oro (Tirso de Molina: I, 89; Calderón de la Barca: I, 94)

Mística: literatura cuyo tema principal es la experiencia personal de lo divino después de un largo 'camino de perfección', es decir, el acercamiento a Dios; los representantes más conocidos de la mística española son Santa Teresa (1515 - 1582), San Juan de la Cruz (1542 - 1591) y fray Luis de León (1527 - 1591) (San Juan de la Cruz: I, 45)

Modismo: frase hecha con una estructura fija; *bajarse al moro* (A. de Santos: II, 164)

Monodrama: obra dramática representada por un solo actor; la versión teatral de la novela *Cinco horas con Mario* con su largo monólogo interior de Carmen es un monodrama (Delibes: II, 132)

Monólogo interior: reproducción de los pensamientos de una persona; sirve para introducir al lector en la subconsciencia del protagonista o de otro personaje de una novela, en el 'fluir de la conciencia'; por eso los monólogos interiores parecen a veces un poco caóticos; hay ejemplos de esta técnica novelística en *Tiempo de silencio* (Martín-Santos: II, 123)

Moraleja: enseñanza contenida en una narración, un cuento, una fábula, etc.; *En la obra de utilidad, / la falta de variedad / no es lo que más perjudica; / pero en la obra destinada / sólo al gusto y diversión, / si no es varia la invención, / todo lo demás es nada.* (Iriarte: I, 141; v. también Larra: I, 167)

Muletilla: expresión que se utiliza tan frecuentemente e innecesariamente en la conversación, que pierde su sentido; *no te preocupes* (Alonso de Santos: II, 164)

N

Narración: tanto el discurso oral o escrito de una historia verdadera o ficticia como el propio relato o la historia misma son una narración; la forma más frecuente de la narración en prosa es la novela; el subgénero más conocido en la España del Siglo de Oro es la narración picaresca (Lazarillo: I, 37 - 38)

Narrador omnisciente: narrador que parece conocerlo todo de los personajes de una novela, incluso sus pensamientos; su papel es el de un mediador entre los personajes y el lector; comenta y juzga acciones o rasgos de los personajes de la narración e informa sobre detalles que el lector no puede saber (Pérez Galdós: I, 182)

Narrador en primera persona: narrador que cuenta una historia desde su perspectiva personal, desde la perspectiva del 'yo'; en las narraciones picarescas predomina esta perspectiva, es decir, los narradores son también los protagonistas de sus relatos autobiográficos ficticios; *La vida del Buscón*, p. ej., comienza así: *Yo, señor, soy de Segovia; mi padre se llamó Clemente Pablo, natural del mismo pueblo - Dios le tenga en el cielo -.* (Quevedo: I, 83)

Narrador en tercera persona (narrador testigo): cuenta de forma objetiva los sucesos dando las coordinadas de lugar, tiempo y acción (Sánchez Ferlosio: II, 114)

Narrativa: género literario (épico) basado en la narración; subgéneros son, por ejemplo, la crónica, el cuento, la autobiografía o la novela, etc.

Neologismo: palabra nueva, introducida en una lengua (como creación nueva, derivación de otras palabras ya existentes o préstamo de términos de otras lenguas); *archipobre y protomiseria* (Quevedo: I, 82)

Neosainete: pieza teatral contemporánea con características del sainete del siglo XVIII: brevedad, reflejo de las costumbres, espejo del lenguaje cotidiano, comicidad y fondo serio (Alonso de Santos: II, 164)

Novela: narración o historia ficticia en prosa; de este género narrativo hay formas y tipos muy variados: **novela alegórica** (*El Criticón*: Gracián: I, 101); **novela de caballerías** (*Amadís de Gaula*; una parodia de la novela caballeresca es *El Quijote*: Cervantes: I, 65); **novela dialogada** (*La Celestina*: Rojas: I, 12; *El Quijote*: Cervantes: I, 65); **novela ejemplar** (*Rinconete y Cortadillo*: Cervantes: I, 71); **novela estructural** o **experimental** (*Tiempo de silencio*: Martín-Santos: II, 123); **novela histórica** (*Campo cerrado*: Aub: II, 84); **novela intercalada** (en *Guzmán de Alfarache*: Alemán: I, 57); **novela pastoril** (*La Galatea*: Cervantes: I, 72); **novela picaresca** (*Lazarillo de Tormes*: I, 34; *Guzmán de Alfarache*: Alemán: I, 54; *La vida del Buscón*: Quevedo: I, 80); **novela social** (*El Jarama*: Sánchez Ferlosio: II, 115); **novela de tesis** (*Doña Perfecta*: Pérez Galdós: I, 185), etc.

Nudo: situación complicada en el desarrollo de la acción de un drama o de una novela; un acontecimiento clave rompe el nudo, y después de la solución del conflicto la acción avanza hacia el desenlace (García Lorca: II, 75)

O

Octava real: estrofa de ocho versos de arte mayor según el esquema ABABABCC; *Las armas canto, y el Varón glorioso, / Que labrando a sus manos su oportuna / Suerte, constante, diestro, generoso, / Sobre los Astros erigió su cuna: / Héroe Christiano del valor Colosso, / Que triumphó del destino, y la Fortuna, / De sus Proezas blasón, de España gloria / Campeón insigne, de inmortal memoria.* (Ruiz de León: I, 122)

Octosílabo: verso de ocho sílabas; *Del sol llevaba la lumbre* (Meléndez Valdés: I, 136); *Si mi voz muriera en tierra* (Alberti: II, 57)

Oda: composición lírica de mediana extensión, dividida en estrofas, que trata de asuntos variados (San Juan de la Cruz: I, 44)

Onomatopeya: figura retórica que consiste en el hecho de que los elementos fónicos de una palabra reproducen acústicamente la realidad significada por ella; *chillería de chiquillos*; *¡a oropéndola charla, de chaparro en chaparro* (Jiménez: II, 44)

Oximoron: combinación de dos términos opuestos que no se excluyen sino que se complementan; *vivo cadáver* (Calderón de la Barca)

Oxítona: palabra acentuada en la última sílaba; en un verso oxítono la sílaba final es acentuada; *En sueños, la marejada / me tira del corazón. / Se lo quisiera llevar.* (Alberti: II, 54)

P

Panegírico: es un discurso en alabanza de una persona (Jovellanos: I, 148)

Paradoja: unión de dos términos a primera vista opuestos o contradictorios; *¡Oh dulces prendas por mí mal halladas,* (Garcilaso de la Vega; I, 24); *Si abrí los labios para ver el rostro / puro y terrible de mi patria,* (Otero: II, 108)

Paralelismo: simetría de palabras, construcciones sintácticas o conceptos en un texto; *Tú eras el huracán, y yo la alta / torre que desafía su poder: / ¡Tenías que estrellarte o abatirme!... / ¡No pudo ser! - Tú eras el océano y yo la enhiesta / roca que firme aguarda su vaivén: ¡Tenías que romperte o que arrancarme!... / ¡No pudo ser!* (Bécquer: I, 179)

Paréntesis: interrupción del escrito por el autor para explicar o añadir algo que le parece importante; breve digresión; *señalaba* [...] *el vallizuelo escondido entre dos montañas altivas, una de escombrera y cascote, de la vieja y expoliada basura ciudadana la otra (de la que la busca de los indígenas colindantes había extraído toda sustancia aprovechable valiosa o nutritiva) en el que florecían, pegados los unos a los otros, los soberbios alcázares de la miseria.* (Martín-Santos: II, 118)

Parodia: imitación burlesca e irónica de personajes, de su comportamiento social o de obras serias que produce efectos cómicos (Cervantes: I, 65; de la Cruz: I, 131)

Paroxítona: una palabra que se acentúa en la penúltima sílaba es paroxítona o llana; *Noche mía, no **cruces en vano este planeta**.* (Colinas: II, 144)

Pastoril: las obras pastoriles exaltan la vida bucólica y el amor de los pastores; el prototipo en España es la *Diana* (1560) de Montemayor (Meléndez Valdés: I, 136)

Peripecia: cambio de una situación en una novela o en una pieza teatral (de la felicidad a la desgracia o viceversa); introducción de un nuevo rumbo de un personaje

Personificación: atribución de rasgos humanos a seres inanimados o abstractos o a animales; en los autos sacramentales hay muchas personificaciones alegóricas: *la hermosura, la discreción, la culpa,* etc. (Calderón de la Barca: I, 95)

Perspectiva (punto de vista): posición desde la que el autor relata una historia; hay narraciones en tercera persona (p. ej. narrador omnisciente) o en primera persona (autobiográfica), hay atribuciones de la historia a un escritor oculto y monólogos interiores (corriente de conciencia), etc.

Pleonasmo: utilización de palabras que no son necesarias para expresar el mensaje porque son redundantes, pero que tienen un valor expresivo, *no ven los ciegos y turbados de ambición y diabólica codicia* (Las Casas: I, 28)

Poema: obra escrita - normalmente - en verso; sin embargo, hay también poemas en prosa, por ejemplo *Platero y yo* (Jiménez: II, 45)

Poesía: en general: arte de expresar la belleza o sentimientos estéticos mediante palabras; género literario al que pertenece cualquier obra escrita según las reglas de este arte (los géneros principales son: poesía épica, lírica y dramática); obra poética en verso, cuyos temas son, en particular, emotivos y líricos; hay subgéneros poéticos distintos, por ejemplo: poesía **anacreóntica** (Meléndez Valdés: I, 136); poesía **bucólica** (Garcilaso de la Vega: I, 24); poesía **mística** (S. Juan de la Cruz: I, 45); poesía **pura** (Guillén: II, 63; Salinas: II, 68); poesía **rococó**; poesía **romántica** (Meléndez Valdés: I, 137); poesía **comprometida** (Alberti: II, 58); poesía **social** (Otero: II, 109), etc.

Poética: obra que trata de los principios, el lenguaje, los géneros y las reglas de la poesía y de sus principales especies: poesía épica, lírica y dramática (Luzán: I, 118/19)

Polisemia: cuando una palabra tiene varios significados o cuando una frase tiene un doble sentido se habla de una polisemia; *Potajera: Y tú, Manolo, bien venido seas; / si vuelves a cumplirme la palabra. / Manolo: ¿De qué? Potajera: De esposo. Manolo: Pues en vano esperas, / que tengo aborrecidas las esposas / dempués que conocí lo que sujetan.* (de la Cruz: I, 131)

Polisíndeton: unión de palabras mediante conjunciones repetidas para subrayar la expresividad; *sobre el corazón un ancla / y sobre el ancla una estrella / y sobre la estrella el viento / y sobre el viento la vela!* es un ejemplo de polisíndeton con la conjunción 'y' (Alberti: II, 57); v. también: *Ojalá los nuevos españoles sean [...] capaces de sorpresa y de ilusión y de entusiasmo* (Gala: II, 153)

Pregunta retórica: v. **Interrogación retórica**

Proemio: prólogo o texto introductorio que facilita la comprensión de una obra literaria (Luzán: I, 116)

Proparoxítona: una palabra que se acentúa en la antepenúltima sílaba es proparoxítona o esdrújula; *Málaga* (Manuel Machado: II, 80)

Prosa: composición literaria opuesta al verso, es decir, sin rima ni medida

Protagonista: personaje principal de una historia o de una obra dramática (Solís: I, 106; Ruiz de León: I, 124; Montero: II, 167)

Q

Quiasmo: distribución cruzada de los miembros constituyentes de dos unidades sintácticas que se organizan en secuencias paralelas, de forma que en la segunda se invierta el orden de la primera; *Hermosa tú, yo altivo* (Bécquer: I, 179); *Almería dorada... / Plateado Jaén...* (Manuel Machado: II, 80); ***Ángeles atroces** / en vuelo horizontal cruzan el cielo; / **horribles peces** de metal recorren / las espaldas del mar* (Otero: II, 105)

Quinteto: estrofa de cinco versos de arte mayor y rima consonante según el esquema ABAAB, ABBAB o ABABA

Quintilla: estrofa de cinco versos de arte menor y de rima consonante según el esquema abaab, abbab, ababa o ababb; cuando se combinan versos de arte menor y de arte mayor, p. ej., heptasílabos y endecasílabos, se habla de una lira (S. J. de la Cruz: I, 44)

R

Redundancia: repetición de una idea mediante palabras parecidas o sinónimas que sirven para dar énfasis a su expresión; pleonasmo; *no ven los ciegos y turbados de ambición y diabólica codicia* (Las Casas: I, 28)

Registro: variedad o nivel del lenguaje dependiente de la situación comunicativa (Sánchez Ferlosio: II, 115)

Relación: narración de un acontecimiento o de una situación (Las Casas: I, 28)

Relato: narración oral o escrita de sucesos ocurridos o ficticios (Cela: II, 93)

Repetición: reiteración de palabras para subrayar su relevancia; *¡Oh noche que guiaste!; / ¡oh noche amable más que la alborada!; / ¡oh noche que juntaste / Amado con amada* (San Juan de la Cruz: I, 44)

Resumen: exposición breve de los puntos principales de un texto

Retórica: técnica de hablar o escribir correcta y elegantemente con el fin de convencer, persuadir, conmover, entretener, etc.

Retrato: descripción detallada del aspecto físico o del carácter de una persona (Góngora: I, 50; Pérez Galdós: I, 184)

Retrospección: técnica narrativa que consiste en dirigir la mirada hacia el pasado para narrar acontecimientos ocurridos en un tiempo anterior que han tenido repercusión en la situación actual (*Lazarillo de Tormes*: I, 36; Alemán: I, 56; Cela: II, 93)

Rima: Igualdad o semejanza acústica entre al menos dos versos a partir de la última sílaba acentuada; cuando a partir del acento tanto las vocales como las consonantes son idénticas se habla de una rima **consonante**: *Cádiz, salada claridad... Granada, / agua oculta que llora. / Romana y mora, Córdoba callada. / Málaga cantaora.* (M. Machado: II, 80); en el caso de que sean idénticas sólo las vocales se denomina rima **asonante**: *Aquí tenéis, en canto y alma, al hombre / aquel que amó, vivió, murió por dentro / y un buen día bajó a la calle: entonces / comprendió: y rompió todos sus versos.* (Otero: II, 105); v. rima **aguda (oxítona)**; rima **llana (paroxítona)**; rima **esdrújula (proparoxítona)**; según el esquema de las rimas se distinguen los tipos siguientes: rima **continua**: aaaa; rima **pareada** (aabb): *Con tu pico alza la Forma por encima de tu cuello, / tú, Ministro de lo blanco, tú, Ministro de lo bello,* (Rueda: II, 22); rima **abrazada** (abba): *En tanto que de rosa y azucena / se muestra la color en vuestro gesto, / y que vuestro mirar ardiente, honesto, / enciende al corazón y lo refrena* (Garcilaso: I, 49) y rima **cruzada** (abab): v. el ejemplo citado de Otero (II, 105)

Ritmo: combinación de duración e intensidad de los sonidos; en la prosa influyen el esquema de entonación de la frase y la distribución de los acentos; en la poesía el ritmo depende, además, del número de sílabas de los versos, de la cesura y de la rima; ritmos frecuentes son: el **trocaico** (acento en las sílabas impares), el **yámbico** (acento en las sílabas pares) y el **dactílico** (acento en las sílabas 1.ª, 4.ª, 7.ª etc.) (Rueda: II, 23)

Romance: poema narrativo formado por un número indefinido de octosílabos que tienen rima asonante en los versos pares; es la forma poética más genuina de la literatura española; cultivado en todas las épocas; una colección de romances es un romancero

S

Sainete: pieza teatral de breve extensión que refleja las costumbres populares de la época; de carácter generalmente cómico-burlesco o satírico, se solía intercalar entre los actos de una comedia; es decir; el sainete es el tipo dieciochesco del entremés barroco o de los pasos de Lope de Rueda en la primera mitad del siglo XVI (de la Cruz: I, 130)

Sarcasmo: burla irónica y cruel que tiene como fin herir a personas o criticar instituciones (Martín-Santos: II, 123; González: II, 137)

Sátira: literatura en prosa o en verso que censura vicios, defectos o ridiculeces; la sátira está caracterizada por la actitud del autor que se manifiesta por la distancia que éste mantiene frente al tema a causa de su superioridad intelectual; su intención es didactizar y moralizar, es decir, su lema es deleitar aprovechando; con respecto al modo de describir las cosas se puede decir que el autor exagera intencionadamente acentuando la actualidad y la autenticidad de lo escrito; manipula y caricaturiza la realidad y sustituye una acción lógica por elementos singulares y acumulados; la sátira quiere entretener reflejando las deformaciones de la sociedad; otra intención es sensibilizar al lector para la crítica y la protesta; los personajes de la sátira aparecen frecuentemente como representantes de los vicios de una capa social o de una profesión: clérigos hipócritas, la nobleza empobrecida, médicos, mendigos, ciegos, celestinas, etc. (*Lazarillo de Tormes*: I, 39; Alemán: I, 59; Cervantes: I, 65; **sátira epistolar seudooriental** (Cadalso: I, 154)

Seudónimo: nombre inventado que un autor usa en lugar de su nombre propio; Gabriel Téllez (Tirso de Molina: I, 90); Fígaro (Larra: I, 167); Azorín (Martínez Ruiz: II, 40)

Silva: poema formado por endecasílabos y heptasílabos que riman en consonante; (Manuel Machado: II, 80)

Símbolo: signo que evoca otra realidad sugerida o representada por él; la cruz es el símbolo del cristianismo, la rosa es el símbolo del amor, etc. (Garcilaso de la Vega: I, 23; San Juan de la Cruz: I, 45)

Símil: figura retórica que consiste en la comparación de seres o cosas; *Amador se había alzado - como muchos siglos antes Moisés sobre un monte más alto - y señalaba con ademán solemne* (Martín-Santos: II, 121); *una carretera lisa y larga como un día sin pan* (Cela: II, 90)

Sinalefa: fusión de la última vocal de una palabra con la primera de la palabra siguiente para que se cuenten como una sílaba métrica; el verso *en tierra, en humo, en polvo, en sombra, en nada* (Góngora: I, 51) contiene cuatro sinalefas que afectan considerablemente al cómputo silábico, porque en vez de quince sílabas escritas se encuentran en él once sílabas métricas, el verso es un endecasílabo

Sinéresis: contracción de dos vocales en una palabra de modo que se convierten en diptongo aunque pertenecen a dos sílabas diferentes

Sinestesia: unión de sensaciones que proceden de campos sensoriales distintos; *Cádiz, salada claridad...* (Manuel Machado: II, 80)

Sinónimo: dos palabras que significan lo mismo son sinónimos

Soneto: poema de catorce versos que consta de dos cuartetos y dos tercetos cuya estructura puede ser, por ejemplo, ABBA ABBA CDC DCD (Garcilaso de la Vega: I, 22 y I, 49; Góngora: I, 48; Rueda: II, 22)

T

Teatro: género literario al que pertenecen obras que se representan ante un público; subgéneros son la comedia, la tragedia, el sainete, el auto sacramental, la farsa, etc.

Tema: asunto del que trata un texto; **tema principal, tema secundario** (Aub: II, 86)

Tensión: actitud del lector o del público en espera de ciertos acontecimientos o de un conflicto (García Lorca: II, 75; Montero: II, 168)

Tercera persona narrativa: perspectiva narrativa en la que el narrador emplea la tercera persona del singular; *Claro que su posición había empeorado sensiblemente, pensó César. Ahora se encontraba en medio de la sala, había perdido el refugio de su acogedor rincón y se sentía expuesto a un riesgo indefinido.* (Montero: II, 168)

Terceto: estrofa de tres versos; la segunda parte de un soneto suele componerse de dos tercetos (Garcilaso de la Vega: I, 22 y I, 49; Góngora: I, 48; Rueda: II, 22)

Tetradecasílabo: v. alejandrino

Tetrasílabo: verso de cuatro sílabas; el verso *te diré* tiene tres sílabas gramaticales, pero cuatro sílabas métricas (Salinas: II, 67)

Tiempo: duración u orden cronológico de acciones o sucesos; **unidad de tiempo** (Luzán: I, 118); **tiempo narrado**; **tiempo de narración** (Sánchez Ferlosio: II, 114)

Tonadilla: canción popular o intermedio musical en una pieza teatral, por ejemplo en un sainete (de la Cruz: I, 130)

Tópico: lugar común; tema o motivo convencional que se repite frecuentemente (San Juan de la Cruz: I, 45)

Tragedia: pieza teatral en verso o en prosa que contiene un conflicto fatal y un final desdichado o incluso funesto (García Lorca: II, 76)

Tragicomedia: obra teatral que combina rasgos de la comedia con los de la tragedia; la tragicomedia se caracteriza por la presencia de personajes de diferentes capas sociales (nobles, pueblo, hampa) y distintos niveles de lenguaje (culto, coloquial); la primera tragicomedia española es *La Celestina* (Rojas: I, 14)

Trisílabo: verso de tres sílabas; *del mundo* (Salinas: II, 67)

Troqueo: en un troqueo el acento en un verso cae en las sílabas impares

U

Unidades: reglas aplicadas a la **acción** teatral (sólo una historia central), al **lugar** donde se desarrolla la acción (un sitio fijo durante toda la representación) y al **tiempo** (la duración de la pieza corresponde - en el caso ideal - a la duración de los acontecimientos representados) (Luzán: I, 118; Fernández de Moratín: I, 161)

V

Verosimilitud: criterio de la ficción consistente en la veracidad de la acción (Fernández de Moratín: I, 161)

Verso: grupo de palabras relacionadas por ritmo y medida según ciertas reglas; los versos se caracterizan por la estructura (con o sin cesura), la rima (consonante, asonante, suelto = sin rima), el número de sílabas (entre dos y veintidós), la posición del acento (agudo, llano, esdrújulo) y el ritmo (yámbico, trocaico, dactílico, etc.)

Villancico: poema tradicional, compuesto por octosílabos y hexasílabos; consiste en un estribillo (versos que se repiten de formas regular) y un pie (estrofa de seis versos); *Linda zagaleja / de cuerpo gentil, / muérome de amores / desde que te vi. /Tu talle, tu aseo, / tu gala y donaire / no tienen, serrana, / igual en el valle. / Del cielo son ellos / y tú un serafín; / muérome de amores / desde que te vi.* (Meléndez Valdés: I, 136)

Vulgarismo: empleo incorrecto de una palabra culta; *sacando el estupendo* [en lugar de 'estipendio'] *para la limosna*; o *dicen que aprovechan a las tales ánimas por vía de naufragio* [en vez de 'sufragio' espiritual] (Cervantes: I, 70)

Y

Yambo: en los versos de ritmo yámbico una sílaba átona es seguida de otra tónica

Yuxtaposición: unión asindética de palabras; *amó, vivió, murió por dentro* (Otero: II, 105)

Z

Zarzuela: representación teatral con partes habladas, canto, música y baile; desde el siglo XVII

Zeugma: figura literaria parecida a la elipsis; consiste en la supresión de una palabra en dos o más frases que sólo aparece una vez y que se sobreentiende en las demás; *Pido la paz y la palabra* (Otero: II, 105)

Bibliografía

> Bobes Naves, Mᵃ·: *Comentarios de textos literarios*, Madrid 1978.
> Carramiñana Ruiz, M.: *Comentarios de textos*, Madrid ²1978.
> Paraíso I.: *Técnicas de análisis literario*, Valladolid 1978.
> AA.VV.: *El comentario de textos, 1 - 3*, Madrid 1979, 1982, 1985.
> AA.VV.: *Introducción a la literatura española a través de los textos*, 4 tomos, Madrid 1979, 1983, 1983, 1985.
> Diez Miguel (u. a.): *Metodología para el comentario de la estructura y contenido de un texto*, Madrid ³1980.
> Varela, B.: *Nuevas técnicas de análisis de texto*, Madrid 1980.
> Reis, C.: *Fundamentos y técnicas del análisis literario*, Madrid 1981.
> García Posada, M.: *El comentario de textos literarios*, Madrid 1982.
> Mayoral, M.: *Análisis de textos*, Madrid ²1982.
> Clavel, E. (u. a.): *Iniciación al análisis de textos*, Barcelona 1984.
> Escartín Gual, M.; Martínez Celdrán, E.: *Comentario estilístico y estructural de textos literarios*, Barcelona 1984.
> Artal, C.: *Comentario de textos literarios*, Barcelona ¹²1985.
> Domínguez, J.: *Introducción al comentario de textos*, Madrid ³1985.
> Hernández García, L.; Sanz Galdámez, A.: *Guía básica para el comentario literario de texto*, Zaragoza 1985.
> García Velasco, A.: *Método de comentario de textos. Teoría y práctica*, Málaga 1986.
> Serra Martínez, E.; Otón Sobrino, A.: *Introducción a la literatura española contemporánea a través de textos*, Madrid ²1986.
> Camarero, M.: *Comprensión y expresión: Selección de textos para el estudio del lenguaje y la literatura españolas*, Madrid 1987.
> Brantosevich, N.: *Métodos de análisis literario*, Buenos Aires 1988.
> Camarero, M.: *Comprensión y expresión*, selección de textos para el estudio de la Lengua y Literatura españolas, Madrid 1988.
> Paraíso, I.: *El comentario de textos poéticos*, Gijón-Valladolid 1988.
> Prieto de la Iglesia, Mᵃ· R.: *La práctica del comentario de texto*, Bilbao 1988.
> González Mendoza, F.; Maqueda, C.: *Comentario de textos histórico-literarios*, Madrid 1989.
> Villanueva, D.: *El comentario de textos narrativos: la novela*, Madrid / Gijón 1989.
> Tusón Valls, V.: *Selectividad Literatura*, Madrid 1990.
> Alonso, F. (u. a.): *El Comentario de Texto en la Prueba de Selectividad*, Madrid 1991.
> Pedraza Jiménez, F. B.; Rodríguez Cáceres, M. (coordinadores): *Textos literarios comentados. Nivel básico*, Pamplona 1991.
> Ariza Viguera, M. (ed.): *Problemas y métodos en el análisis de textos*, Sevilla 1992.

> Pedraza Jiménez, F. B.; Rodríguez Cáceres, M. (coordinadores): *Textos literarios comentados. Nivel medio*, Pamplona 1992.

> Soto Gutiérrez, C.: *Cuaderno de comentario de textos*, Madrid 1992.

> Lázaro Carreter, F.; Correa Calderón, E.: *Cómo se comenta un texto literario*, Madrid [3]1994.

> García Berrio, A.; Huerta Calvo, J.: *Los géneros literarios: sistema e historia* (1992), Madrid [2]1995.

> Carrillo Mateo, E. (u. a.): *Dinamizar textos*, Madrid 1995.

> Lalana Lac, F.: *Análisis y comentario de textos*, Stuttgart 1995.

> Moral, R. del: *Diccionario práctico del comentario de textos literarios*, Madrid 1995.

> Navarro Durán, R.: *La mirada al texto*, comentario de textos literarios, Barcelona 1995.

> Olmedo, J. A.: *El comentario literario. Lírica, narrativa y teatro de la Edad Media al siglo XX*, Madrid 1995.

> Reis, C.: *Comentario de textos*, fundamentos teóricos y análisis literario, Salamanca 1995.

> Benito Lobo, J. A. (u. a.): *El comentario de textos*, asimilación y sentido crítico, Madrid [4]1996.

> Estébanez Calderón, D.: *Diccionario de términos literarios*, Madrid 1996.

> Garrido Domínguez, A.: *El texto narrativo*, Madrid 1996.

> Lama, V. de (coordinador): *Selectividad 96*, comentario de textos; Lengua, Filosofía, Idioma, Madrid 1996.

> Láinez, M.: *Selectividad lengua y comentario de texto*, Madrid 1996.

> Hernández Guerrero, J. A.: *Teoría y práctica del comentario literario*, Cádiz 1996.

> Mateo Gambarte, E.: *El concepto de generación literaria*, M. 1996.

> Onieva, J. L.: *Comentario de textos literarios para la E. S. O.*, Madrid [2]1996.

> Sánchez Ferrer, J. L.: *Selectividad Literatura.* Madrid 1996.

> Bello Vázquez, F.: *El comentario de textos literarios. Análisis estilísticos*, Barcelona 1997.

> Crespillo, M. (ed.): *Comentario de textos literarios*, Málaga 1997.

> Cascón, E.: *Lengua española y comentario de textos*, Madrid 1997.

> González Castro, F.: *Pruebas de Selectividad. Lengua y comentario de texto (C. O. U.); Lengua y literatura (L. O. G. S. E.)*, Madrid 1997.

> Ocasar Ariza, J. L.: *Literatura española contemporánea*, M. 1997.

> Quiñonero, J.: *Lengua y comentario de textos*, Barcelona 1997.

> Sánchez Ferrer, J. L.: *Selectividad Literatura.* Madrid 1997.

> Camarero, M.: *Introducción al comentario de textos*, Madrid 1998.

> Carrasco, I.: *El comentario de textos*, Málaga 1998.

> Gutiérrez, A.: *Selectividad Lengua y comentario de texto*, M. 1998.

> Sevilla Arroyo, F.: *Selectividad Literatura*, Madrid 1998.

Historias de la literatura española

> Alborg, J. L.: *Historia de la literatura española*, Madrid 1966 - 1996 (cinco tomos).

> García López, J.: *Historia de la literatura española*, Barcelona 1966, reed. 1978.

> Jones, R. O. y otros (eds.): *Historia de la literatura española*, Barcelona 1973 - 1976 (seis tomos).

> Díaz-Plaja, F.: *Nueva historia de la literatura española*, Esplugas de Llobregat 1974.

> Flasche, H.: *Geschichte der spanischen Literatur*, Bern / München 1977 - 1989 (tres tomos).

> Blanco Aguinaga, C.; Rodríguez Puértolas, J.; Zavala, I. M.: *Historia social de la literatura española*, Madrid 1978 - 1979 (3 tomos).

> Barroso Gil, A. y otros: *Introducción a la literatura española a través de los textos*, Madrid 1979 - 1985, ²1988 (cuatro tomos).

> Díez Borque, M. (ed.): *Historia de la literatura española*, Madrid 1980 (cuatro tomos).

> Rico, F. (ed.): *Historia y crítica de la literatura española*, Barcelona 1980 - 1995 (nueve tomos y suplementos).

> Aullón de Haro, P.; Herta Calvo, J.; Palette, J.; Tirado, C.: *Breve historia de la literatura española en su contexto*, Madrid 1981.

> Pedraza Jiménez, F. B.; Rodríguez Cáceres, M.: *Manual de la literatura española*, Pamplona 1981 - 1987 (trece tomos).

> Brenan, G.: *Historia de la literatura española*, Barcelona 1984.

> Tusón, V.; Lázaro, F.: *Literatura española*, Madrid 1988.

> Gumbrecht, H. U.: *'Eine' Geschichte der spanischen Literatur*, Frankfurt a. M. 1990 (dos tomos).

> Meregalli, F. (coord.): *Historia de la literatura española*, Torino 1990 (dos tomos).

> Strosetzki, C. (ed.): *Geschichte der spanischen Literatur*, Tübingen 1991.

> Franzbach, M.: *Geschichte der spanischen Literatur im Überblick*, Stuttgart 1993.

> Menéndez Peláez (coord.): *Historia de la Literatura Española*, Madrid 1993 (tres tomos).

> Wittschier, H. W.: *Die spanische Literatur. Einführung und Studienführer*, Tübingen 1993.

> *Hauptwerke der spanischen und portugiesischen Literatur* (Kindlers Neues Literatur Lexikon), München 1995.

> García de la Concha, V. (ed.): *Historia de la literatura española*, Madrid 1996 ss. (doce tomos).

> Neuschäfer, H. -J. (ed.): *Spanische Literaturgeschichte*, Stuttgart / Weimar 1997.

Bildquellen

I, 4: Lehrerfortbildung in NW, Gymnasiale Oberstufe - Spanisch, H. 1.1 - 1.5 (hgg. vom KM des Landes NW), Düsseldorf, o. J., S. 69; **I, 8**: Hans Lindau 1992; **I, 10**: Archivo Editorial La Muralla, S. A., Madrid, nach Neuschäfer, H. -J. (Hg.): *Spanische Literaturgeschichte*, Stuttgart 1997, S. 66; **I, 14**: H. L. nach Cátedra, Madrid 1980; **I, 16**: 1601, nach älterer Vorlage in *Der Neue Brockhaus*, Wiesbaden 1971, Bd. 1, S. 481; **I, 25**: Soto Gutiérrez, C.; González Dorrego, B.: *Cuaderno de prácticas de comentario de textos*, Madrid 1992, S. 18; **I, 28**: Titelbild der Originalausgabe nach Cátedra, Madrid 1984, S. 64; **I, 32**: Biblioteca Nacional, Gabinete de Estampas, nach Cátedra, Madrid 1984, S. 10; **I, 34**: H. L. 1995; **I, 38**: Portada de la primera edición nach Cátedra Madrid 1989, S. 1; **I, 47**: Klappentext Novelas y Cuentos, Madrid 1977; **I, 52**: Gumbrecht: *'Eine' Geschichte der spanischen Literatur*, Frankfurt a. M. 1990, S. 470; **I, 54**: Archivo de Espasa Calpe y Gela, Madrid, nach Lindau: *Narraciones picarescas im Spanischunterricht*, Bonn 1995, S. 83; **I, 57**: La nave de la picaresca, nach Parker, A. A.: *Los pícaros en la literatura. La novela picaresca en España y en Europa. 1599 - 1753*, Madrid 1971, S. 89; **I, 59**: H. L. 1992; **I, 62**: Illustration von Grandville in dtv weltliteratur, Dünndruck-Ausgabe von Miguel de Cervantes: *Don Quijote*, München 1979, S. 27; **I, 68**: Illustration von W. Widmann in Cervantes: *Novela de Rinconete y Cortadillo*, dtv zweisprachig, München 1981, S. 55; **I, 72**: Cubierta de Bruguera Libro Clásico, Miguel de Cervantes: *Novelas ejemplares*, Barcelona 1980; **I, 78**: López Pinel in Lope de Vega: *Fuente Ovejuna*, EDAF, Madrid 1970, S. 7; **I, 84**: Real Academia Española, Madrid (Foto: Archivo Espasa Calpe), nach Soto Gutiérrez, C.; González Dorrego, B.: *Cuaderno de prácticas de comentario de textos*, Madrid 1992, S. 32; **I, 90**: Porträt von Fray Antonio M. de Hartalejo, nach García López, J.: *Historia de la literatura española*, Barcelona 1980, S. 345.; **I, 96**: Wildenstein, G.: *Vélasquez*, Paris 1981, S. 11; **I, 102**: Wildenstein, G.: *Vélasquez*, Paris 1981, S. 15; **I, 110**: Grabado de J. Vázquez según un dibujo de F. Maea (Calcografía Nacional, Madrid), nach *Diccionario Enciclopédico Santillana*, Madrid 1992, S. 528; **I, 120**: Portada de la primera edición, nach Edición de R. P. Sebold, Luzán: *La Poética*, Textos Hispánicos Modernos, 34, Barcelona 1977, rechte Klappe; **I, 126**: Portada de Ruiz de León, F.: *Hernandía*, Madrid 1755; **I, 132**: Portada facsímile del primer tomo del teatro escogido de don Ramón de la Cruz (Madrid 1786), nach Ed. de Dowling, J., Clásicos Castalia, 124, Madrid 1981, S. 69; **I, 138**: Porträt von Goya, nach Clásicos Castalia, 65: *Poesía del siglo XVIII*, Madrid 1975, S. 288; **I, 144**: Biblioteca Nacional, nach Clásicos Castalia, 65: *Poesía del siglo XVIII*, Madrid 1975, S. 214; **I, 150**: Porträt von Goya, 1798, nach García López, J.: *Historia de la literatura española*, Barcelona 1980, S. 435; **I, 152**: Castro Romero, P. de, Museo Provincial. Cádiz, nach Clásicos Castalia, 118, Madrid 1982, S. 77; **I, 159**: Szene aus *El sí de las niñas*, nach Neuschäfer, H. -J.: *Spanische Literaturgeschichte*, Stuttgart 1997, S. 205; **I, 162**: Porträt von Goya, Academia de Bellas Artes. Madrid, nach Clásicos Castalia, 65: *Poesía del siglo XVIII*, Madrid 1975, S. 349; **I, 168**: Larra, según la cubierta de Alborg, J. L.: *Historia de la literatura española*, IV, Gredos, Madrid 1980; **I, 174**: Zorrilla, nach Neuschäfer, H. -J.: *Spanische Literaturgeschichte*, Stuttgart 1997, S. 247; **I, 180**; Soto Gutiérrez, C.; González Dorrego, B.: *Cuaderno de prácticas de comentario de textos*, Madrid 1992, S. 47; **I, 186**: Archivo de Espasa Calpe y Gela, Madrid, nach Neuschäfer, H. -J.: *Spanische Literaturgeschichte*, Stuttgart 1997, S. 277; **I, 188**: H. L. 1998; **I, 195**: H. L. 1998; **I, 205**; H. L. 1998.

II, 8: H. L. 1998, nach *Ecos* 4/95, S. 40; **II, 14**: H. L. 1997, nach Granjel, L.: *Panorama de la Generación del 98*, Madrid 1959, S. 498; **II, 20**: H. L. 1998, nach *Obras Completas*, Aguilar, Madrid 1963; **II, 26**: H. L. 1998, nach Rueda, S.: *Cantando por ambos mundos*, Barcelona 1914; **II, 33**: H. L. 1997, nach *Obras completas*, Madrid 1947; **II, 40**; H. L. 1997, nach Granjel, a.a.O., S. 414; **II, 46**: H. L. 1998, nach *Diccionario Enciclopédico Santillana*, Madrid 1992, S. 765; **II, 52**: H. L., nach Neuschäfer, H.-J.: *Spanische Literaturgeschichte*, Stuttgart 1997, S. 329; **II, 64**: Gruppenbild der 'Generación del 27', Archivo de Espasa-Calpe y Gela, Madrid, nach Neuschäfer, a. a. O., S. 354; **II, 70**: H. L. 1998, nach *Diccionario Enciclopédico Santillana*, Madrid 1992, S. 1269; **II, 78**: H. L. 1998, nach Neuschäfer, a.a.O., S. 345; **II, 88**: H. L. 1998, nach Titelbild zu Longoria, F. A.: *El arte narrativo de Max Aub*, Madrid 1977; **II; 96**: H. L. 1998, nach Neuschäfer, a.a.O., S. 376; **II, 103**: H. L. 1998, nach *Ecos* 12/97, S. 48; **II, 110**: H. L. 1998; **II, 124**: H. L. 1998, nach Umschlagfoto zu Martín-Santos, L.: *Tiempo de silencio*, Seix Barral, Barcelona [15]1979; **II, 132**: H. L. 1998, nach einem Photo vom 6. 5. 1997; **II, 139**: H. L. 1998, nach einem Photo vom 6. 5. 1997; **II: 142**: H. L. 1998 nach Photo in: Valverde, J. Mª.: *Enseñanzas de la edad. Poesía 1945 - 1970*, Barcelona 1971; **II, 150**: H. L. 1998, nach *Ecos* 1/1996, S. 30; **II, 158**: H. L. nach *Ecos* 8/1997, S. 20; **II, 169**: H. L. 1998, nach einem Photo von Javier Vallhonrat in Montero, R.: *Amado Amo*, Madrid [9]1995; **II, 175**: H. L. 1998, nach Neuschäfer, H.-J.: *Spanische Literaturgeschichte*, Stuttgart 1997, S. 397.